U0587926

掌尚文化

Culture is Future

尚文化・掌天下

RESEARCH ON
THE RELATIONSHIP BETWEEN
SERVICE CONVENIENCE PERCEPTION
STORE IDENTITY
AND CUSTOMER PATRONAGE INTENTION

服务便利感知、
店铺认同感
和顾客惠顾意向
关系研究

梁健爱 著

经济管理出版社
ECONOMY & MANAGEMENT PUBLISHING HOUSE

图书在版编目（CIP）数据

服务便利感知、店铺认同感和顾客惠顾意向关系研究/梁健爱著 . —北京：经济管理出版社，2023.5

ISBN 978-7-5096-9051-2

Ⅰ.①服… Ⅱ.①梁… Ⅲ.①零售业—关系—顾客需求—研究 Ⅳ.①F713.32

中国国家版本馆 CIP 数据核字（2023）第 093977 号

组稿编辑：宋　娜
责任编辑：宋　娜
责任印制：黄章平
责任校对：张晓燕

出版发行：经济管理出版社
　　　　　（北京市海淀区北蜂窝 8 号中雅大厦 A 座 11 层　100038）
网　　址：www.E-mp.com.cn
电　　话：（010）51915602
印　　刷：唐山昊达印刷有限公司
经　　销：新华书店
开　　本：720mm×1000mm/16
印　　张：15.75
字　　数：249 千字
版　　次：2023 年 6 月第 1 版　　2023 年 6 月第 1 次印刷
书　　号：ISBN 978-7-5096-9051-2
定　　价：98.00 元

· 版权所有　翻印必究 ·

凡购本社图书，如有印装错误，由本社发行部负责调换。

联系地址：北京市海淀区北蜂窝 8 号中雅大厦 11 层

电话：（010）68022974　　邮编：100038

前　言

　　面对全渠道购物群体兴起和线上线下零售渠道不断融合趋势，全渠道零售成为国内外零售业发展的新模式。全渠道零售拓宽了顾客与零售店铺服务接触的界面，实体商店、网上商店、移动 App 商店和社交商店等多种零售渠道融合发展，为顾客提供了无缝衔接的便利服务。在全渠道零售情境下，顾客跨渠道惠顾零售店铺意向和行为模式已经成为学术界和企业界共同关心的研究主题。目前，国内外学术界对服务便利感知、店铺认同感和顾客惠顾意向等问题有了比较丰富的研究，取得了一定的研究成果。然而，国内外学术界对于全渠道零售方面的相关研究在 2009 年才开始出现。国内外学者们对全渠道零售情境下顾客感知服务便利结构维度、顾客惠顾意向和行为模式研究不够丰富，且鲜有实证研究能揭示全渠道零售情境下服务便利感知对顾客惠顾意向影响的机理，对店铺认同感在服务便利和顾客惠顾意向关系之间的作用方式也缺乏相应探讨。因此，明晰全渠道零售情境中服务便利感知、店铺认同感与顾客惠顾意向之间的关系，揭示它们之间的作用过程和机理，具有较强的理论与实践意义。

　　有鉴于此，本书旨在回答三个问题：一是在全渠道零售情境下，顾客感知服务便利结构维度如何？二是顾客感知服务便利对全渠道零售商顾客惠顾意向的内在影响机理如何？顾客感知服务便利能否影响零售店铺认同感？三是零售店铺认同感在全渠道零售商顾客惠顾意向形成过程中作用方式如何？零售店铺认同感是否在服务便利与顾客惠顾意向关系中起到中介作用？本书从顾客感知角度出发，围绕上述问题进行探究。结合社会认同理论、刺激反应理论和全渠道零售理论的观点，在对相关研究文献梳理和探索性研究的基础上，本书通过"刺激—机体—反应"的系统化过程探讨了全渠道零售情境下服务便利感知、店铺认同感对顾客惠顾意向的影响，从顾客感知视角提出"服务便利——店铺认同感——顾客惠顾意向"研究框架，构建全渠道零售情境下服务便利感知、店铺认同感与顾客惠顾意向关系的研究模型。

针对上述研究模型，本书提出了4类16个研究假设，并通过587份有效调查问卷实证分析探究了全渠道零售情境下服务便利感知、店铺认同感与顾客惠顾意向关系。运用 SPSS 26.0 和 SmartPLS 3.0 对收集的数据进行统计分析。数据分析结果表明，8个研究假设通过检验，另外8个研究假设未通过检验。本书的研究结果表明：全渠道零售服务便利感知涉及访问便利、决策便利、交易便利、转换便利和物流配送便利五个构念维度；决策便利、转换便利和物流配送便利对全渠道零售店铺认同感有显著正向影响，而访问便利和交易便利对全渠道零售店铺认同感没有显著影响；决策便利、转换便利和物流配送便利对全渠道零售商顾客惠顾意向有显著正向影响，而访问便利和交易便利对全渠道零售商顾客惠顾意向没有影响；店铺认同感对全渠道零售商顾客惠顾意向有显著正向影响；全渠道零售店铺认同感在访问便利与全渠道零售商顾客惠顾意向关系中具有完全中介作用，而全渠道零售店铺认同感在决策便利、交易便利、转换便利、物流配送便利与全渠道零售商顾客惠顾意向关系中不存在中介作用。本书的研究结果能够帮助全渠道零售商识别和做好全渠道零售服务便利分类管理，发现服务便利感知、店铺认同感对顾客惠顾意向影响机理和顾客惠顾意向规律，洞察全渠道零售情境下满足顾客需求的实践方法，为提升全渠道零售商服务便利管理能力和差异化营销能力，促进全渠道零售商营销绩效提供了参考。

本书的出版凝结了众多朋友和学生们的汗水，我真诚地感谢他们为本书出版付出的辛勤努力！感谢我的同事连漪教授一直以来对我的关心与鼎力支持！感谢桂林理工大学出版基金的资助和桂林理工大学商学院工商管理一流学科对本书出版的支持，使得本书得以顺利出版！感谢经济管理出版社的编辑们，谢谢她们为本书出版付出的辛苦，谢谢她们提供的大力帮助！

由于笔者水平和能力有限，所以书中错误和不足之处在所难免，恳请广大读者批评指正。

梁健爱

2022 年 6 月

桂林理工大学商学院

目　录

第一章　绪论

本章首先介绍了本书的研究背景、研究问题和研究意义；其次指出了本书研究目的、研究内容和结构安排；最后介绍了本书采用的研究方法和研究框架，提出主要创新点。

第一节　研究背景、问题和意义

一、研究背景

1. 实践背景

近年来，随着移动互联网技术快速发展、社交媒体平台日益丰富化、智能手机与平板电脑等移动设备加速普及，零售渠道向多样化和数字化方向发展，网络零售规模不断增长。从 2013 年起，我国已连续八年成为全球最大的网络零售市场。根据 CNNIC 发布的第 48 次《中国互联网络发展状况调查统计报告》，截至2021 年 6 月，我国网民规模达 10.11 亿，互联网普及率达 71.6%，较 2020 年 12月提升了 1.2 个百分点；网络支付用户规模达 8.72 亿，较 2020 年 12 月增加1787 万人，占网民整体的 86.3%；网络零售购物用户规模达 8.12 亿，较 2020 年12 月增加了 2965 万人，占网民总体数量的 80.3%；网上零售额达 61133 亿元，同比增长 23.2%，其中实物商品网上零售额为 50263 亿元，增长了 18.7%（见

图 1-1、图 1-2、图 1-3）。

图 1-1 2018 年 6 月至 2021 年 6 月中国网民规模及互联网普及率

资料来源：CNNIC 第 48 次《中国互联网络发展状况调查统计报告》。

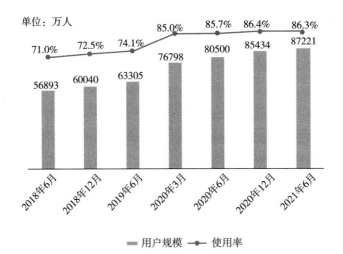

图 1-2 2018 年 6 月至 2021 年 6 月中国网络支付用户规模及使用率

资料来源：CNNIC 第 48 次《中国互联网络发展状况调查统计报告》。

一方面，面对快速发展的网络零售市场，国内实体零售商从 2013 年前后开始探索全渠道零售发展之路。百联、华润万家、王府井百货、天虹商场、永辉

图1-3　2018年6月至2021年6月中国网络购物用户规模及使用率

资料来源：CNNIC第48次《中国互联网络发展状况调查统计报告》。

超市、沃尔玛等众多品牌零售商加速走上数字化转型发展之路。在现有的实体零售店铺之外，众多品牌零售商积极布局网络零售平台和社交媒体平台发展线上线下融合的零售业务，积极探索数字化零售之路，致力于为顾客创造全渠道购物体验（见表1-1）。如大商集团于2014年开始依托天狗网平台开展全渠道零售业务和数字化业务，"大商天狗"上线至今覆盖了100多家实体门店的10万导购、26327个供应商专柜。百联集团于2016年5月推出了"i百联"平台，公司整合了原百联E城、联华易购、百联股份网上商城、BL.com网站、i百联手机App以及i百联微信小程序等线上零售渠道，构建了线上线下互通互融的全渠道零售店铺。另一方面，网络零售商面临着线上流量红利日渐消失和线上获客成本增加的经营难题。越来越多的网络零售商开始布局线下零售市场，创造线上线下结合的全新消费场景，实施全渠道零售发展战略。比如：阿里、京东、唯品会等知名网络零售企业积极拓展线下实体店铺，对接O2O零售服务，通过数字化赋能大力发展新零售业务。当前，国内零售业线上和线下渠道不断渗透融合，零售店铺边界日益模糊。"线下实体店+线上电商平台+移动终端App+社会化媒体平台"的全渠道零售格局已形成。面对全渠道零售情境，顾客惠顾零售商店行为和购物模式发生了巨大变化。越来越多的顾客成为全渠道购物者，他们开始习惯于交叉光顾实体商店、网上商店、移动 App 商店和社交商店等多种零售渠道进行购物。顾客更加期待获得线上线下零售店铺之间无缝衔接带来的便利性和一致性购物体验。顾客希望在多种零售场景中无缝切换，随时随地购物。全渠道购物者的崛起改变了传统零售行业商业模式，提高了市场信息对称性。顾客可以利用便捷的数据网络获取多家零售商的商品和价格信息，可以利用高效快捷的物流获取优质商品。服务便利性增加了全渠道零售商留住顾客的难度。为此，全渠道零售商既面临着如何能向顾客提供无缝衔接的便利服务和一致性品牌体验的服务管理问题，又面临着如何让顾客对零售店铺产生认同感进而提升顾客惠顾意向以应对日趋激烈的线上线下市场竞争的现实管理问题。

表 1-1　部分品牌零售商全渠道发展情况

零售商	实体门店数（个）	PC 电商	移动 App	微信小程序	备注
大商集团	128	天狗网：www.51tiangou.com	大商天狗	大商天狗	
百联集团	—	官网：www.bailiangroup.cn 网上商城：www.bl.com	i 百联		
王府井百货	71	官网：www.wfj.com.cn	王府井	王府井大楼在线购	
银泰百货	62	官网：www.intime.com.cn	银泰百货		支付宝"银泰百货"生活号小程序
天虹商场	413	购物网站：www.tianhong.cn	天虹	天虹、天虹礼品卡	
大润发	486	官网：www.rt-mart.com	大润发优鲜	大润发优鲜	提供大润发优鲜、淘鲜达、美团、饿了么到家服务
华润万家	3234	官网：www.crv.com.cn	华润万家	华润万家拼购 华润万家超市	提供饿了么、京东、美团到家服务
永辉超市	1172	官网：www.yonghui.com.cn	永辉生活	YH 永辉生活+、永辉超市、永辉社区 GO	提供京东到家服务
物美科技	1589	官网：www.wumart.com	多点	物美多点拼团、物美超市	

续表

零售商	实体门店数（个）	PC 电商	移动 App	微信小程序	备注
沃尔玛	429	官网：www.walmart.cn 山姆会员商店：www.samsclub.cn	沃尔玛网上超市、山姆会员店	沃尔玛、沃尔玛到家、山姆会员商店 SamsClub	提供京东到家、沃尔玛到家服务
中石化易捷	27672	官网：www.ejoy365.com 易捷国际：www.ejoy365hk.com	易捷加油、易捷国际	易捷优选、易捷国际	
美宜佳	22394	官网：www.meiyijia.com.cn	美宜佳	美宜佳选+、美宜佳外卖、美宜佳到家等	
罗森中国	3256	官网：www.chinalawson.com.cn	罗森点点	罗森点点	

注：数据截至 2020 年 12 月；标注为官方网站的，没有电商功能。
资料来源：笔者根据中国百货商业协会公开资料整理。

2. 理论背景

服务便利是零售业、金融服务业、旅游服务业等服务型企业比较关注的重要经营管理问题。顾客感知服务便利性是影响顾客行为及企业服务绩效的重要因素。服务便利是服务营销和零售管理两个研究领域的重要论题之一。正如著名营销学者 Seiders 等（2000）指出的，顾客对服务便利有着强烈追求，顾客不仅考虑服务传递的核心利益，而且希望服务在需要之时总是容易找到、容易消费。国内外学者开展了许多与服务便利相关的研究并取得了丰硕的研究成果。近 20 年来，关于服务便利的研究文献发表在 Web of Science（WOS）上的数量呈现逐年递增趋势，尤其是自 2013 年以来发文数量快速上升（见图 1-4）。分析中国知网（CNKI）数据库中服务便利研究文献的关键词时区图谱（见图 1-5）可以发现，"顾客""零售业""服务便利""便利店""O2O 模式""感知价值""新零售""服务设计"等是该领域的研究热点。国内学者们早期主要从便利店这一零售业态入手探讨服务便利和便利需求问题；之后国内学者们逐步将服务便利相关研究拓展到商业银行、实体零售企业和电商企业等商业情境，并探讨了服务便利与感知价值、服务质量、顾客满意等交互作用的问题。自 2018 年以来，国内学者们探讨了基于新零售视角服务便利设计、服务便利对服务管理绩效、电商企业服务便利等方面问题，从而使服务便利管理方面的相关研究日益受到关注。

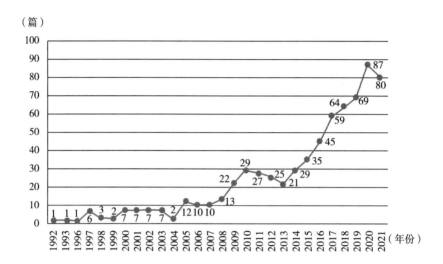

图1-4 发表在WOS上关于服务便利研究文献的情况

资料来源：笔者根据Web of Science数据库资料整理。

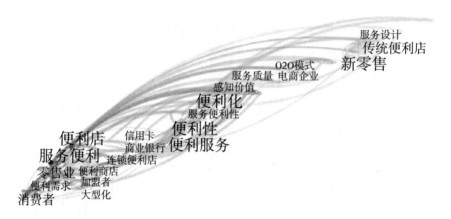

图1-5 国内服务便利研究关键词时区图谱

资料来源：笔者根据中国知网（CNKI）数据库的资料整理。

对国内外服务便利研究文献进行系统梳理发现，该领域研究内容主要聚焦于三个方面：一是服务便利概念界定、服务便利维度以及不同商业情景下服务便利量表开发检验。在国外，著名营销学者 Berry 于 2002 年从时间和努力两个维度出发，将服务便利概念界定为顾客在购买或者使用服务时对所花费的时间和努力的感受程度，并将服务便利分成决策便利、渠道便利、交易便利、利益便利和售后便利五个维度。之后，众多国外学者（Seiders et al.，2007；Colwell et al.，2008）基于 Berry 等（2002）提出的服务便利五维模型，开发和验证了相应的服务便利量表。在国内，学者们结合本土商业情境研究了服务便利维度及测量量表。例如，国内知名营销学者郭国庆等（2006）分析了顾客在整个购物过程中的便利需求，将服务便利分为购前便利、购中便利、交易便利和购后便利。仇立（2017、2019）提出了基于 B2C 环境下浏览便利、订购便利、支付便利、物流配送便利及服务失误补救便利五个维度，并进行实证检验。二是服务便利实证研究，包括服务便利影响服务管理绩效，顾客感知服务便利的前置影响因素、服务便利和顾客满意、顾客忠诚、服务质量、感知价值等因素交互作用等。在国外，Chang 等（2013）在探讨服务类型中的售后服务绩效问题时，通过实证研究指出服务便利对顾客维修重复访问意向有积极影响。Prashant Raman（2019）实证研究指出感知信任、服务便利和客户服务对于女性顾客网购意愿有显著影响。在国内，乔均和彭秋收（2009）实证研究了服务环境、顾客信息、公司品牌、服务系统设计以及顾客特征（性别、婚姻状况、年龄、受教育程度、收入）等商业银行内外部因素对顾客服务便利感知的影响。吴永春（2020）通过实证研究发现，顾客对服务便利性的看法与在线零售商快速建立关系呈正相关，服务便利性使顾客能够减少在线购物的时间和精力，并提高在线交易的效率。三是服务便利管理具体策略研究，主要关注新零售背景下服务便利设计问题。现有研究多从金融服务业和传统实体零售业情境探讨服务便利问题，在研究方法上主要采用规范性研究和实证研究，少数实证研究关注到 B2C 环境中的服务便利问题。当前，顾客对线上线下无缝购物体验需求日益增长，服务便利在零售企业经营管理中的重要作用日益凸显。在全渠道零售情境下，零售服务便利需要配置多种类型零售渠道来实现。全渠道零售服务便利相关研究比较少，探讨服务便利对全渠道零售商顾客惠顾意向及行为影响机制的研究成果较为欠缺，且鲜有探索全零售服务便利维度及测量、全渠道零售服务便利对顾客惠顾意向影响传导机制的实证研究。学术界对于全渠道零售环境下服务便利问题进行科学而系统的研究有待进一步探索。

自20世纪70年代以来，在营销学研究领域的学者们关注到，顾客愿意和企业保持长久伙伴关系的基础在于顾客认同特定企业，成功企业往往会与顾客建立长期深入的认同关系。营销学者们基于社会学和心理学角度对认同感开展了大量研究以分析、解释顾客行为问题，陆续探讨了顾客认同、企业—顾客认同、品牌认同和虚拟社群认同等研究问题。在营销学研究领域，顾客认同感的研究核心是顾客与企业之间同一性关系问题。一些国内外营销学者关注到零售业中存在一种特定现象，顾客往往有特别认同并经常惠顾的零售店铺（Johnstone and Conroy，2008；Chaudhuri and Ligas，2009；魏胜，2013；苏雪梅和杨德宏，2013；郑启迪，2017；等等）。有鉴于此，国内外学者将地方认同、顾客认同、企业—顾客认同和品牌认同相关研究引入零售业研究中，提出店铺认同感概念并开展了一些相关研究。例如，王晓彦和胡德宝（2016）借鉴品牌认同相关研究，将店铺认同概念界定为店铺经营者对于店铺应该如何被消费者感知的预期，并指出消费者感知到的店铺印象会对店铺认同产生影响。杜玉英（2019）采用案例研究的方法指出，商店认同是顾客对于企业身份与顾客个人身份相似性的判定，商店认同可以从商品、服务、环境等顾客对商店感知的价值评价角度出发进行测量。这些现有关于店铺认同感的研究更多是参考社会认同理论研究成果，关注零售店铺与顾客自我概念及身份一致性研究。目前国内外学者围绕店铺认同感问题的相关研究不够丰富，有待进一步更为深入和广泛的研究。现有研究认为店铺认同感是在特定商业情景下顾客积极的心理感受，店铺认同感的形成受到特定商业场景和企业经营形态的影响。然而，关于顾客对于零售企业认同感的形成、传统零售店铺与全渠道零售店铺认同感差异性、零售店铺认同感影响因素及其作用机理等方面的研究比较缺乏，对顾客感知的全渠道零售店铺认同感的中介效应研究有待进一步深化。同时，考虑企业经营业态、服务特征与服务场景、消费者个性特征等因素驱动店铺认同感方面的实证研究有待进一步深化。

意向概念源于心理学研究领域，是个体开展某项活动所必经的心理活动过程，是个体对自身未来可能进行某种活动倾向的主观性判断。Einhorn 和 Hogarth

（1981）、Westbrook（1987）、Engel 等（1995）将"意向"这个概念从心理学引入营销学科，用于研究购物情境中顾客行为准备状态，由此引发了购物意愿和顾客惠顾意向相关研究。顾客惠顾意向，又称顾客惠顾意愿，是零售研究领域受到较多关注的概念，它涉及顾客对自己是否会从某一零售商店购买商品或接受服务的心理活动过程。顾客惠顾意向的核心是顾客对特定零售店的选择意向（杨宇帆和欧书田，2009）。顾客惠顾意向能够帮助零售企业识别潜在顾客，清楚地分辨出那些可能产生购买行为的人，进而开展针对性的营销活动（Pan and Zinkhan，2006）。顾客惠顾意向是零售管理研究领域的重要论题之一。国内外学者开展了许多与顾客惠顾意向相关的研究并取得了丰硕的研究成果。近年来，关于顾客惠顾意向的研究文献发表在 Web of Science（WOS）上的数量呈现波动上升趋势（见图1-6）。分析中国知网（CNKI）数据库中顾客惠顾意向相关研究文献的关键词时区图谱（见图1-7）可以发现，"顾客""惠顾动机""惠顾意向""再惠顾意愿""店铺印象"和"感知价值"等是该领域的研究热点。国内学者们早期主要从惠顾动机入手探讨顾客惠顾意向问题；之后学者们从商店、商业集聚和顾客三个视角探讨了惠顾意向、波及惠顾和再惠顾意向等方面的问题，关注内部因素和外部因素对顾客惠顾意向的影响。

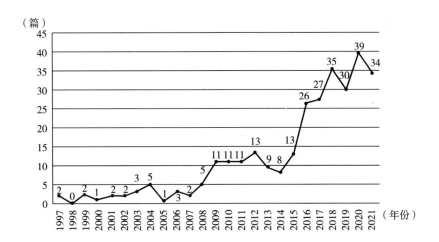

图1-6　发表在 WOS 上关于顾客惠顾意向研究文献的情况

资料来源：笔者根据 Web of Science 数据库资料整理。

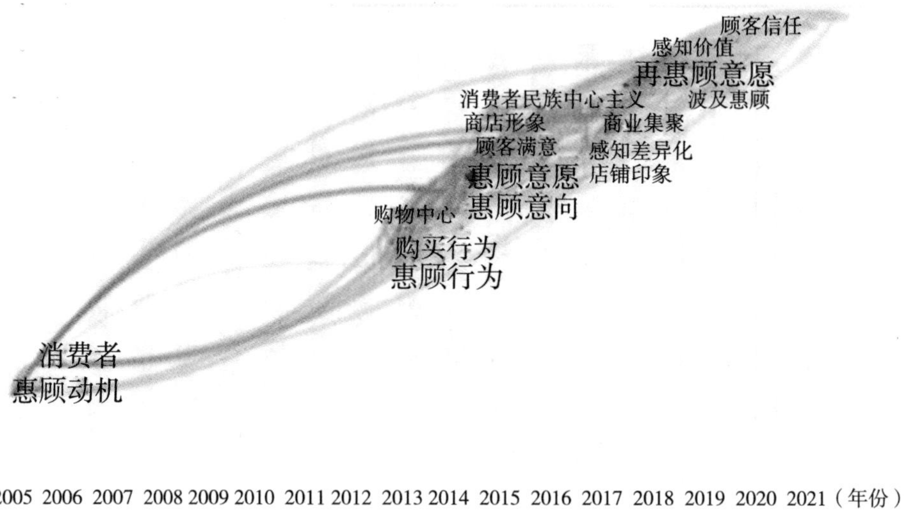

顾客信任
感知价值
再惠顾意愿
消费者民族中心主义 波及惠顾
商店形象 商业集聚
顾客满意 感知差异化
惠顾意愿 店铺印象
惠顾意向
购物中心
购买行为
惠顾行为

消费者
惠顾动机

2005 2006 2007 2008 2009 2010 2011 2012 2013 2014 2015 2016 2017 2018 2019 2020 2021（年份）

图 1-7　国内顾客惠顾意向研究关键词时区图谱

资料来源：笔者根据中国知网（CNKI）数据库资料整理。

　　对国内外顾客惠顾意向方面的研究文献进行系统梳理发现，该领域研究内容主要聚焦于两个方面：一是顾客惠顾意向概念及测量研究。国内外许多学者普遍认为，界定顾客惠顾意向应考虑顾客愿意去特定商店购物的可能性及将此商店推荐给他人的可能性（Zeithaml，1988；吴洒宗、揭超和熊国钱，2011；梁健爱，2014）。关于顾客惠顾意向测量研究，国外学者主要从实体零售店情境出发来探讨顾客惠顾意向测量问题。Zeithaml（1988）指出，对顾客惠顾意向可以从考虑购买、可能购买和想要购买三个维度进行测量。Zolfagharian 和 Paswan（2009）指出顾客惠顾意愿可以用三个题项测量，分别是"我会继续惠顾这家商店""我会将这家商店推荐给我的朋友和邻居"，以及"我不会寻找其他的替代商店"。国内学者在借鉴国外学者关于顾客惠顾意愿测量研究的基础上，关注到实体零售店情境和网络零售情境之间的差异性。例如，梁健爱（2014）在探讨网络零售商惠顾意愿时提出用喜欢浏览所选定网络零售商商品、愿意经常光顾所选定网络零售商网页和愿意向亲朋好友推荐所选定网络零售商三个题项。董京京等（2018）提出顾客惠顾意向测量可以考虑在线商品信息浏览情况。二是顾客惠顾意向影响因素研究。国内外学者对顾客惠顾意向影响因素的研究大多从零售商店内外部因素出发，主要探讨了零售商店商品因素、零售商店服务因素、零售商店环境因素和顾客特征等方面具体因素对顾客惠顾意向的影响。例如，Dodds 等（1991）研究指出，品牌和商店信息会影响顾客惠顾意向，而价格对商品的感知价值和顾客的惠顾意向有消极影响。Baker 等（2002）的研究表明商店设计因素会影响顾客购物的情感，进而影响顾客惠顾意向。崔楠等（2013）实证研究指出，在线零售商店的情境设计能有效促进顾客再次访问该在线零售商店并向他人推荐该零售商店。目前，国内外学者比较关注零售企业顾客满意度和顾客忠诚度这两方面的研究，而对于零售企业顾客惠顾意向的研究不够丰富，比较缺乏全渠道零售环境下顾客惠顾意向的系统化思考。已有顾客惠顾意向测量采用单一维度研究，几乎所有相关研究文献都将顾客惠顾意向作为单一维度的结果变量进行研究。针对全渠道零售情境下顾客惠顾意向能否再具体细分到不同维度进行研究的文献比较缺乏。另外，考虑全渠道零售商服务特征、便利消费需求、店铺认同感、消费者个性特征等因素对顾客惠顾意向作用机理的研究比较缺乏，还有待进一步探讨。

二、研究问题

基于以上实践背景和理论背景，研究全渠道零售情境下服务便利性、零售店铺认同感及顾客惠顾意向之间的关系非常有必要。本书准备探讨的研究问题为：在全渠道零售情境下，顾客感知服务便利结构维度如何？服务便利对全渠道零售商顾客惠顾意向的内在影响机理如何？顾客感知服务便利能否影响零售店铺认同感？零售店铺认同感在全渠道零售商顾客惠顾意向形成过程中作用方式如何？为此，本书从顾客感知角度出发，结合社会认同理论、刺激反应理论和全渠道零售理论的观点，揭示服务便利对全渠道零售商惠顾意向的作用机理，以及店铺认同感在服务便利与全渠道零售商顾客惠顾意向关系中的中介作用。本书研究过程以相关研究文献和理论的归纳总结为基础，针对现有研究的不足，通过系统的实证方法深入研究，主要围绕以下三个问题展开讨论。

1. 全渠道零售情境下服务便利研究

零售业是一个与顾客高度接触的行业，顾客对于零售企业具有较高的服务便利需求。在全渠道零售情境下，零售企业致力于整合渠道资源，提供无缝衔接的便利服务，以更好地满足顾客随时随地购物、娱乐和社交的需求。本书认为，全渠道零售情境下服务便利是影响顾客惠顾行为及企业服务绩效的重要因素。已有研究主要关注传统实体零售环境下服务便利的问题，而对全渠道零售情境下零售服务的特殊性考虑不多，对于全渠道购物者服务便利感知问题的研究不够丰富。本书将研究全渠道零售情境下服务便利的内涵及维度构成，并对全渠道零售服务便利测量量表进行开发和检验。

2. 全渠道零售情境下零售店铺认同感研究

顾客愿意和全渠道零售商保持长久关系的基础在于顾客认同特定全渠道零售店铺。一个成功的全渠道零售店铺会专注于与顾客建立长期深入的认同关系。本书认为，全渠道零售情境下零售店铺与顾客交互日益便利，获取顾客认同感对提升零售企业经营绩效非常重要。已有店铺认同感的相关研究不够丰富，对于店铺认同感测量及作用机理问题还未达成共识，尤其缺乏对于全渠道零售店铺认同感的研究。本书将研究全渠道零售情境下店铺认同感内涵及测量，探讨店铺认同感对于顾客惠顾意向作用机理的问题。

3. 全渠道零售情境下服务便利、店铺认同感与顾客惠顾意向关系研究

顾客惠顾意向作为衡量顾客与零售企业间互动关系结果的变量非常重要，尤其对全渠道零售商而言，顾客惠顾意向比顾客满意更为重要。已有研究对全渠道零售情境下服务便利、店铺认同感与顾客惠顾意向的关系缺乏探讨。本书将针对这一问题开展深入研究。本书认为，全渠道零售情境下服务便利能够直接影响顾客惠顾意向，并通过顾客对零售店铺的认同感影响顾客惠顾意向。为此，本书将构建全渠道零售情境下服务便利、店铺认同感与顾客惠顾意向关系模型，实证分析全渠道零售情境下服务便利、店铺认同感对顾客惠顾意向的影响，以及店铺认同感在服务便利和顾客惠顾意向之间的中介作用，从而进一步厘清服务便利对全渠道零售商顾客惠顾意向的影响机理和店铺认同感的中介效应。此外，本书也会探讨全渠道零售情境下不同顾客的个体特征和行为特征对零售企业顾客惠顾意向产生的差别化影响。

三、研究意义

面对全渠道购物群体的兴起和线上线下零售渠道的不断融合趋势，全渠道零售成为国内外零售业发展的新模式。全渠道零售拓宽了顾客与零售店铺的接触

面，实体商店、网上商店、移动 App 商店和社交商店等融合发展为顾客提供了无缝衔接的便利服务。在全渠道零售情境下，顾客跨渠道惠顾零售店铺意向和行为模式已成为学术界和企业界共同关心的主题。本书将围绕这个学术界和企业界共同关注的话题展开研究，着重探讨全渠道零售情境下服务便利、店铺认同感与顾客惠顾意向的关系，以及店铺认同感在其中的中介作用问题。本书的研究工作具有重要的理论意义和实践意义。

1. 理论意义

目前，国内外学术界对服务便利、认同感和顾客惠顾意向等问题有了比较丰富的研究，取得了一定的研究成果。然而，国内外学术界对于全渠道零售方面的相关研究从 2009 年才开始出现。国内外学者们对全渠道零售情境下顾客感知服务便利结构维度、顾客惠顾意向和行为模式的研究比较缺乏，且鲜有实证研究对全渠道零售情境下服务便利感知对顾客惠顾意向的作用机理，以及店铺认同感和全渠道零售商顾客惠顾意向关系进行探讨。因此，本书的理论价值主要体现在三个方面：一是结合社会认同理论、刺激反应理论和全渠道零售理论观点，从顾客感知角度出发构建全渠道零售情境下"服务便利——店铺认同感——顾客惠顾意向"研究框架及研究模型，在理论上回答服务便利、零售店铺认同感对全渠道零售商顾客惠顾意向的作用方式这一问题，进一步丰富全渠道零售情境下顾客跨渠道惠顾零售店铺意向和行为模式方面的研究。二是基于全渠道零售情境，研究服务便利变量操作性定义以及测量维度，开发并检验全渠道零售服务便利量表，探讨全渠道零售店铺认同感测量，拓展全渠道零售服务管理相关理论研究视野。三是将顾客认同理论扩展到全渠道零售情境中，探讨全渠道零售店铺认同感的相关研究，从而为顾客认同理论的延伸做出了贡献。以往顾客认同理论多用于虚拟社区或传统实体购物情境中，本研究在全渠道零售情境下将顾客认同引入提出店铺认同感并进行了符合研究情境的适当引申，继而开展了店铺认同感在服务便利与顾客惠顾意向关系中的中介作用的具体论证，丰富了顾客认同理论的使用情境及其在全渠道零售顾客行为中的理论解释。

2. 实践意义

近年来，零售业进入以顾客为中心的全渠道零售发展阶段，顾客惠顾零售店铺的行为发生了巨大变化。顾客能够使用多种渠道和电子设备随时随地完成购买过程。伴随着全渠道顾客规模不断增长，越来越多品牌零售企业日益重视通过提供跨渠道店铺便利服务和提升一致性品牌体验来吸引顾客。因此，从零售企业全渠道营销策略发展来看，本书研究在实践层面的意义有三点：一是从顾客角度出发研究服务便利、店铺认同感和全渠道零售商顾客惠顾意向的关系，有助于零售企业经营管理者理解发展全渠道零售便利服务的思路与管理对策，为零售企业提升全渠道顾客便利体验提供理论指导；二是探讨全渠道零售店铺认同感及其作用机理，有助于全渠道零售企业经营管理者掌握如何使顾客增强对零售店铺认同感的要诀，进而提升顾客对零售店铺的"黏性"，提升服务管理绩效；三是探讨全渠道零售店铺顾客惠顾意向影响因素，有助于零售企业经营管理者洞察全渠道零售情境下满足顾客需求的实践方法，有针对性地提供便捷性服务，提高顾客惠顾意向，进而增加零售企业运营收益。

第二节　研究目的和内容

一、研究目的

根据研究问题，本书研究工作的主要目的是探讨全渠道零售情境下服务便利、店铺认同感和顾客惠顾意向关系的问题，探讨服务便利对顾客惠顾意向的作用机理，以及店铺认同感在其中的中介作用。具体而言，本书主要解决以下三个研究问题：

1. 探讨全渠道零售情境下服务便利内涵及维度

服务便利是全渠道零售情境下零售企业关注的重要经营策略问题。研究全渠道零售情境下服务便利、店铺认同感和顾客惠顾意向的关系，首先要明确全渠道零售情境下服务便利内涵及维度。全渠道顾客对于零售服务便利的感知有别于单一零售渠道顾客对于零售服务便利的感知。目前尚无研究对全渠道零售情境下服务便利进行深入的分析。因此，本书的目的之一就是探索全渠道零售情境下服务便利内涵及维度，开发和检验全渠道零售服务便利量表。

2. 探讨全渠道零售情境下零售店铺认同感内涵及中介效应

顾客对零售店铺认同感是全渠道零售情境下零售企业提升顾客"黏性"的重要因素，是保持并发展长久顾客关系的基础。目前，关于店铺认同感的研究更多是参考顾客认同的相关研究。学者们对于店铺认同概念及测量问题还未达成共识，对零售店铺认同感的研究更多考虑传统实体零售环境，探讨全渠道零售店铺认同中介作用方面的研究也比较缺乏。因此，本书的目的之一就是探索全渠道零售情境下零售店铺认同感的内涵及中介效应。

3. 验证全渠道零售情境下服务便利、店铺认同感和顾客惠顾意向的关系

对于零售企业而言，顾客惠顾意向是预测顾客未来行为的一个强力指标，它比顾客满意度和顾客忠诚度来得更为直接。全渠道零售情境下顾客能够随时随地随性地选购商品，能够接触实体商店、网上商店、移动 App 商店和社交商店等多种形态的零售店铺。目前，已有研究关注到零售企业顾客惠顾意向是一个由诸多因素共同作用的结果，其中服务便利是关键影响因素。但是，在全渠道零售情境下，服务便利对顾客惠顾意向及其行为的具体作用方式和影响机理有待进一步的研究。因此，本书的主要目的就是验证全渠道零售情境下服务便利、店铺认同感和顾客惠顾意向的关系，探寻全渠道零售情境下顾客愿意惠顾特定零售商的深层次原因。

二、研究内容

本书从顾客感知视角出发，基于社会认同、刺激反应和全渠道零售理论观点，以全渠道零售情境下服务便利、店铺认同感和顾客惠顾意向关系问题为着眼点，构建"服务便利——店铺认同感——顾客惠顾意向"研究框架及研究模型，开发验证全渠道服务便利量表，实证研究服务便利、店铺认同感和顾客惠顾意向之间的关系，旨在丰富全渠道零售情境下顾客惠顾意向及行为的理论研究体系，弥补在全渠道零售情境下服务便利和顾客惠顾意向方面研究的不足，同时对全渠道零售企业经营管理实践提供有益的指导。

本书遵循"提出问题——分析问题——解决问题"的逻辑顺序展开，总共包括八章内容，各章的具体内容和结构安排如下：

第一章，绪论。本章是本书的开篇之章。首先，基于全渠道零售情境介绍了的实践背景和理论背景，提出了服务便利、店铺认同感和顾客惠顾意向关系研究

的问题，阐述了研究的理论意义和实践意义；其次，指出了研究目的，构建了研究内容和结构安排；再次，指出了拟采用的研究方法和研究框架；最后，提出了主要创新点。

第二章，理论基础和文献综述。本章主要综述了与本书相关的基础理论和研究文献。首先，介绍了相关理论溯源，包括社会认同理论、刺激反应理论和全渠道零售理论；其次，综述了服务便利、顾客认同感和顾客惠顾意向的相关研究文献，对其中涉及的代表性观点和研究历史沿革进行了详细的阐述分析，分别指出了服务便利、顾客认同感和顾客惠顾意向相关研究的不足之处；最后，对服务便利、顾客认同感和顾客惠顾意向的研究文献进行了总结，为后续深入探究全渠道零售情境下服务便利、店铺认同感和顾客惠顾意向关系，建立研究模型打下了基础。

第三章，探索性研究。本章主要阐述了本书探索性研究的基本情况。首先，围绕研究问题详细阐述了对全渠道零售情境下服务便利、店铺认同感和顾客惠顾意向之间关系进行探索性研究的具体目的；其次，介绍采用焦点小组访谈和深度访谈方式对全渠道零售情境下服务便利、店铺认同感和顾客惠顾意向之间关系进行探索性研究的过程，着重阐述了探索性研究设计；最后，总结探索性研究的主要发现，进一步明晰全渠道零售情境下服务便利、店铺认同感和顾客惠顾意向之间的关系，以确立研究主线和丰富理论研究框架。

第四章，全渠道零售服务便利量表开发与验证。本章主要结合国内外服务便利研究文献进行回顾，采用关键事件法开发研究了全渠道零售情境下服务便利量表并检验了其有效性和稳定性，为本书后续构建服务便利、店铺认同感和全渠道零售商顾客惠顾意向关系研究模型和提出研究假设予以理论支持及实证检验。

第五章，研究模型与研究假设。本章以社会认同理论、刺激反应理论和全渠道零售理论为基础，通过"刺激—机体—反应"模型（S-O-R 模型）的系统化过程探讨全渠道零售情境下服务便利对顾客惠顾意向的影响，提出"服务便利——店铺认同感——顾客惠顾意向"的研究框架，构建了服务便利、店铺认同感和全渠道零售商顾客惠顾意向关系研究模型，提出相应的研究假设。

第六章，实证研究设计与数据收集。本章主要阐述了本书实证研究设计和研究数据收集的基本情况。首先，阐述本书的实证研究设计程序、问卷设计思路和研究数据分析方法；其次，在参照国内外相关的测量量表、回顾开发验证的全渠道零售服务便利量表和梳理相关文献研究的基础上，形成全渠道零售情境下服务便利、店铺认同感与顾客惠顾意向关系研究初始量表；再次，进行小样本数据检验，通过信度分析和探索性因子分析修正完善初始量表，形成最终的测量量表；最后，正式的调查问卷发放和收集，对样本对象和容量进行界定，并对问卷收集情况进行详细说明。

第七章，研究数据分析与结果讨论。本章对问卷调查样本数据进行统计分析，验证研究假设并对研究结果予以讨论。首先，阐述有效样本的基本特征和描述性统计分析结果，对研究数据进行共同方法偏差检验；其次，采用调查样本数据对全渠道零售情境下服务便利、店铺认同感与顾客惠顾意向关系测量量表进行信度分析和效度分析；再次，通过结构方程模型方法验证本书第五章所构建的理论模型和研究假设，并进行了中介效应分析和控制变量影响分析；最后，对实证研究结果予以讨论和总结。

第八章，研究结论与研究展望。本章主要对于本书的研究进行总结和展望。在归纳总结得出主要研究结论的基础上，分析指出理论贡献和实践启示，提出相应全渠道零售营销管理建议，指出研究局限性，并对未来全渠道零售情境下顾客行为模式的相关研究进行展望。

第三节　研究方法和研究框架

一、研究方法

本书所探讨的全渠道零售情境下服务便利、店铺认同感和顾客惠顾意向关系问题的研究，涉及管理学、心理学、市场营销学、零售管理等相关学科的理论。根据研究目的和内容，本书遵循规范研究和实证研究、定性分析和定量分析、假设与论证相结合的研究方法论原则开展研究工作。规范研究主要是对社会认同理论、刺激反应理论、全渠道零售理论和相关研究文献的回顾总结；通过规范分析，为实证研究服务便利、店铺认同感和顾客惠顾意向关系提供前提条件。实证研究包括通过调研获取数据来对全渠道零售情境下服务便利、店铺认同感和顾客惠顾意向关系的理论研究进行验证。定性分析主要是运用归纳和演绎等方法探讨全渠道零售情境下服务便利构念维度，明确全渠道零售情境下服务便利、店铺认同感和顾客惠顾意向之间的关系，建立研究假设和研究模型。定量分析主要是运用统计分析方法对所获调查数据进行分析处理，验证相关研究假设和研究模型。本书采用的具体研究方法如表1-2所示。

表1-2 本书采用的研究方法

序号	研究内容	研究方法
1	文献综述：阐述社会认同理论、刺激反应理论和全渠道零售理论；综述关于服务便利、店铺认同感和顾客惠顾意向的研究现状	文献研究方法
2	探索性研究：确定全渠道零售情境下"服务便利——店铺认同感——顾客惠顾意向"研究基本框架	焦点小组访谈法和深度访谈法
3	研究模型构建：构建了全渠道零售情境下服务便利、店铺认同感和顾客惠顾意向关系的理论模型	文献研究方法
4	研究假设提出：基于研究模型，提出4类16个研究假设	文献研究方法
5	研究量表设计：确定了两个研究量表，一是全渠道零售服务便利量表，二是全渠道零售情境下服务便利、店铺认同感和顾客惠顾意向关系研究量表，并设计调查问卷	文献研究方法、关键事件法、访谈研究方法和问卷调查法
6	调查数据处理：调查样本描述性统计分析、信度和效度分析、共同方法偏差检验、方差分析、结构方程模型分析、研究假设的检验、中介效应检验	问卷调查法和统计分析方法

资料来源：笔者根据研究绘制。

1. 文献研究方法

本书在文献综述、研究假设、研究模型构建及研究量表设计阶段主要采用了文献研究方法。通过查阅相关研究专业书籍、中国知网数据库（CNKI）和 Web of Science（WOS）核心数据库中有关服务便利、店铺认同感和顾客惠顾意向的研究文献并进行详细分析，以确保对相关研究进展的把握及对研究不足的发现和识别，明晰社会认同理论、刺激反应理论和全渠道零售理论相关的研究进展并提炼出核心研究观点，为构建全渠道零售情境下服务便利、店铺认同感和顾客惠顾意向关系的研究模型提供了理论依据。同时，本书通过对相关文献的整理分析，确定了全渠道零售情境下服务便利、店铺认同感和顾客惠顾意向三个研究变量量表以用于实证研究。

2. 访谈研究方法

本书在探索性研究和研究量表设计阶段采用了访谈研究方法。在探索性研究阶段，采用焦点小组访谈和深度访谈两种访谈方法，以确定全渠道零售情境下"服务便利——店铺认同感——顾客惠顾意向"这一研究基本框架是否成立，并探寻在全渠道零售情境下服务便利、店铺认同感和顾客惠顾意向之间的关系。

3. 关键事件法

本书在研究量表设计阶段，采用关键事件法开展对全渠道零售情境下服务便利的研究，对顾客感知的服务便利事件进行研究分析。同时，与本研究领域的专家学者进行了小规模访谈咨询，使研究量表与研究情景相符合，并依据完善后的研究量表确定调查问卷。

4. 问卷调查法

本书在研究量表设计阶段和调查数据处理阶段采用了问卷调查方法。为了开发全渠道零售情境下服务便利测量量表和验证研究假设，本书开展了面向全渠道顾客的问卷调查。本书通过问卷调查收集在全渠道零售情境下顾客服务便利研究数据，调查了解全渠道顾客对于服务便利、店铺认同感和顾客惠顾意向的看法和感受。

5. 统计分析方法

本书在量表开发检验阶段和研究数据处理阶段采用了统计分析方法。在问卷调查收集数据基础上，采用 SPSS、AMOS 和 SmartPLS 软件进行描述性统计分析、信度和效度分析、共同方法偏差检验、方差分析、结构方程模型分析、中介效应检验等，对所获研究数据进行分析处理。通过统计分析方法，研究全渠道零售情境下服务便利、店铺认同感和顾客惠顾意向三者之间的关系，并得出相应的验证结果和研究结论。

二、研究框架

本书主要是从顾客感知视角出发研究全渠道零售情境下服务便利、店铺认同感和顾客惠顾意向之间的关系。本书在对社会认同理论、刺激反应理论和全渠道零售理论梳理以及对相关研究文献进行综述的基础上，提出了研究模型和相关假设，最后通过问卷调查收集研究数据进行实证研究，得出相关研究验证结果和研究结论。本书的研究框架如图1-8所示。

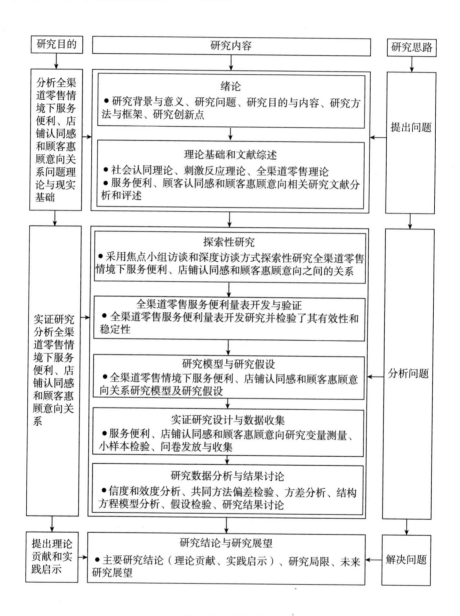

图1-8　研究框架

资料来源：笔者根据研究绘制。

第四节　研究创新点

本书拟探讨全渠道零售情境下服务便利、店铺认同感和顾客惠顾意向的关系，研究创新之处主要体现在以下四个方面：

第一，研究试图揭开全渠道零售情境下顾客惠顾意向影响机制的这个黑箱。根据以往的文献，在零售研究领域国内外学者更关注零售企业顾客满意度和顾客忠诚度方面的问题，系统地探讨顾客惠顾意向的研究较少，尤其缺乏对全渠道零售情境下顾客惠顾意向的研究，零售服务便利与全渠道零售商顾客惠顾意向关系并没有得到充分且明确的阐释。本书则探索性地以社会认同理论、刺激反应理论和全渠道零售理论为理论基础，借鉴"刺激—机体—反应"模型（S-O-R 模型），结合跨渠道顾客行为特点，从顾客感知视角出发，以服务便利为自变量，以店铺认同感为中间变量，以顾客惠顾意向为因变量，提出全渠道零售情境下顾客惠顾意向影响机制模型。研究结论在一定程度上揭示了全渠道零售情境下顾客惠顾意向影响机制，不仅为顾客跨渠道惠顾行为的相关理论研究和实证研究奠定了基础，也为全渠道零售商在实践中提升顾客服务便利体验和增强顾客惠顾意向提供了相应的借鉴和指导。

第二，深入研究全渠道零售情境下服务便利的内涵及其维度，并开发与验证全渠道零售服务便利测量量表。根据现有研究文献的分析发现，绝大多数关于服务便利的研究文献以 Berry 等（2002）的服务便利五维模型为基础，而探讨零售服务便利的研究文献主要关注传统实体零售情境。当前，基于 Berry（2002）等的服务便利管理理论已经不能完全适用于全渠道零售企业的管理实践。国内也未有独立开发全渠道服务便利量表，要发现、描述、概括、分类全渠道零售情境下顾客对服务便利的感知，亟须使用适合的量表并展开针对性的实证研究。因此，本书在对以往文献详细梳理的基础上，探索了在零售情境背景下服务便利结构维度并重构了相应的指标体系，开发了全渠道零售服务便利测量量表，丰富了原有服务便利理论的研究成果。

第三，研究了店铺认同感的中介作用，构建了全渠道零售情境下"服务便利——店铺认同感——顾客惠顾意向"的理论分析框架，充分阐释了店铺认同感对全渠道零售商顾客惠顾意向的作用方式。根据以往文献的研究，在营销研究领域关于认同感的研究主要是关注虚拟社区问题和品牌问题，围绕全渠道零售店铺认同感开展的相关研究不多。凡涉及零售惠顾行为的相关研究，大部分学者都没有探讨零售店铺认同感的作用方式。由于顾客认同感会直接影响顾客对零售企业的认知模式，因此本书在研究全渠道零售情境下服务便利对顾客惠顾意向影响机理中首次引入店铺认同感作为中介变量，详细剖析店铺认同感的作用方式，并实证验证了全渠道零售情境下服务便利、店铺认同感和顾客惠顾意向关系模型的可靠性和有效性，丰富了原有零售管理相关的研究成果。

第四，辨识出各人口统计变量和行为特征变量的不同水平对全渠道零售情境下服务便利、店铺认同感以及顾客惠顾意向影响的差异。通过独立样本检验和单因素方差分析发现，人口统计变量和行为特征变量对全渠道顾客惠顾意向具有不同的影响作用。这对全渠道零售情境下零售企业研究和理解顾客行为意向、选择目标顾客、管理顾客需求等方面都具有重要的指导作用。

第五节　本章小结

本章是本书开篇章。本章基于实践背景和理论背景，首先提出了研究全渠道零售情境下服务便利感知、店铺认同感及顾客惠顾意向之间关系问题的必要性，梳理了具体研究问题；其次指出了研究工作主要目的是从顾客感知视角探讨全渠道零售情境下服务便利、店铺认同感和顾客惠顾意向关系问题，探讨服务便利对顾客惠顾意向作用机理以及店铺认同感在其中的中介作用，介绍本书的具体内容和结构安排；最后提出了本书具体的研究方法、研究框架和研究创新点。

第二章　理论基础和文献综述

本章对社会认同理论、刺激反应理论和全渠道零售理论进行了介绍，对服务便利、顾客认同感和顾客惠顾意向相关研究文献进行了分析和评述，得到了一些对本书具有重要意义的研究启示。

第一节　理论基础

一、社会认同理论

认同涉及我是谁或我们是谁、我在哪里或我们在哪里的反思性理解（周晓虹，2008），认同及其相关研究是现代社会学与心理学比较关注的研究课题并形成了多种相应的理论。其中，最为知名的认同理论是 Tajfel（1970）在 20 世纪 70 年代基于"微群体实验"提出的社会认同理论，Tajfel 和 Turner（1979）在社会认同相关研究基础上提出的自我归类理论，进一步完善了社会认同理论。之后，Turner 等（1987）、Brewer（1991）和 Hogg 等（1995、2000）进一步对社会认同问题进行了拓展研究，相继完善并提出了自我归类理论、最优特质理论和群体动机理论。这些研究使社会认同理论得到了进一步丰富和系统化。

1. 基本理论观点

社会认同理论较好地解释了社会中个体行为和群体行为，揭示了群际行为的内在心理机制，强调了社会认同对群体行为的解释作用。社会认同理论的基本假设是个人都希望归属于拥有独特的和正面的认同群体；当社会认同受到威胁时个人会采用各种策略来提高自尊，个体过分热衷于自己的群体，在寻求积极的社会认同和自尊中体会团体间差异，就容易引起群体间偏见。Tajfel（1982）指出，社会认同是个人自我概念的一部分，它来自于个人对自己所属特定社会群体的认识，这种群体成员的资格对个人有某种情感的和价值的重要意义。Tajfel 在研究中进一步界定了与社会认同有关的两个基本概念：内群体和外群体。内群体就是个人所隶属的群体；外群体就是不为个人所隶属的群体，但有可能同内群体产生某种联系。个体成员都渴望得到社会的积极认同，并且这种认同源于通过自己所处的内群体和外群体的对比而产生。社会认同理论包括三个基本假设：一是人们将社会归类为内群体与外群体；二是人们的自尊感源于对本群体成员的社会认同；三是人们的自我概念部分依赖于如何评价本群体。

社会认同理论研究指出，社会认同是由社会分类、社会比较和积极区分三个阶段构建形成的。依据社会认同理论，个体通过社会分类，对自己的群体产生认同，并产生内群体偏好和外群体偏见。个体通过实现或维持积极的社会认同来提高自尊，积极的自尊源于对内群体与相关外群体的有利比较。当社会认同受到威胁时个体会采用各种策略来提高自尊。个体过分热衷于自己的群体，认为自己的群体比其他群体好，并在寻求积极的社会认同和自尊中体会团体间差异，这就容易引起群体间偏见和群体间冲突。社会认同理论进一步指出，积极区分是个体在自我激励的驱动下，督促自己在群体间相关维度上的比较，比其他群体成员表现得更加出色的过程。社会认同理论认为，积极并成功地进行群体间的区分可以提高内群体成员的认同，进而相应提高内群体成员的自尊。社会分类、社会比较和积极区分三个过程是互相依赖、相互促进的。正是有了社会比较，社会分类才变得有意义；而社会比较则需要通过积极区分来实现；积极区分又是在个体所属团体表现出色的维度上，与其他群体通过比较而完成。在社会分类、社会比较和积极区分三个阶段的共同作用下，个体逐渐对所属群体产生了认同，进而发展出诸如内群偏好、外群歧视等群体维护行为。

社会认同理论首次把人际和群际行为进行了区分，并把认同在个体和群体层次上区分为个人认同和社会认同两种自我知觉水平。Tajfel（1986）认为，个人认同是个体具体特点的自我描述，是个人特有的自我参照；而社会认同是社会的认同作用，是由一个社会类别全体成员得出的自我描述。另外，社会认同理论还对人际比较与群际比较、个体自尊和集体自尊进行了区分。社会认同理论把对"社会的"理解放在群体关系背景之下，认同是在群体关系中产生的，把个体对群体的认同放在核心的位置，通过区分人际比较与群际比较的差异，以及对自我社会认同的凸显分析，从而更深刻地揭示了社会心理的实质。

2. 社会认同理论应用研究进展

社会认同理论对社会心理学研究产生了比较深远的影响。该理论提出之后，分别受到了社会学、心理学、管理学、组织行为学和市场营销学等诸多社会科学领域研究者的广泛关注，并激发了大量的相关研究。

在社会学研究领域，相关研究聚焦在身份认同、民族认同、族群认同、国家认同等层面上；在心理学研究领域，社会认同理论应用最为重要的领域之一是集体行为研究，特别是群体间冲突研究。

在管理学研究领域，Mael 和 Ashforth（1992）基于社会认同理论首次提出了组织认同概念，指出组织认同是社会认同的一种特别形式，是个体将组织作为认同的对象，为个体提供一种与组织一致性的感受，从而为个体提供一种组织态度和行为的基础。国内外学者广泛认可 Mael 和 Ashforth（1992）提出的组织认同概念，并基于此概念开展了深入研究。组织认同相关研究主要聚焦于社会认同与组织行为的研究，探讨认同与组织管理绩效关系、员工—企业认同等问题。组织认同被看作是个体与组织的连接，组织身份的吸引力越强对组织的认同感就越强（Dutton, Dukerich and Harquail, 1994）。组织认同也被当作调节组织反应和利益相关者反应的心理变量（Scott and Lane, 2000）。组织认同理论在人力资源管理和组织行为研究领域有着广泛的应用。组织认同理论能够使成员个体和群体组织在心理上互动，较好地体现组织成员个体自我意识和组织之间的关系。

在营销学研究领域，学者们借鉴社会认同理论和组织认同理论，关注顾客对企业产生认同的原因及结果，提出了顾客认同概念。学者们指出，顾客认同能帮助顾客更好地认清自我，并通过企业积极评价来获得自我积极评价。同时，学者们提出了消费者自我概念、消费自我一致性、参照群体和社会身份等一系列与顾客认同相关联的概念。顾客会通过对产品的消费和品牌的选择来设法定义和强化自我身份（Dutton et al.，1994），通过产品、服务、品牌和企业来寻求认同成为群体实现社会认同的重要途径（Belk，1988）。Bhattacharya 和 Sen（2003）则将组织认同概念应用于对营销问题的研究，并基于社会认同理论构建了一个分析"顾客—企业"认同的理论框架，他们指出"顾客—企业"认同反映了顾客用以定义"自我"的社会特征与企业社会特征之间的一致性和重合度。之后，众多营销学者使用顾客认同理论来分析和解释顾客行为问题，探讨顾客认同、"企业—顾客"认同、品牌认同、社群认同等问题。

二、刺激反应理论

著名行为主义心理学者 John B. Watson 受到著名心理学家巴甫洛夫的条件反射实验的启发提出了刺激反应理论，将人类行为心理学问题纳入"刺激—反应"（S-R）研究范式。他指出人类的复杂行为可以简化为刺激和反应两个基本要素，刺激（S）会导致行为反应（R）的变化，其中刺激来自于身体内部的刺激和外部环境的刺激。此后，新行为主义学派学者把有机体或反应主体归纳为机体 O 并把 S-R 模式扩展为 S-O-R 模式研究范式。S-O-R 模式研究范式强调不同主体对刺激的认知加工存在差异，这种差异会导致不同主体对同一刺激做出不同反应。20 世纪 70 年代，环境心理学者 Mehrabian 和 Russell（1974）从环境与人的关系出发，研究环境中的刺激物对个体行为的影响，提出了著名的"刺激—机体—反应"模型（S-O-R 模型）。该模型最早被应用在环境心理学领域，用于解释环境特征对个体情感反应及相应行为。目前，该模型在管理学、市场营销学和信息管理等研究领域有着广泛的应用。

1. 基本理论观点

刺激反应理论是基于个体和刺激物的关系去研究个体行为，认为环境作为一种刺激，会影响个体的内在状态，从而进一步导致其行为反应；行为就是个体用于适应环境变化各种反应的组合（Mehrabian and Russell，1974）。刺激反应理论进一步指出，人的行为可以被环境里的许多刺激源所影响，然而刺激源并非直接影响个体的行为，刺激源与反应之间必然被某个因素所影响，而这个因素就是个体的感知。刺激反应理论比较好地解释了个体行为与环境之间关系，环境的刺激作用首先作用于个体，进而才产生相应的反应；该理论明确提出了外部环境可向任何一个方向塑造个体行为。

刺激反应理论认为，个体受到刺激后会产生趋近和规避两种不同的行为反应。其中，趋近反应指因外部环境刺激所产生的情绪能使个体行为接近目标倾向；而规避反应指因外部环境刺激所产生的情绪能使个体行为偏离目标倾向。换而言之，当个体受到外部积极性、支持性和友好性的环境刺激时，会产生积极情绪并相对愿意做出与外部环境接触、与外界进行沟通交流、参与外部环境的相关活动等行为反应。相反，当个体感受到来自外界打压性、限制性的环境刺激时，相对会做出躲避，不愿意与外部环境接触，躲避与外界其他个体产生联结的行为反应。

2. "刺激—机体—反应"模型（S-O-R 模型）

Mehrabian 和 Russel（1974）用"刺激—机体—反应"模型（S-O-R 模型）来解释环境对个人行为的具体影响，分析个人复杂行为背后成因（见图 2-1）。在"刺激—机体—反应"模型中，刺激（S）是影响个体状态的重要外部因素；机体（O）是介于刺激和最终行为反应间的个体内部过程和结构，该过程和结构由个体感知的、心理的反应和思考活动等构成；反应（R）是指个体情绪状态的产出结果或个体反应之后的最终行为表现，包括心理反应和行为反应，如态度，或实际的行为反应。"刺激—机体—反应"模型的核心思想认为，处于环境中的个人对环境特征做出的趋近或规避反应会受到个人情绪状态的中介作用。

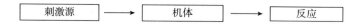

图 2-1 Mehrabian 和 Russel 的 "刺激—机体—反应" 模型

资料来源：Mehrabian A，Russel J A. An Approach to Environmental Psychology ［M］. Cambridge：The MIT Press，1974.

Belk（1975）将"刺激—机体—反应"模型（S-O-R 模型）应用于营销研究领域，提出了针对消费者行为研究的刺激反应模型（S-O-R 模型），环境刺激（刺激 S）影响消费者的内在状态（机体 O），最终影响到消费者的总体行为反应（反应 R）。Belk 研究指出，营销刺激和其他环境刺激影响消费者的情绪或认知，从而导致消费者做出特定的购买决定。其中，营销刺激包括促销、价格、产品和渠道等，其他环境刺激包括了经济、技术、政治和文化等。营销反应包括消费者对产品的选择和购买的数量等。随着商业环境的进一步变化和相关研究问题的深入，众多营销学者在 Belk 研究的基础上，从不同商业情境出发扩大了刺激因素（S）、中介（O）和结果反应（R）所覆盖的研究范围，将 S-O-R 模型引入服务营销、网络营销、品牌社群、促销管理、社交商务等研究细分领域。Donovan 和 Rossiter（1982）较早将 S-O-R 模型引入零售情境中，指出刺激分为各种零售情景因素，机体分为顾客知觉、情绪等因素，反映为顾客表现出相应行为（惠顾、店铺搜寻、店内购物行为等）。之后，S-O-R 模型激发了许多关于零售商店与消费者认知、情感及顾客惠顾意向关系的研究。如贺爱忠和李希凤（2016）基于 S-O-R 模型以零售商店绿色产品类别为自变量，"顾客—商店"认同为中介变量，调节定向和感知价格公平为调节变量，顾客惠顾意愿为因变量，实证研究了零售商店绿色产品类别对顾客惠顾意愿的影响机理。

三、全渠道零售理论

IDG 数据咨询公司在 2009 年的零售研究报告中首先提出了"全渠道零售"一词。在学术界，Rigby（2011）率先界定全渠道零售概念，并指出零售商与顾客的互动不再基于单一渠道，实体商店、传统网店、移动终端和社交媒体等都可以成为互动渠道。Bodhani（2012）提出零售商通过传统渠道和新兴渠道与消费者建立联系就是全渠道零售，这些渠道包括实体店、电子商务、社交媒体及手机和平板电脑上的智能设备。李飞（2013）进一步阐明了全渠道零售的学术定义及全渠道零售理论框架。之后，国内外学者围绕"什么是全渠道零售""为什么形成全渠道零售"和"如何进行全渠道零售"三大问题开展研究，进一步丰富了全渠道零售理论。然而，全渠道零售实践仍处于快速发展的阶段，还有诸多全渠道零售理论问题有待深入探索。

1. 基本理论观点

（1）零售渠道演化

全渠道零售理论认为零售渠道历经单渠道、多渠道和跨渠道三个阶段演化，发展到全渠道阶段（李飞，2014）。在单渠道阶段，零售商只选择经营一条渠道，将产品和服务从某一销售者转移到顾客。在多渠道阶段，零售商组合多个渠道，形成多渠道系统，每条渠道均可以作为独立的实体独立完成零售的全部功能。在跨渠道阶段，零售商整合了不同渠道实现协同管理，允许顾客使用不同渠道进行互动，每条渠道不要求完成全部功能，只完成部分服务功能即可。在全渠道阶段，零售商通过整合尽可能多的零售渠道来创造整体购物体验，确保顾客在购买过程的每个接触界面都能购买所需要商品和获得满意的服务。这四个零售渠道演化阶段具体特征见表2-1。

表 2-1　零售渠道演化阶段特征

演化阶段	特征	市场态势	驱动方式
单渠道阶段 （1999 年以前）	• 通过一条零售渠道完成营销的全部功能	卖方市场	企业驱动
多渠道阶段 （2000-2009 年）	• 通过两条及以上独立完整的零售渠道完成营销的全部功能 • 不同渠道之间相互独立，每个渠道都有各自的目标 • 利用尽可能多的渠道为不同消费者提供商品和服务 • 新增的渠道与已有的渠道会存在冲突	卖方市场向买方市场转移	企业驱动
跨渠道阶段 （2009-2011 年）	• 通过多条零售渠道组合完成营销的全部功能，允许消费者在产品、支付、搜索等活动阶段跨渠道移动 • 不同渠道可以完成渠道的部分服务功能，也可以完成营销全部功能 • 打破不同渠道边界，增强不同渠道的作用和竞争优势，减少渠道之间冲突	买方市场	消费者驱动
全渠道阶段 （2011 年至今）	• 整合不同零售渠道，通过尽可能多的渠道之间协同管理和客户数据驱动，满足消费者在购物各阶段的高效服务需求 • 注重整体的零售顾客体验和所有渠道的总体营销绩效 • 整合信息和交易接触界面为独特的零售渠道	买方市场，消费者主权时代	消费者驱动

资料来源：笔者根据研究整理。

单渠道阶段和多渠道阶段是以零售企业为中心的渠道布局模式，跨渠道阶段和全渠道阶段是以消费者为中心的渠道布局模式。全渠道零售是基于信息技术发展和消费渠道行为升级演化而来的，消费者在全渠道零售中任何一类零售渠道就能够获得一致性的购物体验和营销服务。

（2）全渠道零售内涵

全渠道零售是一个全新的零售管理理念，也是零售企业将线上与线下零售渠道整合，从而提升顾客购物、娱乐和社交综合体验需求的经营策略（Rigby，2011；李飞，2014；齐永智和张梦霞，2015）。全渠道零售的本质是使消费者在全渠道高效购物；核心是使零售企业成为全渠道零售营销管理者，是零售企业通过对所有零售渠道进行系统化协同管理，并使其与消费者互动，从而为消费者提供多种渠道选择和良好一致性购物体验，以匹配顾客消费的全过程。

全渠道零售运营的重点在于多渠道协同，更强调整合各种零售渠道资源，采取尽可能多的零售渠道而非全部渠道。全渠道零售涉及线下零售店铺、线上零售店铺和社交媒体渠道等不同渠道的整合，其中，线下零售店铺以有形店铺为主，即传统的实体零售店铺、数字化体验商店和提供服务的实体网点等；线上零售店铺则包括网上商店、移动 App 商店、网络购物平台商店等网络零售渠道和微信、微博、抖音等社交媒体渠道。

2. 全渠道零售发展动因

全渠道零售发展主要动因是技术创新改变了消费者需求，出现了消费者的全渠道购买行为，进而导致全渠道零售的企业行为（齐永智和张梦霞，2015；李飞、李达军和孙亚程，2018）。

伴随信息技术特别是移动互联网技术快速发展，信息的传播与接收方式日趋多样化、丰富化和便利化。网络在消费者生活中扮演着越来越重要的角色。消费者频繁地在手机屏、平板电脑屏与电脑屏之间切换，随时随地获取想要的信息。消费者购物时间和地点呈现碎片化特征。传统零售渠道已经无法满足消费者个性化需求，消费者倾向于获得高效率和高体验的零售服务。越来越多的消费者成为了全渠道购物者。全渠道购物者在购物过程的不同阶段使用不同的零售渠道（包括实体商店、移动 App 商店和网络商店等），并期望在这一过程中从不同的零售渠道获得高品质购物体验。同时，全渠道购物者在购买全过程（从信息搜集、下订单、付款、取货到售后服务等阶段）使用不同零售渠道和服务接触点。全渠道购物者行为表现出社交化、本地化与移动化特征。社交化、本地化与移动化消费需求特征要求零售企业提供全天候、全空间及个性化的全渠道零售服务。

3. 全渠道零售策略研究进展

近年来国内外零售企业纷纷开展了全渠道创新转型实践，发展出"线上下单+门店取货（BOPS）""线上预定+门店付款取货（ROPS）"和"配送到门店

（STS）"等多种模式。随着全渠道零售实践快速发展，企业界提出许多发展全渠道零售实践的问题引起了众多学者关注，并为学者们提供了丰富的研究场景和大量的研究案例。

国内外学者从不同视角对全渠道零售策略进行研究并提出了不同观点。李飞（2014）认为全渠道营销管理过程涉及确定营销的总目标、分析各种渠道类型的宏观环境和微观环境、制订营销计划、实施营销计划四个步骤。齐永智和张梦霞（2014）基于全渠道零售过程的各个阶段，从全渠道信息传递、全渠道订单管理、全渠道支付、全渠道物流配送、全渠道服务，以及全渠道数字客户关系管理等方面入手提出了全渠道零售策略。Herhausen 等（2015）研究发现，不同的零售行业渠道有效整合的方向会有所不同，是由线下到线上还是由线上到线下，主要取决于对消费者需求的研判，选择错误的渠道整合方向不仅不会产生积极作用，甚至还会降低顾客的购买意愿和满意度。计国君等（2016）从全渠道供应链横向和纵向的渠道冲突出发，研究以大数据为驱动因素，以全渠道供应链为载体的服务创新机制，分析了全渠道供应链的结构。Saghiri 等（2017）提出全渠道过程的每个阶段之间要进行有效的整合，要保证不同渠道类型之间的运营和决策是协同工作。马慧敏（2017）指出全渠道零售需要抓住移动互联时代消费者的特征，"以用户为中心"增强用户对产品的感知度和参与度；布局移动电商，为消费者购买、支付等提供便利和无缝购物体验；运用大数据等技术与微店等模式，实现对消费者的精准营销。Larke 等（2018）通过案例研究法和深度访谈，发现多个客户接触点的集成是全渠道零售的关键，如组织结构集成，IT 系统和客户数据库集成，计划和实施库存采购、控制和分类集成，挑选、发货和退货的集成等。汪旭晖、赵博和刘志（2018）通过案例研究指出，在传统零售企业从多渠道到全渠道的转型升级过程中，要逐步构造全渠道商品组织能力、全渠道运营能力、全渠道数字化营销能力和全渠道服务能力。刘向东、何明钦和米壮（2021）研究认为，营销管理、商品管理与履约管理是对应于"人—货—场"关系的重要零售活动，只有针对这三个子系统设计全渠道策略模式才能形成系统视角下的全渠道零售模式；协同是全渠道零售系统的核心驱动因素，有利于提升全渠道零售系统的运营效率。

总而言之，全渠道零售策略相关研究处于快速发展阶段，取得了较为丰富的研究成果。目前，全渠道零售策略研究主要基于零售企业营销和运营管理两个视角，探讨了通过渠道整合协同管理提升顾客零售体验的具体技术方法与策略。全渠道零售仍处于理论和实践不断发展的阶段，全渠道零售策略的相关研究未来还需要进一步充实提升。

第二节　服务便利研究

一、服务便利概念研究

1. 服务便利概念演变

便利研究最早可以追溯到营销学者 Copeland（1923）提出的便利品概念，他在开展消费品分类研究时指出，便利品是"需要少量体力、脑力就可买到的密集分销的产品"。之后，国外营销学者主要从顾客感知时间、体力和精力等方面出发来探讨便利问题。Richard Holton（1958）将产品的分类和顾客主观感知联系起来，指出便利品是顾客在消费该类产品时，对其品质、价格等诸多因素进行权衡后，主观感知的收益高于所感知成本的商品。Kelley（1958）率先将成本引入便利概念界定中并提出了"便利成本"的概念，他认为便利成本就是"消费者为克服时间和空间的影响、获得产品和服务的占有而发生的时间、体力和精力支出"，便利成本是影响消费者购物行为的因素。在便利产品的讨论中，一个较为一致的观点是便利产品具有降低产品非货币价格的特性。由此，学术界开始将便利当作产品或服务的组成部分，即能够降低消费者非货币成本的一种属性。早期学者们主要将便利当作产品分类的依据，并没有把便利同消费者的感受和需求联系起来，更没有以顾客为中心全面地考虑顾客在上述问题的差异性。早期关于便利问题研究的主要贡献在于首次将便利的概念引入到了营销学领域的研究之中，提出了非货币成本是便利概念的核心论点（郭国庆，2006）。

随着学术界对便利研究进一步深入，越来越多国内外学者关注到便利内涵的复杂性。国内外学者（Anderson and Thomas，1971，1972；Murphy and Enis，

1986；Brown，1993；Voli，1998；Berry，2002；郭国庆，2006，2012；仇立，2017）尝试从顾客体验和需求出发界定便利概念。Anderson 和 Thomas（1972）在 Marple 和 Wissmann（1968）对便利食品消费行为研究基础上，提出便利导向的概念并进行了实证研究。他们认为便利导向的消费在于满足某些即时需要或要求，从而减少了时间或精力或两者皆有以便用于其他方面。Morganosky（1986）则将便利导向定义为寻求以最小的精力支出且在最短的时间内完成任务。Brown（1993）认为便利是顾客在获得、使用、处置产品时所花费时间或精力的减少。Voli（1998）从顾客价值出发，提出便利是商家所积极寻求的，能够在各种商业活动中为顾客带来个人便利或节省时间的产品和服务所体现的价值。著名营销学者 Berry（2002）全面梳理了早期学者有关便利的研究成果并提出了服务便利概念，他从时间和努力两个方面来思考，将服务便利概念界定为顾客在购买或者使用服务时对所花费的时间和努力的感受程度，其中顾客努力包括认知努力、身体努力和情感努力。Berry 对于服务便利概念界定得到国内外研究者的广泛认可。如 Seiders 等（2005）根据消费过程中交换之前、交换阶段和交换之后的时间努力成本不同对 Berry 服务便利做了进一步分析。国内著名营销学者郭国庆（2006，2012）采用 Berry 的观点，并进一步指出消费者在购物过程中对便利的感知是对所有便利类型的综合性评价，消费者对便利的需求将贯穿于购物过程始终且每一阶段便利需求均有其各自不同的内容与侧重点。胡明征（2015）认为，服务便利是购物个体在购买和使用商品或接受服务的全过程中，对其所付出的时间及努力程度与预期结果进行对比后的感知状态。仇立（2017）则认为，服务便利是顾客选购商品及享受服务过程中，为顾客积极尝试提供便利服务体验以满足其相对稀缺的时间资源及有限的努力付出。吴永春（2020）指出，服务便利性是因在线零售商提供的服务设计而节省的时间和精力。

随着服务经济的兴起，服务主导逻辑逐渐被学术界所关注。服务主导逻辑将服务界定为企业与其他主体进行价值共创的过程（Vargo and Lusch，2004），服务应提供信息或者利用信息来满足价值共创需要，服务的价值源于工具性资源的交换和使用。Farquhar 和 Rowley（2009）基于服务主导逻辑，从价值共创角度探讨服务便利，将服务便利视为价值共创的一种资源性载体，进而提出理解便利需要理解消费者决策或消费目标的实现。Farquhar 和 Rowley 进一步指出服务便利不仅是消费者对节省时间和精力的感知，更是消费者能够控制其资源支出并在实现目标时获得共创价值的感知评价。这一定义把服务便利和顾客的目标结合起来，考虑服务便利在价值共创中的作用，进一步拓宽了认识服务便利的视野。

2. 服务便利概念总结

关于服务便利概念界定虽然国内外学者有不同的表述（见表2-2），但是众多学者认可服务便利既是消费导向也是产品的属性。学者们界定服务便利概念既有从企业视角出发，也有从顾客感知视角出发。本书认为顾客对服务便利认知的本质是购买或使用服务所需的时间和精力。因此，本书采用从顾客感知视角出发界定的服务便利概念。

表 2-2　服务便利概念的总结

	作者	定义	研究焦点
国外研究	Copeland（1923）	需要少量体力、脑力就可买到的密集分销的产品	便利是产品分类的依据，其核心是降低产品的非货币成本
	Holton（1958）	消费者在消费该类产品时对其品质、价格等诸多因素进行权衡后，所主观感知的收益同比所感知成本低的商品	
	Kelley（1958）	消费者为克服时间和空间的影响、获得产品和服务的占有而发生的时间、体力和精力支出	
	Anderson 和 Thomas（1972）	满足了某些即时需要或要求，减少了时间或精力或两者以便用于他处	便利是一种消费导向，也是产品或服务的组成部分。便利属于产品属性之一
	Morganosky（1986）	以最小的精力支出在最短的时间内完成任务	
	Brown（1993）	消费者在获得、使用、处置产品时所花费时间或精力的减少	
	Voli（1998）	商家所积极寻求的，能够在各种商业活动中为顾客带来个人便利或节省时间的产品和服务所体现的价值	
	Berry（2002）	消费者在购买或者使用服务时对所花费的时间和努力的感受程度	
	Seiders（2005）	消费者在购买或使用服务时的感知时间和精力	
	Farquhar 和 Rowley（2009）	消费者为了达到接触和使用服务中的目标而管理、使用、转换其时间和努力的过程中对控制感知所做的评价	便利是价值共创的载体

续表

	作者	定义	研究焦点
国内研究	郭国庆（2006，2012）	消费者对便利的需求将贯穿于购物过程且每一阶段便利需求均不同	便利是产品属性，涉及顾客需求与体验
	胡明征（2015）	服务便利是购物个体在购买和使用商品或接受服务的全过程中，对其为此所付出的时间及努力程度与其预期结果对比后的感知状态	
	仇立（2017）	消费者选购商品及享受服务过程中为顾客积极尝试提供便利服务体验以满足其相对稀缺的时间资源及有限的努力付出	
	吴永春（2020）	服务便利性是指由于在线零售商提供的服务设计而节省时间和精力	

资料来源：笔者根据研究整理。

二、服务便利维度研究

自从服务便利理论产生以来，国内外学者分别从不同视角对服务便利维度做了大量研究。其中，比较具有影响力的服务便利维度研究是 Yale 和 Venkatesh（1986）提出的"服务便利六维度研究"、Brown（1990）提出的"服务便利五维度研究"和 Berry（2002）提出的"服务便利五维模型研究"等。

1. Yale 和 Venkatesh 的服务便利六维度研究

Yale 和 Venkatesh（1986）将服务便利分解为时间利用、轻便性、合适性、便携性、可得性和不愉快规避六个维度。时间利用和轻便性分别对应省时和省力；合适性指产品满足消费者特定需求的程度；便携性指在任何地点都能让消费者买到产品；可得性包括地点邻近、产品可得、配送灵活等；不愉快规避指消费者能够避免不愉快的购物活动。Yale 和 Venkatesh 的研究从消费者角度来理解和构建服务便利的维度，对于后续服务便利维度研究具有积极的价值。但是，Yale 和 Venkatesh 对服务便利六个维度的概念界定有不够清晰之处和难以概念化操作的缺陷。如服务轻便性、合适性和不愉快规避等维度存在难以量化测量的问题。

2. Brown 的服务便利五维度研究

Brown（1990）以经济效用理论为基础，将服务便利视为效用的集合，把服务便利分解为时间维度、地点维度、获得维度、使用维度和执行维度。Brown 认为，服务便利是个多维构念。其中，时间维度指服务能够提供的时间长度；地点维度指服务所处的便利位置；获得维度指外在的技术便利服务；使用维度指产品易于消费者使用；执行维度指消费者在获得产品时对投入努力的选择。之后，Brown 等进一步研究发现前人对于服务便利测量维度都与消费者所付出的时间和精力相关，从而将服务便利简化为时间和精力两个维度。关于服务便利的时间维度和精力维度的研究获得了国内外一些学者认可。如国内学者杨宜苗（2010）采纳了 Brown 的观点，提出服务便利涉及顾客感受到商店为其购买行为提供的地点便利、搜寻便利、占有便利和交易便利等因素影响。

3. Berry 的服务便利五维模型研究

Berry 的服务便利五维模型是迄今为止最为全面的服务便利研究框架（见图 2-2）。服务特性影响购买者对服务便利的感知；企业的环境、品牌等相关因素及购买者的个性特征也对服务便利产生影响；同时，企业控制力属性会在服务便利和个体服务评价之间起到重要的调节作用。

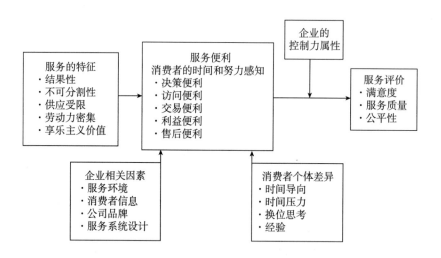

图 2-2 Berry 的服务便利五维模型

资料来源：Berry L L，Seiders K，Grewal D. Understanding Service Convenience［J］. Journal of Marketing，2002，66（3）：1-17.

Berry（2002）认为服务便利涉及顾客感知到的时间和其所作的努力，他把服务便利和消费者行为模型联系起来，结合消费者购买过程的五个阶段（引起需要、收集信息、评价方案、决定购买和购后行为），将服务便利分成五个维度，分别是决策便利、访问便利、交易便利、利益便利和售后便利。决策便利指消费者在做出服务购买和使用决定时感知到的时间及努力支出。访问便利涉及消费者在着手服务递送时所感知到的时间和努力支出，包括消费者要求服务所需要的活动和接受服务所需要的活动。交易便利指消费者在完成交易过程中对花费时间和努力的感知，它集中在消费者为确保有权使用一项服务而必须采取的行动。利益便利指消费者所感知到的为获得服务核心收益而付出的时间和努力。售后便利是指消费者在服务的受益阶段之后再次与公司接触时所感知的时间和努力支出，如消费者对产品维修、维护和交换等。Berry 认为顾客对服务便利的感知是对决策、访问、交易、利益和售后五种便利的综合评价。Berry 进一步指出，服务消费者对便利的感知还受服务的特征、企业相关因素、消费者个体差异和企业的控制力属性等因素的影响。

　　Berry 的服务便利五维模型在国内外学术界有着广泛认可度，众多国内外学者基于此开展了不同情境下服务便利维度研究（郭国庆等，2006，2012；Seiders et al.，2007；Colwell et al.，2008；仇立，2017，2019）。Seiders 等（2007）在 Berry 服务便利五维模型的基础上，结合消费者的消费过程阶段和消费努力的类型进行了深入研究，开发和验证了服务便利 SERVCON 量表。郭国庆等（2006）在借鉴 Berry 研究模型基础上，分析了消费者在整个购物过程中的便利需求，将服务便利分为购前便利、购中便利、交易便利和购后便利。吴佩勋等（2006）在信用卡服务便利性结构维度研究中，借鉴 Berry 模型将其分为决策便利性、取得便利性、交易便利性和后续便利性。乔均和彭秋收（2009）则以江苏商业银行为背景，实证研究了企业相关因素和客户特征差异对决策便利、渠道便利、交易便利、受益便利和售后便利等的具体影响。国内学者仇立（2017，2019）在 Berry 服务便利五维模型研究的基础上，提出了基于 B2C 环境下浏览便利、订购便利、支付便利、物流配送便利，以及服务失误补救便利五个服务便利维度，并构建了电商平台服务便利体系。

三、服务便利对顾客的影响研究

提升服务便利水平是为了产生积极的顾客结果。服务便利降低了顾客购买中感知非货币成本，有助于提升顾客正面评价，进而影响顾客积极行为。关于服务便利对顾客影响研究，国内外学者主要从直接影响和间接影响两个方面入手进行了诸多探讨，形成了比较丰富的研究成果。

1. 服务便利对顾客的直接影响相关研究

已有研究主要探讨了服务便利和顾客满意、行为倾向、重复购买等服务结果之间的关系。其中，关于服务便利和顾客满意间的正向关系已经得到多次实证检验。例如，Houston、Bettencourt 和 Wenger（1998）研究发现，顾客感知服务便利影响整体服务质量满意度评价，不可接受的时间等待会对服务质量感知产生负面影响。胡明征（2015）通过实证研究证明，服务便利中决策便利、渠道便利、收益便利、交易便利和售后便利对顾客满意度都有正向作用。Camilleri 等（2013）实证研究指出，提高服务便利水平可以提升零售金融服务业顾客满意度。Sabine Benoit 等（2017）通过研究五种服务便利对顾客满意的影响发现，搜索便利性对顾客满意影响最大，其次是交易便利性和决策便利性，访问便利性和售后便利性的影响最低。有的学者研究探讨了服务便利对顾客满意的影响可以通过一些中介变量或者调节变量来实现。例如，Collier 等（2010）研究了自助服务中便利的作用，发现服务便利可以通过搜索和交易速度来影响顾客满意度，且对于使用过和未使用过自助服务的人存在结果性差异。

众多学者研究发现服务便利性影响服务质量和顾客价值，进而促进顾客购买意愿、顾客忠诚和重复购买行为。例如，Childers（2001）认为消费者可以从高效和及时的服务便利中获得功利价值。Lai 等（2012）研究指出服务便利不仅能够促进重复购买意向，也能带来消费者实际重复购买行为。Chang 等（2013）关注服务类型中的售后服务，实证研究发现服务便利对顾客维修重复访问意向有积极影响。杨强和庄屹（2014）以 B2C 网购物流行业为例，通过实证研究发现服务便利能够通过消费者的情绪有效影响消费者的重购意愿，而且消费者感知服务保证的强度对服务便利与消费者重购意愿具有调节作用。Vinita Kaura 等（2015）通过对零售银行客户调查研究发现，服务质量、感知价格公平性和服务便利性对顾客满意度和顾客忠诚度有积极的影响,并进一步探讨了顾客满意度在其中的中介作用。Hong Jin 等(2019)研究指出便利店购物情境下准入便利、利益便利和交易便利对顾客忠诚有积极影响。Prashant Raman(2019)通过实证研究证实了信任、服务便利和客户服务对于女性消费者网购意愿有显著影响。

2. 服务便利对顾客的间接影响相关研究

服务便利对服务结果的间接影响体现在服务便利能够调节服务结果之间的关系,即服务便利和顾客满意、服务质量等因素产生交互作用,从而影响顾客忠诚度、行为倾向、重复购买行为等。例如,Seiders 等(2005)的研究证明,便利是顾客满意和重复购买行为间的正向调节因素。Hsu 等(2010)的研究表明,便利正向调节服务质量和顾客忠诚之间的关系。

另外,服务便利调节作用会受到服务类型的影响,即在不同的服务背景下服务便利调节作用会有差异。Jones 等(2003)比较了两种服务情景下便利的调节作用,认为相比于个性化的服务,在标准化的服务中便利会调节顾客满意和重复购买意向间的关系,并用来自银行服务和美发服务的数据验证了假设。Nguyen 等(2012)也比较了两种服务类型下便利的调节作用,实证研究发现在零售情景下便利只会正向调节结果质量和服务质量间的关系,而在休闲服务中便利可以调节互动质量、环境质量和服务质量间的关系。周雪(2018)研究发现,渠道便利对中枢路径变量、边缘路径变量与产品销量的关系都存在调节作用。综上所述,服务便利对顾客影响的研究总结见表2-3。

表 2-3 服务便利对顾客影响研究总结

作者	自变量	中介/调节变量	因变量	研究背景
Houston 等(1998)	服务便利		服务质量满意度	
Jones(2003)	顾客满意	服务便利[2]	重复购买意向	银行服务 美发服务
Seiders(2005)	顾客满意	服务便利[2]	重复购买访问 重复购买花费	女装和家纺零售
Colwell(2008)	服务便利		顾客满意	电话和网络服务
Collier(2010)	服务便利	搜索[1] 交易速度[1]	顾客满意	自助服务

续表

作者	自变量	中介/调节变量	因变量	研究背景
Hsu（2010）	服务质量	服务便利②	顾客忠诚	送货上门服务
Nguyen（2012）	互动质量 环境质量 结果质量	服务便利②	服务质量	厨具零售店 音乐会服务
Lai（2012）	服务便利		顾客满意 重复访问意向	电子商务服务
Chang（2013）	服务便利		重复访问意向	售后服务
Camilleri（2013）	服务便利		顾客满意	零售金融服务
杨强和庄屹 （2014）	服务便利	情绪① 服务保证②	重复购买意向	网购物流服务
胡明征（2015）	服务便利		服务质量 顾客满意	实体零售
Vinita Kaura 等（2015）	服务便利 服务质量 感知价格	顾客满意①	顾客忠诚	零售金融服务
Sabine Benoit 等（2017）	服务便利		顾客满意	
周雪（2018）	在线评论	服务便利②	购买决策	网络团购服务
Prashant Raman（2019）	服务便利 信任 客户服务		购买意愿	网络零售
Hong Jin（2019）	服务便利	满意①	顾客忠诚	便利店服务

注：①代表中介变量；②代表调节变量。
资料来源：笔者根据研究整理。

四、服务便利研究述评

服务便利是零售业、金融服务业、旅游服务业等服务型企业关注的重要管理问题，是影响顾客行为及服务绩效的重要因素。围绕服务便利问题，国内外学者们做了大量的研究，取得了比较丰富的研究成果。根据国内外服务便利研究文献系统梳理发现，该领域研究主要聚焦于三个方面：一是服务便利概念界定、服务便利维度，以及不同情景下服务便利量表开发；二是服务便利相关实证研究，包括服务便利影响效果、消费者感知服务便利的前置影响因素、服务便利和顾客满意、顾客忠诚、服务质量等因素交互作用等；三是服务便利管理具体策略研究。

国内外服务便利研究是按照"初步探索—多维拓展—纵深推进"三个阶段的演化进行推进的。在初步探索阶段，学者们主要以消费品为研究切入点，对服务便利概念、便利成本、服务便利在顾客购买中的作用、供应与购物便利的关系等问题进行了深入探讨。在多维拓展阶段，学者们围绕着便利导向、服务便利维度和服务便利类型等问题展开了深入探讨，其中著名营销学者 Berry 构建的服务便利五维模型产生了广泛的影响，国内著名营销学者郭国庆结合国内实体零售情境对服务便利问题进行了开创性研究。在纵深推进阶段，国内外学者主要采用实证研究方法围绕着服务便利模型、服务便利对顾客的影响和服务便利在价值共创中的作用等展开了更为深入和更为广泛的研究。

尽管国内外学者们对于服务便利研究已经基本形成了较为全面的体系，但是在研究内容的深度和广度上还有待进一步改进、拓展和深化。首先，现有服务便利研究大多是在单一渠道的背景下进行的，主要是关注传统实体零售环境下的服务便利问题，少数实证研究关注到 B2C 环境中的服务便利问题和新零售背景下的服务便利设计问题，涉及全渠道零售情境下的服务便利相关研究比较少。在传统实体零售行业中得到的研究结论是否适用于全渠道购物环境有待进一步探索。其次，现有服务便利维度构成及测量量表已经不能全部反映全渠道零售情境中服务便利维度及测量。关于全渠道零售服务便利测量研究的缺乏，限制了全渠道零售服务便利相关研究的进一步深入。再次，现有服务便利研究主要将服务便利与顾客满意、顾客忠诚、重复购买等企业目标联系起来，没有洞悉顾客寻求服务便利的深层次动机，对于服务便利在提升顾客认同作用、服务便利对顾客惠顾意向及行为影响机理等问题有待深入探讨，尤其是服务便利对全渠道零售商顾客惠顾意向及行为影响机制研究有待进一步探索。最后，现有的服务便利研究对考虑国内文化背景、服务便利差异化感知、消费者个性特征等因素的实证研究比较少。顾客对时间和努力的感知受到时间观念、生活习惯、生活方式等社会文化因素的影响，因此国内学者有必要基于国内商业情境和社会文化环境，进一步深入探讨服务便利相关问题，对服务便利进行本土化阐释。

第三节　顾客认同感研究

一、顾客认同感相关概念研究

1. 认同概念相关研究

认同一词源于拉丁文"idem"（为相同、同一之意），后来发展为英语中的"identity"一词，认同概念在 20 世纪 90 年代传到国内。从语义角度看，认同由"认"和"同"两个词复合而成。"认"在现代汉语中主要含义有：一是认识、分辨；二是跟本来没有关系的人建立某种关系；三是同意、承认。"同"在现代汉语中的含义主要有：一是相同、一样；二是跟……相同；三是共同、一起。"认同"在现代汉语中有三种含义：一是认为跟自己有共同之处而感到亲切；二是承认、认可；三是赞同、同意。认同的概念最初来自社会学和心理学研究领域的相关研究，之后认同概念被引入组织行为学、管理学和市场营销学等商科研究领域。

在社会学领域，学者们将认同理解为连接社会结构和个人行动的一个关键概念，认同表明了个体对那些和自身有共同特性的人群感知（Ashforth and Meal，1989；Dutton and Dukerich，1994；周晓虹，2008；Kuenzel and Halliday，2010）。认同是对自己在社会中的某种地位、形象和角色以及与他人关系性质的接受程度，认同可以看成由社会认同和个体认同所构成的连续统一（王宁，2001）。认同产生于个体对自身进行定义的过程之中，个体会受到特定群体的影响，试图向该特定群体靠近，并用该特定群体的特点来定义自身形象。社会认同代表着与自我相关的一致性程度（Belk，1988），它是个体对自我能够被群体反映及其与其他成员相似性的认知（Brown，2000）。正如 Tajfel（1982）指出的，社会认同是自我概念的一部分，是对个体所属群体及个体来说具有情感和价值的一些知识。从社会学角度来解释，社会认同过程是个体自我归类过程，是个体相互之间认知、情感和态度移入过程，这个过程会导致个体之间被相互同化。简而言之，人与人交往中无论是自己被别人同化，还是别人被自己同化的过程，都被视为认同感。

在社会心理学研究领域，学者们研究认同感主要是用来解释"人们对于社会群体或者所属的组织是如何产生认同感"以及"人们一旦对组织形成了认同感，他们的态度或行为将会有哪些改变"等问题。例如，著名心理学家弗洛伊德指出，认同是一个心理稳定的过程，当个体以其他人或组织的特征为标准去模仿，向该组织靠拢并将其特征形成自己特征的过程，从而与该组织的成员形成情感上的联系。之后，认同感这一概念被运用于社会心理学领域的研究。社会心理学领域对认同感的研究主要聚焦于个体如何对所属组织或群体产生认同感、认同感对人们的态度或行为影响等问题。众多学者将认同理解为个人通过模仿和内化他人或者群体的行为方式、价值标准和态度观念等，从而使其本人和他人或者群体趋同的心理过程（Tajfel and Turner，1979；Brewer，1991；Hogg，Terry and White，1995；Riketta，2005）。从心理学相关研究看，认同的根源在于主体存在的需求，以及主体融入社会的需求。认同感是个体对他人或群体的态度、行为、价值理念进行内化和模仿的过程，这会导致个体与他人或者群体形成一致的行为、态度、价值理念等。

在组织行为学领域，众多学者开展了有关组织认同的研究（Mael and Ashforth，1992；Dutton and Dukerich，1994；Gioia and Schultz，2000；Riketta，2005）。Mael 和 Ashforth（1992）明确阐述了组织在社会认同中的影响，并指出组织认同是组织中的个体成员根据自己的成员身份来定义自我意识的状态，组织认同是社会认同的一个特例。组织认同的核心是组织员工与组织之间的关系问题（Scott and Lane，2000；Bamber and Iyer，2002；Morgan et al.，2004）。组织认同是以员工为核心（Bamber and Iyer，2002）。从组织行为学角度来解释，组织认同反映的是员工自我概念与组织之间的关系，是以员工自我为中心且按照员工的自我标准对其自我身份的确认与寻求。组织认同是组织承诺的一个要素，也是组织与员工情感联结的一个方面。正如 O'Reilly 和 Chatman（1986）指出的，组织认同是基于与认同目标保持情感满意的自我定义关系的吸引和期望。管理学者主要从组织内部行为的角度来探讨认同问题，将认同看成是组织成员身份的自我构念，是组织成员在归属感、自豪感和忠诚度等方面流露出的情感归依，组织认同过程是组织成员认同组织的经历。

2. 顾客认同概念相关研究

在市场营销学研究领域，学者们认为企业除了应该满足顾客的功能性需求外，还应该满足顾客自我认定的心理需求。学者们研究发现，顾客愿意和企业保持长久伙伴关系的基础在于顾客认同特定企业，成功企业往往会与顾客建立长期深入的认同关系。顾客认同是一种顾客主动的、有选择性的、意志性的心理活动。Scott 和 Lane（2000）较早地把组织认同中组织员工与企业的关系，扩展并引申到了公司利益相关者与公司管理层的关系上，提出顾客认同概念。顾客认同的核心是顾客与企业之间同一性关系，反映了顾客对企业的积极心理联结。之后，营销学者分别提出品牌认同和"顾客—企业"认同概念。例如，Bhatta-charya 和 Sen（2003）首次将认同拓展到顾客与企业关系层面提出"顾客—企业"认同的概念，顾客对企业的认同感是顾客通过对企业身份和个人身份的对比而产生的与企业同一性认知。国内学者杨德宏和苏雪梅（2011）进一步指出，"顾客—企业"认同是一种顾客对组织产生的共同感，它依赖于顾客感受到的其个人身份与企业身份的相似程度。李纯青等（2020）则认为"消费者—企业"认同是消费者对自我概念与企业身份之间相似性的理解、感知或期望。

国内外学者们从品牌和顾客两个视角出发开展了大量顾客认同概念的研究。基于品牌视角，学者们界定品牌认同概念更强调对品牌所涉及具体产品和服务形象的心理归属感。国外学者（Lastovica and Gardner，1979；Sirgy，1982；Michael，1998）较早地提出了品牌认同概念。Lastovica 和 Gardner（1979）认为，品牌认同是消费者对品牌产生了情感或在心理上形成了依恋。Sirgy（1982）则认为消费者更倾向于选择拥有与自我概念具有较高一致性的品牌形象的产品。Lam 等（2013）指出，品牌认同是顾客通过对某一品牌进行了解和评价，在心理上将自身归属于该品牌，从而在心理上形成与该品牌的统一。国内学者在界定品牌认同概念时重点关注顾客—品牌关系质量与强度。金立印（2006）提出了品牌认同感包括个体品牌认同感和社会品牌认同感。薛哲和宁昌会（2017）则认为，品牌认同是衡量"顾客—品牌"关系、质量的重要指标，稳固的"顾客—品牌"关系依赖于品牌认同。黄敏学等（2017）认为，品牌认同是消费者与品牌之间的一致性链接，是以品牌为载体的接受与认可，它解释了消费者与品牌的关系强度。

基于顾客视角，国内外学者们主要借鉴 Tajfel（1982）提出的社会认同理论来界定顾客认同概念，更关注顾客在与企业互动过程中的感知，偏重于顾客对企业认知和情感方面同一性解读。Bhattacharya 和 Sen（2003）强调顾客对企业的认同感是一种顾客主动的、有选择性的、意志性的行为。杨德宏和苏雪梅（2011）指出"顾客—企业"认同是一种顾客对组织产生的共同感，这种共同感的程度依赖于顾客感受到的其个人身份与企业身份的相似程度。李纯青等（2020）认为，"顾客—企业"认同是顾客对自我概念与企业身份之间相似性的理解、感知或期望（见表 2-4）。

表 2-4　认同相关概念总结

	作者	定义	研究视角
国外研究	Lastovica 和 Gardner（1979）	品牌认同反映了消费者对品牌产生的情感或在心理上形成了依恋	营销学
	Tajfel（1982）	社会认同是对自己所属群体及自己来说具有情感和价值的一些知识，并认为社会认同属于自我概念的一部分	社会学
	Belk（1988）	认同是一种社会范畴，它代表着与自我相关的一致性程度	社会学
	Sirgy（1982）	品牌认同反映了品牌与消费者自我概念一致性联结。消费者更倾向于选择拥有与自我概念具有较高一致性的品牌形象的产品	营销学
	O'Reilly 和 Chatman（1986）	组织认同是组织成员出于对组织的吸引和预期，进而保持在情感上的某种自我定义	管理学
	Meal 和 Ashforth（1992）	组织认同是社会认同的一个特例，个人对于自己属于一个组织或者与一个组织命运共享关系的知觉和感受，是个人用组织成员的身份来定义自己的过程	管理学
	Michael（1998）	品牌认同基于消费者购买品牌的产品（服务）经历产生，而非体内的正式成员身份并非认同的必要条件	营销学
	Brown（2000）	社会认同是个体自我归类过程，是个体对自我能够被群体反映及其与其他成员相似性的认知	心理学
	Bhattacharya 和 Sen（2003）	顾客对企业的认同感是一种顾客主动的、有选择性的、意志性的行为	营销学
	Lam 等（2013）	品牌认同是顾客通过对某一品牌进行了解和评价，而在心理上将自身归属于该品牌，从而在心理上形成与该品牌的统一	营销学

续表

	作者	定义	研究视角
国内研究	王宁（2001）	认同是对自己在社会中的某种地位、形象和角色，以及与他人关系的性质的接受程度。认同可以看成由社会认同和个体认同所构成的连续统一	社会学
	金立印（2006）	品牌认同感包括个体品牌认同感和社会品牌认同感	营销学
	杨德宏和苏雪梅（2011）	"顾客—企业"认同是一种顾客对组织产生的共同感，这种共同感的程度，依赖于顾客感受到的其个人身份与企业身份的相似程度	营销学
	黄敏学等（2017）	品牌认同是消费者与品牌之间的一致性链接，是以品牌为载体的接受与认可，它解释了消费者与品牌的关系强度	营销学
	李纯青等（2020）	"消费者—企业"认同是消费者对自我概念与企业身份之间相似性的理解、感知或期望	营销学

资料来源：笔者根据研究整理。

二、顾客认同感维度研究

目前不同学者从不同学科视角对认同感维度的划分和测量方式均存在较大差别。在市场营销学研究领域，对认同感维度的研究主要有两种视角，分别是顾客视角和品牌视角。

1. 基于顾客视角的认同感维度研究

基于顾客视角，学者们对认同感维度问题的研究主要形成了两个代表性观点。一种观点指出，认同感是单一维度结构，主要从顾客与企业之间的认知联系来反映（Bhattacharya and Sen，2003；Dick et al.，2006）。例如，Dick 等（2006）研究指出，顾客认同感依赖于顾客感受到的其个人身份与企业身份的重合程度。另一种观点认为顾客认同感是多维结构（Bergami and Bagozzi，2000；Karaosmanoglu et al.，2013；程志辉和费显政，2015；Wolter and Cronin，2016）。例如，Bergami 和 Bagozzi（2000）研究指出，顾客认同感涉及认知认同维度和身份认同维度，其中认知认同表示顾客对自我概念与企业特征的感知，而身份认同维度表明顾客身份感知与企业之间的一致性和重合度。一些学者认为顾客认同感涉及认知认同、身份认同和情感认同。其中，认知认同涉及顾客对企业及其产品的认知；身份认同则反映顾客对企业一致性程度以及喜爱程度是否符合其个性特征判定；情感认同涉及顾客对企业的依恋及其满足程度。例如，Karaosmanoglu 等（2013）验证了顾客情感依恋会反映顾客对企业的认同。

2. 基于品牌视角的认同感维度研究

基于品牌视角，学者们对认同感维度问题的研究主要形成了三种代表性观点。第一种观点指出品牌认同感是单一维度，品牌认同感可以从品牌自我概念与品牌身份特征契合维度来进行研究（Underwood et al.，2001；沙振权、蒋雨薇和温飞，2010），也可以将品牌认同理解为对品牌特征的社会性认知（Ahearn，Bhattacharya and Gruen，2005）。第二种观点认为品牌认同感是双维度结构，可以从社会和个体两个维度来划分品牌认同（Rio et al.，2001；金立印，2006）。其中，国内学者金立印（2006）认为个人品牌认同反映了顾客对特定品牌的个性与顾客自身个性特征相似程度的感知，社会品牌认同则反映品牌能向他人展示顾客为特定群体内成员这一地位。这一观点在国内学术界有着广泛的共识。第三种观点指出品牌认同感是多维结构。其中，有些学者们认为品牌认同可划分为评估认同、认知认同和情感承诺三个维度（Bagozzi et al.，2012；程志辉和费显政，2015）。众多学者依据社会认同理论认为品牌认同包含认知、评估和情感三个成分（Ellemers et al.，1999；Lam et al.，2010）。其中，认知性品牌认同指的是顾客依据某个品牌对自己进行类别划分，并将自己标签为该类别典型人士。认知性品牌认同反映了顾客对某个品牌的认知联结，反映了其社会身份和社会分类。评估性品牌认同是指依据品牌特征，顾客赋予品牌积极或消极的价值判断。情感性品牌认同指的是顾客对某个品牌的情感以及别人对该品牌之评价的情感反应。情感性品牌认同反映了消费者对品牌的情感依恋（Founier，1998）。

三、顾客认同感对顾客行为影响研究

近年来，许多营销领域的学者研究了认同感对顾客态度及其行为的影响，关注到顾客对企业及其品牌的认同能够产生积极的顾客结果，促使顾客保持与企业的长期关系。顾客认同感对顾客行为的影响实质上是顾客接受企业施加社会性影响的过程。顾客对企业认同，会促使顾客做出支持企业及其品牌的行为。关于认同感对于顾客的影响，一些国内外学者从直接影响和间接影响两个方面入手进行了大量研究。

1. 顾客认同感的直接影响

众多学者研究（Bhattacharya and Sen，2003；Ahearne et al.，2005；金立印，2006；Sven et al.，2010；刘新和杨伟文，2012；吕朋悦等，2019）表明，认同感能够给顾客行为带来直接且正向的作用。顾客认同感会直接影响顾客对企业的认知模式，会促使顾客做出支持企业的行为。同时，顾客认同还能够使顾客对企业的态度、情感等发生变化，进而影响其行为。例如，Bhattacharya 和 Sen（2003）指出，顾客认同是基于顾客本身被企业身份所吸引而产生的，顾客认同会对顾客忠诚、顾客推荐，以及顾客重复购买产生积极正向作用。Gupta 和 Pirsch（2006）研究指出，顾客与企业价值观越吻合，顾客越会购买或使用该公司产品，顾客认同对重复购买意向和正面口碑相传有显著影响。Sven 等（2010）的研究表明，顾客的品牌认同影响品牌忠诚，顾客的品牌认同会显著影响重复购买意向和正面口碑相传。肖萌和马钦海（2018）通过实证分析研究指出，顾客创造角色认同可以显著提升顾客共创程度，进而对顾客实用价值和享乐价值产生积极影响。

2. 顾客认同感的间接影响

顾客的"认知—感觉—行为"模式会受到认同感的影响，通过认同感可以影响顾客对企业的情感投入，从而影响顾客购买行为（Albert，Ashforth and Dutton，2000）。国内外学者关注认同感对顾客行为的影响可以通过一些中介变量或者调节变量来实现。例如，杨勇等（2015）研究指出顾客认同在深层表演与顾客忠诚间起完全中介作用；顾客认同在真实表达与顾客忠诚间起完全中介作用。李先国等（2017）通过实证研究指出，信息价值、财务价值、社交价值、娱乐价值分别通过品牌认同正向影响顾客对新产品的购买意愿，并通过群体认同影响品牌认同，最终正向影响顾客的购买意愿。李敬强和刘凤军（2017）研究发现顾客认同在企业社会责任与品牌态度、购买意愿之间具有部分中介作用。肖海林和李书品（2017）在对服务性企业的研究中发现，顾客认同感越高，其服务补救满意度相对更高，并认为顾客对企业的认同在服务企业的责任感和消费者满意度之间起中介作用。Ali 等（2020）以银行为研究对象，研究结果表明顾客认同在企业社会责任对顾客忠诚度影响的研究中起中介作用。综上所述，认同感对顾客影响研究的总结请参见表 2-5。

表 2-5　认同感对顾客影响的主要研究总结

作者	自变量	中介/调节变量	因变量	研究背景
Rio 等（2001）	个人品牌认同 社会品牌认同		购买意向	
Bhattacharya 和 Sen（2003）	顾客认同		购买意向 顾客忠诚	
Ahearne、Bhattacharya 和 Gruen（2005）	顾客认同		重复购买意向 顾客角色外行为	
金立印（2006）	品牌认同		品牌忠诚	家电业
Gupta 等（2006）	顾客认同		重复购买意向 正面口碑	
Kuenzel 和 Halliday（2010）	品牌认同		品牌忠诚 购买意向	
李蕙瑢等（2011）	顾客认同		顾客自发行为	零售银行业
Bagozzi（2012）	品牌认同		反馈意愿 参与意愿	制造业
苏雪梅和杨德宏（2013）	顾客认同		购买意向 口碑传播	零售业
甘俊（2014）	品牌认同	求变心理[②] 正面口碑传播[②]	品牌转换行为	食品行业
杨勇等（2015）	员工深层表演 员工真实表达	顾客认同[②]	顾客忠诚	
辛璐琦和王兴元（2016）	品牌形象	品牌认同[①]	行为意愿	旅游业
高会（2016）	顾客认同	面子意识[②]	自有品牌购买意愿	零售业
李先国等（2017）	感知价值	群体认同[①] 品牌认同[①]	新产品购买意愿	虚拟品牌社区
郑启迪（2017）	互动性	店铺认同[②]	交叉购买意愿	网络零售
李敬强和刘凤军（2017）	企业社会责任	顾客认同[①]	品牌态度 购买意愿	服务业
肖海林和李书品（2017）	服务责任	顾客认同[①]	顾客满意	服务业
肖萌和马钦海（2018）	顾客创造角色认同	顾客共创程度[①]	顾客实用价值 顾客享乐价值	
Ali（2020）	企业社会责任	顾客认同[①]	顾客忠诚度	银行业

注：①代表中介变量；②代表调节变量。

资料来源：笔者根据研究整理。

四、顾客认同感研究述评

在市场营销学研究领域，国内外学者们关注到顾客愿意和企业保持长久伙伴关系的基础在于顾客认同特定企业。成功企业往往会与顾客建立长期深入的认同关系。顾客认同源自于社会认同理论，其核心是顾客与企业之间的同一性关系问题。顾客认同是顾客感知与企业的联结程度，是顾客对企业形成的积极、有选择的主观评价。根据国内外学者对顾客认同相关研究文献的系统梳理发现，该研究领域主要借鉴社会认同和组织认同方面的理论成果，聚焦于探讨顾客认同概念内涵界定、顾客认同维度及其对顾客行为影响等方面问题，形成了比较丰富的研究成果。

越来越多学者研究发现顾客认同具有积极效应，顾客对企业的认同会直接促使顾客对经营目标产生更为深刻的理解与认知。然而，围绕顾客对于零售企业认同感的问题，国内外学者的相关研究并不够丰富，有待进一步展开更为深入和广泛的研究。首先，现有研究成果对顾客认同测量维度研究还有待于进一步系统的概括，多数学者主要从顾客和品牌两个角度出发开展顾客认同测量维度研究，多数学者认可顾客认同感是多维结构，关注到顾客认知认同、身份认同和情感认同等。讨论顾客认同较少涉及零售企业的认同问题研究，对店铺认同感测量问题关注不够，尤其是关于全渠道零售环境中店铺认同感测量差异性讨论比较缺乏。其次，关于顾客认同所产生影响的相关研究还较为局限。目前的主要研究成果从直接影响和间接影响两个方面入手探讨认同感对于顾客行为的影响，大多针对顾客认同对一些重要的营销结果变量在一定的行业环境中进行了定性和定量的研究，评估其产生的影响，如顾客满意、顾客忠诚、顾客承诺、新产品购买意愿等。关于顾客认同对其他重要营销结果变量的影响研究还不够丰富，如顾客惠顾意向、感知价值、感知风险等；在全渠道零售环境中顾客认同感对顾客行为中介效应的研究有待进一步探索。最后，顾客认同涉及的研究情境有一定的局限性，主要集中在实体服务环境和制造业环境。综观现有文献中的相关研究，涉及的行业情境主要包括家电业、食品行业、旅游行业、实体零售、银行业等，针对全渠道零售环境中的顾客认同感研究非常欠缺。关于零售企业认同感影响因素及其作用机理等问题研究、传统零售店铺与全渠道零售店铺认同感差异性等问题的研究比较缺乏，学者们对零售企业认同感研究有待进一步深入。同时，考虑企业经营业态、企业服务特征与服务场景、消费个性特征等因素驱动的顾客认同感方面的实证研究有待进一步深化。

第四节 顾客惠顾意向研究

一、顾客惠顾意向概念研究

1. 行为意向概念研究

行为意向概念源于心理学研究领域，行为意向反映个体打算完成特定行为的强度和个体从事特定行为的可能性（Fishbein and Ajzen，1977；Eagly and Chaiken，1993），这是一种行为的准备状态。Fishbein 和 Ajzen（1977）较早对行为意向进行界定，他们认为个体想要着手某种行动的主观可能性即行为意向。早期研究认为个体行为意向来自于态度，是态度具有协调一致性的表现，个体态度改变会影响个体行为意向改变。行为意向既是预测个体行为的重要指标，也是个体做下一步行动的必经过程。行为意向是反映个体打算执行某一种行为的最直接和重要的量度。目前，众多学者一致认为，行为意向是个体开展某项活动所必经的心理活动过程，是个体对自身未来可能进行某种活动倾向的主观性判断，也是个体对待或处理客观事物活动的行为反应倾向。已有研究表明，行为意向可分为正向行为意向和负向行为意向。正向行为意向就是对某种客观事物的接近、取得、保护、接受等；负向行为意向就是对某种客观事物的避开、丢弃、反对等。

众多学者（Einhorn and Hogarth，1981；Westbrook，1987；Engel，1995；温碧燕和汪纯孝，2002）将"意向"这个概念从心理学引入营销学科，将行为意向放在具体消费情境中解读，用于研究购物情境中顾客行为准备状态，并拓展了购物意向和惠顾意向的相关研究。例如，Einhorn 和 Hogarth（1981）立足于消费者视角，将行为意向定义为消费者本身对产品或服务的获得、使用、处理过程中所产生的一系列心理决策。Westbrook（1987）将关注点聚焦于顾客与企业交易活动结束后，明确提出行为意向是顾客基于对产品或服务使用结果而产生的后续动作，包括对产品或服务的评价、口碑传播，以及重购行为等。国内外学者们进一步指出，排除特定外部环境对其行为计划的影响，顾客具有从事某特定行为的自发性计划的意愿越高，则其采取该行为的倾向越强烈，行为发生概率越大。顾客购买产品或服务时对产品或服务有可能采取的特定措施或行为的倾向则为购买意向。

2. 顾客惠顾意向概念研究

从语义角度看，惠顾有光顾、惠临之意。学者们关于惠顾问题研究兴起于20世纪70年代。零售惠顾意向相关研究一直是现代零售管理领域比较持久的研究焦点。顾客惠顾意向又称顾客惠顾意愿，是零售学者们比较关注的概念。早期研究者将顾客惠顾意向概念界定为零售企业顾客行为意图（Tauber，1972）和选择特定商店的主观倾向（Fishbein and Ajzen，1977），并认为顾客惠顾意向是预测零售企业顾客行为的重要指标。基于 Tauber 和 Fishbein 的研究，一些学者（Holbrook and Hirschman，1982；Sheth，1983）将顾客惠顾意向看成一种心理概念进行研究，认为顾客惠顾意向表明了顾客选择惠顾某个零售店铺前的决定，反映了消费者对特定零售企业的心理承诺程度。之后，不同学者从不同研究视角对顾客惠顾意向概念进行了探讨，并进一步将顾客惠顾意向细分为初次惠顾意向、再惠顾意向和波及惠顾意向。Dodds 等（1991）研究指出顾客惠顾意向是一种态度，是顾客试图去特定商店购物的可能性评价。Batra 和 Sinhab（2000）则认为，顾客惠顾意向是一种心理动机，顾客在实施一项购买行为时，有意识的并在计划中的个人动机。杨宇帆和欧书田（2009）则认为，顾客惠顾意愿与品牌购买意愿类似，顾客惠顾意愿的核心是顾客对特定零售店的选择。杨崇美（2016）研究指出顾客再惠顾意愿是顾客主观判断再次选择或者消费该服务企业产品或服务等行为的可能性。范苗苗、魏胜和吴小丁（2020）则认为，顾客惠顾意愿是指顾客浏览、购买商品或服务的可能性。

目前，国内外许多学者普遍认为界定顾客惠顾意向应考虑顾客愿意去特定商店购物的可能性及将此商店推荐给他人的可能性（Zeithaml，1988；Baker，2002；吴洒宗、揭超和熊国钱，2011；梁健爱，2014）。虽然学者们对顾客惠顾意向的概念界定不同，但是现有研究都表明顾客惠顾意向是顾客选择零售企业的一种心理状态，它涉及顾客对自己是否会从某一零售商店购买商品或接受服务的心理活动过程，聚焦于顾客对自己是否会从某一零售店购买商品可能性的评价（见表2-6）。

表 2-6　顾客惠顾意向（惠顾意愿）的概念总结

	作者	定义	研究焦点
国外研究	Tauber（1972）	顾客惠顾意向是零售企业顾客行为意图	行为意图
	Dodds（1991）	顾客惠顾意向是一种态度，是顾客试图去某商店购物的可能性评价	主观选择概率
	Saleh 和 Ryan（1991）	顾客惠顾意向是顾客对企业的心理承诺程度	心理承诺
	Batra 和 Sinhab（2000）	顾客惠顾意向是一种心理动机，顾客为实施一项购买行为时有意识的并在计划中的个人动机	心理动机
	Baker（2002）	顾客惠顾意向是指为愿意去某商店购物及将此商店推荐给他人的可能性	主观选择概率
国内研究	杨宇帆和欧书田（2009）	顾客惠顾意愿与品牌购买意愿类似，惠顾意愿的核心是顾客对特定零售店的选择	主观选择
	吴泗宗和揭超（2011）	顾客惠顾意愿是顾客对服务型企业的光顾意向和对其产品或服务的购买意向	购买意向
	梁健爱（2014）	顾客惠顾意愿是顾客愿意光顾特定商店和愿意推荐特定商店的主观倾向	主观选择概率
	杨崇美（2016）	再惠顾意愿是指顾客具有了服务企业的相关产品或服务消费体验后，个体主观判断再次选择或者消费该服务企业产品或服务等行为的可能性	主观选择概率
	范苗苗等（2020）	顾客惠顾意愿是指顾客浏览、购买商品或服务的可能性	主观选择概率

资料来源：笔者研究整理。

二、顾客惠顾意向测量研究

国内外学者均认为顾客惠顾意向（惠顾意愿）是单一维度结构。国外学者在顾客惠顾意向测量研究方面，主要从实体零售店情境出发探讨问题。例如，Zeithaml（1988）指出惠顾意愿可以从考虑购买、可能购买，以及想要购买三个题项测量。Baker 等（2002）用"愿意推荐商店""愿意购买商品"和"愿意到特定商店购物"来测量零售店惠顾意愿。Grewal 等（2003）认为惠顾意愿可以用"特定商店购物的可能性""到特定商店购买商品"和"愿意推荐特定商店"三个维度进行测量。Pan 和 Zinkhan（2006）指出惠顾包含"惠顾频率"和"商店选择"两个关键的因素。Zolfagharian 和 Paswan（2009）的研究通过三个题项来测量惠顾意愿，分别是"我会继续惠顾这家商店""我会将这家商店推荐给我的朋友和邻居"，以及"我不会寻找其他的替代商店"。国内学者们在借鉴国外学者惠顾意愿测量研究基础上，关注到实体零售店情境和网络零售情境的差异性。例如，崔楠等（2013）研究在线零售情境下顾客惠顾意愿时，选择用"愿意在该网站上购买""在该网站购买的可能性"和"其他人宣传这个购物网站"这三个题项进行测量。梁健爱（2014）在探讨网络零售商惠顾意愿时提出，"用喜欢浏览所选定网络零售商商品""愿意光顾所选定网络零售商网页"和"愿意向亲朋好友推荐所选定网络零售商"这三个维度。董京京等（2018）提出惠顾意愿测量可以考虑在线商店商品下单意愿。

三、顾客惠顾意向驱动影响因素研究

国内外学者对于顾客惠顾意向驱动影响因素的相关研究大多从零售企业内部因素和外部因素进行展开，主要涉及商品、服务、商店环境和顾客等多方面具体因素对顾客惠顾意向影响。

1. 商品因素

学者们探讨了零售商店商品质量、商品价格水平、商品种类、商品品牌等商品相关因素对于顾客惠顾意愿的影响。例如，Dodds 等（1991）研究指出品牌和商店信息会影响消费者惠顾意愿，而价格对商品的感知价值和消费者的惠顾意愿有消极影响。Darley 和 Lim（1993）指出，产品质量是顾客惠顾零售商店的重要前因变量。Wakefield 等（1998）的研究表明，顾客基于对零售产品、服务和零售设施的评价与自身需求的融合与比较，从而再做出惠顾行为。Cronin 等（2000）认为，消费者在与零售商互动过程中所感受到的商品满足需求程度，会对其惠顾意愿与行为产生积极影响。Gehrt 等（2003）研究指出，顾客会根据不同产品类型选择不同商店完成购买行为。杨宇帆和欧书田（2009）通过实证分析指出，商品价格促销印象与顾客惠顾意向是负相关关系。

2. 服务因素

学者们研究了零售商店销售服务、收银服务、停车服务等服务相关因素对于顾客惠顾意向的影响。例如，Zeithaml 等（1988）的研究结果表明，服务方面的因素对商店的惠顾意愿有正向影响作用。Fornell（1996）将商店服务属性和零售产品属性作为影响顾客再惠顾意愿的重要变量。McKnight 等（2002）发现，消费者对网络零售商服务信任会促使其分享该网站信息，从而有助于形成顾客惠顾意向。Luceri 和 Latusi（2012）认为，影响商店惠顾的因素可从消费者特性、家庭规模、店铺服务特性、店铺规模偏好和购物偏好等方面来考虑。汪振杰、蒲晓敏和李平（2019）通过实证结果表明，网络零售商的差异化特质对于形成消费者惠顾意愿有显著影响，其中物流服务质量的影响最大。

3. 商店环境因素

学者们关注到商店环境的相关因素，如便利性（营业时间、位置等）、商店形象、购物环境氛围等对顾客惠顾意向的影响。例如，Donovan 和 Rossiter（1982）研究发现，商店氛围会影响消费者的情绪，进而影响顾客惠顾意愿。Baker 等（2002）的研究表明，商店设计因素会影响消费者购物的情感，进而影响惠顾意愿。Engel 等（1995）研究发现店内商品位置、音乐、陈列、颜色等环境因素会影响顾客惠顾行为。Teller 和 Reutterer（2008）指出零售商可以通过商店宜人的空间设计、商业氛围、服务便利和店铺组合等影响顾客惠顾意愿。汪旭晖等（2008）通过对顾客再惠顾研究发现，店铺环境是影响零售商店惠顾意愿的重要因素，商品价值、购物体验成本和人员服务质量等影响着消费者对店铺选择标准的感知。崔楠等（2013）通过实证研究指出，在线零售商店的情境设计能有效促进顾客再次访问该在线零售商店意愿并向他人推荐该零售商店意愿。崔占峰和陈义涛（2020）以手机线下体验店为研究对象，通过实证研究发现线下体验店中教育体验和审美体验对消费者再惠顾意愿影响显著。

4. 顾客因素

学者们从人口统计变量、个性特征、生活方式等顾客个人因素探讨顾客惠顾意愿研究。例如，Roy（1994）认为年轻顾客闲暇时间有限，惠顾商店的频率会受到限制。Mittal 等（2001）强调顾客个体特征因素对再惠顾意愿的影响，指出相同顾客满意程度情况下，不同特征的顾客具有不同的再惠顾阈值。黄劲松

（2004）等基于顾客个体层面和品牌层面来探讨顾客再惠顾意愿的影响因素。宋思根（2005）研究表明，顾客的年龄、性别、婚否、受教育程度等因素对大型超市、网上商店和便利店的惠顾意向存在显著影响。吴洒宗等（2011）通过实证研究发现，享乐性价值、功用性价值、店铺印象均与顾客惠顾意愿存在正相关关系，但其中很大一部分效应的产生需要通过场所依赖的中介作用。曹园园和李君君（2017）通过实证研究发现，电子商务整体顾客体验中的购前评估体验、线上交易体验、完成性体验通过满意和信任间接影响顾客惠顾意向。

此外，众多学者（Macquqrie，1998；史有春和刘春林，2005；朱华伟和涂荣庭，2008；叶巍岭，2008；梁健爱，2014；吴小丁、苏立勋和魏胜，2016）的研究从商业环境线索、店铺形象、附加服务行为、惠顾动机等内外部因素出发，探讨了通过影响消费者满意度、消费者愉悦感、情绪信任等内部情感因素，进而影响消费者惠顾意向与行为的驱动机制问题。

四、顾客惠顾意向研究述评

顾客惠顾意向（惠顾意愿）是零售企业预测顾客未来行为的一个强力指标。顾客惠顾意向的核心是顾客对特定零售商店的选择（杨宇帆和欧书田，2009）。与顾客满意度和忠诚度相比，顾客惠顾意向作为衡量顾客与零售企业间互动关系的结果变量更为直接。顾客惠顾意向能够帮助零售企业识别潜在顾客和目标顾客，清楚地分辨出那些可能产生购买行为的顾客，进而开展有针对性的营销活动（Pan and Zinkhan，2006）。提高顾客惠顾意向对零售企业经营绩效和经济效益具有极其重要的影响。

顾客惠顾意向相关研究一直是现代零售管理领域比较持久的研究焦点。根据国内外相关研究文献系统梳理发现，现有顾客惠顾意向研究主要从心理学视角展开，主要集中于顾客惠顾意向概念、顾客惠顾意向测量维度研究及顾客惠顾意向驱动影响因素等方面。其中，关于顾客惠顾意向驱动影响因素研究大多从顾客感知视角出发，主要采用定性和定量研究方法对零售商品因素、零售服务因素、商店环境因素和顾客个性特征等具体影响作用进行了探讨。

在零售管理研究领域，国内外学者更关注顾客满意度和顾客忠诚度方面研究，而对于顾客惠顾意向的研究都比较零散且不够丰富。已有研究主要关注实体零售环境对顾客惠顾意向及其行为影响研究，有待进一步开展顾客惠顾意向方面系统性研究。一是零售惠顾意向测量有待进一步细化研究。已有零售惠顾意向测量采用单一维度研究，几乎所有相关研究文献都将零售惠顾意向作为单一维度的结果变量进行研究。全渠道零售情境下顾客惠顾意向能否再具体细分到不同维度进行研究。这是一个值得深入探讨的问题。二是全渠道零售商顾客惠顾意向学理性阐释研究不够丰富，有待进一步拓展研究深度。目前少数学者研究了不同类型顾客的零售业态惠顾意向，主要考察了百货商店、超市、品牌专卖店等实体零售业态的顾客惠顾意向及行为，并研究了顾客惠顾意向前置影响因素。而专门针对网络零售业态和全渠道零售情境下顾客惠顾意向的相关研究比较欠缺，对顾客全渠道零售惠顾意向特殊性和普遍性问题进行学理性阐释不够丰富。三是全渠道零售商顾客惠顾意向影响机理研究较为缺乏。已有研究考虑全渠道零售商服务特征、便利消费、店铺认同、消费个性特征等因素对顾客惠顾意向作用机理研究缺乏关注，有待进一步展开全渠道零售商顾客惠顾意向及行为影响机理方面实证研究。

第五节　国内外研究启示

通过国内外相关文献回顾，对服务便利、店铺认同感与顾客惠顾意向研究文献进行了梳理分析，并得到了一些对本研究具有重要意义的启示。具体研究启示如下：

一、现有服务便利文献的发现与启示

通过对服务便利相关文献梳理分析，发现了一些与本研究目标相关的结论，这些结论对本研究的展开有着重要启发意义。

1. 服务便利涉及产品和服务交付过程中顾客的需求及体验

服务便利性是产品或服务的组成部分，涉及产品和服务交付过程中顾客的需求及体验。服务便利对满足服务型企业顾客需要具有极其重要作用。服务便利是顾客在购买和使用服务过程中，对所付出时间和努力的感知，它会帮助顾客节约时间和精力成本，进而提高顾客对所获得服务的绩效感知。随着商业竞争压力加剧及生活节奏加快，顾客对于零售服务便利性需求日趋强烈，顾客越来越希望获得高效率的零售服务。服务便利日益成为零售企业提供高绩效服务的重要组成部分。零售服务便利性管理正在受到越来越多企业的关注。在全渠道零售情境下，零售企业打破时间和空间限制，使实体商店、网络商店、移动 App 商店、物流提货店等不同渠道融合以提升效率。顾客在惠顾全渠道零售商过程中感受到的服务便利已成为其购物体验的重要组成部分。因此，服务便利对顾客选择惠顾特定零售商具有重大影响，尤其在全渠道零售情境下有必要深入探讨服务便利对顾客惠顾意向及其行为的具体作用方式。

2. 服务便利感知是顾客感知的多维度构念

服务便利可以从顾客感知视角测量，它是一个顾客感知的多维度构念。顾客会察觉到在产品和服务交付过程中，时间及努力支出的相互作用影响了其对服务便利的感知。顾客对任何一种服务便利性的时间和努力成本的感知都影响消费者对服务便利性的综合评价。不同情景下顾客感知时间和努力支出有差异。在全渠道零售情境下，顾客可以在多种类型商店、多种支付方式和多种配送方式等方面进行选择，更方便快捷地选购商品接受服务。顾客可以实现多种零售场景无缝切换，随时随地随心购物。顾客在全渠道零售商购物可以感知到更少时间和精力的付出。因此，研究全渠道零售情境下服务便利性量表开发设计，应结合顾客在跨渠道购物中不同活动阶段感知的时间和努力支出的情况进行综合分析。

3. 顾客个体特征会差异性影响服务便利感知

服务便利涉及顾客对花费最少时间和精力来获得服务的看法。顾客对时间和精力支出的评价既是客观的也是主观的。不同顾客对花费时间和精力获得服务的成本感知有所差别，对于服务不便利容忍度也是有差别的。不同的顾客心理和个体特征（比如时间压力、购物导向、年龄、性别、职业和收入等）差别影响其对于服务便利的感知。因此，研究全渠道零售情境下服务便利与顾客惠顾意向关系应辨识顾客个体特征差异在其中的影响。

4. 顾客感知服务便利对顾客行为意向具有积极影响

顾客感知服务便利性可以最大限度地减少顾客非货币成本支出，对顾客行为意向和行为结果产生积极影响，进而对服务型企业绩效产生积极效应。零售企业是服务型企业，顾客对于零售企业具有较高的便利需求。全渠道零售拓宽了顾客与零售店铺的接触点，各种类型零售渠道融合发展为消费者提供了无缝衔接便利服务。在全渠道零售情境下，顾客信息搜索、商品体验、下单、支付、物流、售后和反馈等行为可以在不同零售渠道完成。顾客可以进行全渠道搜索信息、全渠道下单与收货，顾客可以在任何时间、地点以任何方式付款，顾客感知时间成本和精力成本在降低。这种无缝衔接的零售服务便利性提高了整个顾客购物体验并正向影响消费者对全渠道零售商服务评价，进而出现积极消费行为。因此，研究全渠道零售情境下服务便利的直接影响效应和间接影响效应非常重要。

二、现有顾客认同感文献的发现与启示

通过对顾客认同相关文献梳理分析，发现了一些与本研究目标相关的结论，这些结论对本研究的展开有着重要启发意义。

1. 顾客认同感是顾客对企业态度和价值理念的一致性内化过程

企业长期获得顾客正面评价，与顾客认同感存在同一方向的变化趋势。顾客认同反映了顾客"自我"的社会特征与企业社会特征之间的一致性，是顾客对企业态度和价值理念的一致性内化过程。顾客对企业认同感较强，则顾客对企业购买意愿、正面口碑及忠诚行为等存在的积极影响效应就越强。有鉴于此，零售企业在商品、服务、环境等各个方面所展示的积极商业态度和商业价值会激发对顾客的吸引效果，增强顾客的认同感。顾客通过与零售企业商业交往，诸如参与企业商业活动、购买商品、接受零售服务等，强化了自己对与零售企业身份相似性、同一性的认知，从而增强了顾客对零售企业认同的程度。因此，本研究认为全渠道零售情境下顾客产生认同感在引导顾客行为和形成对零售企业正面评价方面发挥着关键作用。

2. 提升企业吸引力是构建顾客认同关键因素

顾客对企业认同感的本质是顾客对企业及其品牌认同，是顾客自我概念与企业及其品牌形象的重合程度感知。顾客认同是顾客对企业行为的正向感知，是顾客与企业之间建立并保持长久伙伴关系的心理基础。顾客认同感会影响顾客的认知模式和情绪反应，顾客更容易对所认同企业的商业行为给予积极正面回应。提升企业吸引力有助于形成顾客认同，进而对顾客行为产生影响。零售企业可以通过商品和服务特征提高其吸引力，进而增强顾客在购物过程中对店铺的认同感，从而促进顾客惠顾意向和惠顾行为的形成。在全渠道零售情境下，顾客在不同零售渠道之间转换以满足其多样化和个性化的需求。不同零售渠道（实体商店、网络商店、移动 App 商店、物流提货店等）无缝衔接带来的服务便利性和一致性购物体验有助于提升全渠道零售商吸引力，进而有助于形成顾客认同感。换而言之，全渠道零售情境下零售企业与顾客交互越为便利，则顾客感知到零售企业的吸引力就越大，进而越容易产生顾客认同感。这种零售店铺认同感可能在服务便利感知与全渠道零售商之间存在中介效应。对此问题深入探讨将是本研究的重要内容之一。

三、现有顾客惠顾意向文献的发现与启示

通过对顾客惠顾意向相关文献梳理分析，发现了一些与本研究目标相关的结论，这些结论对本研究的展开有着重要启发意义。

1. 顾客惠顾意向是对特定零售商选择意愿

顾客惠顾意向是顾客选择零售企业的一种心理状态，表明顾客对自己是否会从特定零售商店购买商品和接受服务可能性的主观性判断。顾客惠顾意向以顾客感知为出发点，为其创造合适便利条件和商业氛围，让顾客从心理层面产生愿意光顾该零售商店的意图，从而产生相应的惠顾行为。虽然顾客惠顾意向和惠顾行为有时会表现不一致，即具有顾客惠顾意向不一定会产生最终的顾客惠顾行为和购买行为，但顾客惠顾意向仍然是一个预测顾客惠顾行为和购买行为的非常重要指标。即使用顾客惠顾意向来预测惠顾行为可能会出现高估实际发生的惠顾率，但这种高估惠顾率仍然具有零售经营绩效意义。对于零售商而言，相比顾客满意和顾客忠诚等指标，顾客惠顾意向能更方便地描述、解释和预测顾客光顾零售企业的行为。现阶段全渠道零售进入高质量发展阶段，全渠道购物者已出现，顾客已习惯交叉光顾实体商店、网上商店、移动商店和社交商店等多种零售渠道进行购物。全渠道零售商持续吸引顾客的焦点在于洞察顾客惠顾动机、顾客惠顾意向及顾客惠顾行为。因此，研究全渠道零售情境下顾客行为模式应重点关注顾客惠顾意向问题。

2. 顾客惠顾意向测量需要考虑顾客对零售情境感知差异性

顾客惠顾意向是衡量顾客与零售企业间互动关系的重要指标。顾客惠顾意向作为顾客惠顾行为和购买行为的前因变量，对零售企业顾客的维护起到了重要作用。顾客惠顾意向测量相关研究表明可以从考虑购买、可能购买，以及推荐购买等方面入手，并需要考虑实体零售店情境和网络零售情境的差异性。顾客在选择实体零售商店、网络商店、移动 App 商店等零售渠道时所关注的服务特征有一定差异。顾客对不同零售情境、不同类型商店的选择标准感知会影响其惠顾意向。在全渠道零售情境下，顾客在不同阶段使用不同零售商店（包括实体商店、移动 App 商店和网络商店等），并期望从不同零售商店获得无缝一致的购物体验。全渠道顾客在考虑购买、可能购买，以及推荐购买方面，与单一零售渠道顾客惠顾意向和行为会表现出一定的差异。因此，探讨全渠道零售情境下顾客惠顾意向测量时需要考虑到线上线下渠道整合中的顾客差异化感知。

3. 顾客惠顾意向由诸多因素共同驱动作用

顾客惠顾意向是一个由诸多因素共同作用的结果。已有研究证实了顾客惠顾意向受到商品、服务、商店和个体特征等诸多因素影响。这些影响因素可以从内部和外部两个方面解读，既涉及顾客认知、情感类因素（如顾客满意度、感知服务特征等）和顾客人口统计特征，也涉及商品质量、商店规模、经营业态、品牌形象等。在全渠道零售情境下，商店提供了更为便利的服务和更为丰富的商品选择，减少顾客为买到所需商品而在时间和精力上付出努力。随着经济竞争加剧和生活工作节奏加快，顾客所拥有的自主支配的时间和努力资源变得有限，顾客在惠顾零售商时追求购物便利心理的需求日益突出。为此，从内外部因素研究顾客惠顾全渠道零售商意向和行为时，服务便利就成为非常重要的考虑因素。服务便利因素影响顾客惠顾意向应成为全渠道零售商惠顾行为模式研究侧重点。在全渠道零售情境下，服务便利驱动顾客惠顾意向的作用机制如何？顾客个体特征对于全渠道零售惠顾意向差异化影响效果如何？对这些问题深入探讨将是本研究的重要内容之一。

第六节　本章小结

在全渠道零售情境下，顾客惠顾意向是一个由诸多因素共同作用的结果。本书主要从顾客感知角度出发，探讨全渠道零售情境下服务便利、店铺认同感和顾客惠顾意向之间关系的问题。在该研究问题的解决路径探索中，首先需要界定理论基础，其次对服务便利、顾客认同感和顾客惠顾意向等相关研究文献进行梳理，最后为后续深入探究三个研究变量关系并建立研究模型打下基础。

在本章中，笔者对相关理论基础和国内外的相关文献进行了回顾梳理并基于现有研究提出相应启示。首先，介绍了社会认同理论、刺激反应理论和全渠道零售理论的基本观点及应用研究进展，指出在营销研究领域，学者们使用社会认同理论和刺激反应理论这两个理论来分析解释消费者行为问题；着重介绍了"刺激—机体—反应"模型（S-O-R模型）和全渠道零售发展策略问题，这为本书的研究提供了理论基础。其次，梳理了与本研究相关的服务便利、顾客认同感和顾客惠顾意向的研究文献。在对服务便利文献的回顾中，梳理了服务便利概念及维度、服务便利模型和服务便利对顾客的影响，指出全渠道零售情境下服务便利维度、服务便利在提升顾客认同作用、服务便利影响顾客惠顾意向机制等问题有待深入探讨。在对顾客认同感文献的回顾中，梳理了营销研究领域认同概念的演变、认同感维度和认同感对顾客行为的影响，指出顾客对企业认同是企业长久竞争优势的重要策略，企业展示的积极商业态度和商业价值会激发对顾客的吸引效果。然而，现有研究对于零售企业认同感的影响因素及其作用机理问题的研究缺乏关注。这就为本书研究目标的确立和研究思路的展开提供了切入点。在对顾客惠顾意向文献的回顾中，通过对顾客惠顾意愿概念及维度的界定，明确了将顾客惠顾意向作为研究结果变量的重要意义和依据，指出顾客惠顾意向是衡量顾客与零售企业间互动关系的重要指标，对于顾客惠顾意向测量主要从考虑购买、可能购买，以及推荐购买等方面入手。最后，梳理了国内外学者在服务便利、顾客认同感和顾客惠顾意向方面研究的启示，为探讨全渠道零售情境下对三者关系研究的模型奠定了基础。

第三章　探索性研究

为了进一步明晰全渠道零售情境下服务便利、店铺认同感和顾客惠顾意向之间关系，探讨并提出清晰的理论研究框架，在回顾梳理相关研究文献之后，本章采用了焦点小组访谈和深度访谈的方式对服务便利、店铺认同感和顾客惠顾意向三个研究变量的关系进行探索性研究。

第一节　探索性研究目的

探索性研究是一种对所研究的现象或问题进行初步了解以获得初步认知，为今后更周密、更深入的研究提供基础和方向的研究类型。当一个新的研究问题或研究构念出现的时候，往往应先进行探索性研究。一般选择探索性研究对象的规模比较小。探索性研究不仅有助于形成对所研究现象或问题的初始假设和适合研究课题的思考方向，而且可以发展用于更为深入研究的方法及探讨更为系统研究的可能性。探索性研究要求先搜集与研究课题有关的各种预备性资料，以发现问题并使之系统化，进而明确研究问题。探索性研究能为实证性研究奠定基础。

目前，学界对于服务便利如何影响全渠道零售商顾客惠顾意向，以及店铺认同感在其中的中介作用研究比较缺乏。考虑到当前研究的不足，本书认为探索性研究有助于获得全渠道零售情境下服务便利、店铺认同感和顾客惠顾意向之间关系的深层次理论观点和见解。本书探索性研究的根本目的是收集来自研究对象的一手研究资料以发现全渠道零售情境下顾客惠顾意向研究问题并使之系统化，对提出服务便利、店铺认同感和顾客惠顾意向关系的研究框架和研究假设进行支撑，为后续更深入系统的实证研究提供指导。本书进行探索性研究的具体目的如下：

一是通过对研究对象的焦点小组访谈和深度访谈，确定在全渠道零售情境下"服务便利——店铺认同感——顾客惠顾意向"这一研究基本框架是否成立？在当前国内顾客的全渠道零售商线上线下相结合的惠顾行为中，这些研究变量相互影响的关系是否存在？这些研究变量之间存在内在关联性的规律如何？全渠道零售情境下服务便利、店铺认同感和顾客惠顾意向三个研究变量间的相互作用方式如何？

二是确定在第二章文献综述里经前人研究发现的服务便利维度和顾客认同感维度，有哪些是当前国内顾客在全渠道零售情境下普遍存在且关注度比较高的测量维度？在全渠道零售情境下，通过哪些方式可以引发顾客对服务便利的感知？这些服务便利感知会带来哪些可能结果？服务便利通过哪些具体维度可以引发顾客的店铺认同感？全渠道店铺认同感会带来哪些可能结果？顾客惠顾意向测量维度又有何特殊性？

三是通过焦点小组访谈和深度访谈，期望探索在全渠道零售情境下，店铺认同感是否能作为影响服务便利与顾客惠顾意向关系的中介变量？在全渠道零售情境下，顾客产生店铺认同感之后会做出什么反应？这些顾客的反应对于全渠道零售商有何影响？是否能影响全渠道零售商的服务绩效？

四是了解在全渠道零售情境下顾客对服务便利和店铺认同感的看法是否对其惠顾意向产生影响？具体影响方式如何？除此之外，全渠道零售情境下顾客惠顾意向及其行为还有哪些其他规律？

第二节　探索性研究过程

一、探索性研究方法

探索性研究的常用方法主要有文献调查、案例研究、深度访谈、焦点小组访谈、个案研究和扎根理论分析等。在探索性研究中，将焦点小组和深度访谈结合起来进行是非常值得鼓励的一种研究方法，两种研究方法的差异和互补有助于对理论的构建（Morgan and Spanish，1984）。焦点小组访谈和深度访谈是营销研究领域中重要的一手研究资料收集方式，对于探知研究对象感受、态度、主观评价等有非常重要的作用。在全渠道零售情境下，服务便利、店铺认同感和顾客惠顾意向之间关系的探索性研究是基于顾客主观感知及评价方面的研究，关注顾客对全渠道零售商感知的主观评价。这项研究访谈对象的可选择面比较广，也易于接近，比较适合采取焦点小组访谈和深度访谈方式开展研究。有鉴于此，本章选择采用焦点小组访谈和深度访谈的方法对全渠道零售情境下服务便利、店铺认同感和顾客惠顾意向三个研究变量的关系进行探索性研究。

在研究过程中，焦点小组访谈和深度访谈都采用半结构化访谈方式并按照设计粗略的访谈提纲开展。本研究在"服务便利——店铺认同感——顾客惠顾意向"三个研究变量关系探讨框架下，引导受访者轻松地陈述自己在全渠道零售情境下惠顾零售店铺的看法和感受。

1. 焦点小组访谈

焦点小组访谈是由一名经验丰富、训练有素的主持人，采用半结构方式（即预先设定部分访谈问题的方式），与一组具有代表性的被调查者交谈，由主持人引导其对研究主题进行讨论，从而获得信息的一种定性研究方法。焦点小组访谈主要特征是让一群被调查者在自由开放、不受拘束的讨论气氛下，各抒己见、畅所欲言，而不是单独访问一名被调查者。焦点小组访谈是主持人与多个被调查者相互影响、相互作用的过程。焦点小组访谈的被调查者通常为6~12人。焦点小组访谈能够在短时间内获取大量的信息，是一种十分有效的发现、探索和验证问题的定性资料收集方法。焦点小组访谈在问卷设计和后续研究上具有弹性，能够在讨论过程中提出更加广泛和深入的问题，能够进一步研究由调查对象提出的问题。

通过焦点小组访谈能够深入研究顾客对于全渠道零售商的感受、态度、诉求和动机等主观评价，并且较为客观地呈现顾客对于全渠道零售商感知背后的理由。焦点小组访谈的结论以描述和比较顾客的观点、感受为主，能为本研究框架的拟定和全渠道零售情境下服务便利、店铺认同感和顾客惠顾意向三个研究量表的设计提供有效帮助。本章选择采用焦点小组访谈方法深入研究全渠道购物者的感知，探寻在全渠道零售情境下顾客对服务便利和店铺认同感的感受和评价，分析顾客线下线上相结合惠顾特定零售商的意向及其惠顾行为，以明晰服务便利、店铺认同感与顾客惠顾意向三者之间关系研究框架。

2. 深度访谈

深度访谈方法是一种用于收集一手研究资料的定性研究方法，是一种具有高互动性和高开放性的非正式访谈法。在深度访谈中，访问者与受访者之间以一种单独的、个人的互动方式进行交谈，访问者借由访谈的过程与内容，发掘、分析出受访者的特定经验、行为动机、情感、信念和态度等。深度访谈目的在于解析受访者的真实想法和动机、研判潜在影响和解决之道等。深度访谈广泛用于对个人行为、动机、态度等的深入调查。深度访谈强调自然开放，研究者事先通常只有一个简略的访谈提纲，大致明确访谈研究过程中所涉及的话题，具体的问题需要根据交谈双方的对话与互动，在访问过程中生成并提出。深度访谈的优势在于能够从被访者的反应、态度和意见中探求深层信息。尤其是面对面的深度访谈可以获取被访者动作、神态等附加信息，从而帮助研究者进行深入分析，并获得被访者真实想法和生活经历的细节描述。深度访谈在消费者行为研究领域具有重要地位并得到了广泛应用。

深度访谈有结构型、非结构型和半结构型三种深度访谈方式。结构型深度访谈对于研究对象所需要回答的问题已经形成了一定的逻辑指标体系，访问所需要解决的主要问题是获得与这些指标相关的具体信息与资料。非结构型深度访谈对于研究目标与问题的逻辑结构不明确或不清晰，深度访谈过程要解决研究问题的逻辑构成及其构成这个逻辑各关键问题的具体信息。半结构型深度访谈对于研究目标及问题的了解介于结构型和非结构型深度访谈之间。结合顾客惠顾全渠道零售商店研究的具体实际，本章选择采用半结构型深度访谈研究全渠道零售情境下顾客对于服务便利、零售店铺认同感和顾客惠顾意向的理解，从中获得大量与研究问题有关的丰富背景材料和被调查者在全渠道商店惠顾过程中所思和所为的相关信息，探索从中折射出来的对全渠道零售情境下顾客惠顾现象的多元观点以拟定研究框架和相关研究量表。

二、探索性研究设计

1. 研究对象选择

根据研究实际情况和研究课题特点，本研究的深度访谈和焦点小组访谈对象为对全渠道零售这个概念有一定的认识，并且有过全渠道零售店铺惠顾经历的消费者。本研究考虑到通过朋友引荐所寻找到的受访者，属于弱联系的人际网络，与研究者之间形成"信任的陌生人"状态，可以就全渠道零售服务便利、店铺认同感和顾客惠顾意向等相关问题进行深入探寻以获得被访者的真实回答。本研究选用滚雪球的方式来寻找研究对象，利用研究者自身的社会关系网络，请朋友、高校大学生、邻居等介绍符合研究要求的被访者，希望被访者能与研究者共同探索全渠道零售服务便利、店铺认同感和顾客惠顾意向关系的问题。

在访谈之前，研究者进一步与选取的研究对象进行沟通以获取其配合。最终，本研究分别选择了10名某高校大学生和15名某住宅区居民组成了四个焦点小组开展探索性研究。对于深度访谈对象，本研究采取面对面访谈和网络访谈方式选择了25名受访者开展研究。

2. 研究提纲设计

本研究邀请了来自营销研究领域的学者和零售企业的管理者等5位专家，在围绕探索性研究目的讨论的基础上，确定出用于焦点小组访谈和深度访谈的提纲（详见附录1和附录2）。

焦点小组访谈提纲主要了解全渠道零售情境下服务便利、店铺认同感和顾客惠顾意向三个研究变量之间关系的见解。焦点小组访谈问题设计如表3-1所示。在访谈过程中，访谈者会根据被访者的回答进行针对性的追问、调整问题和减少问题。

表3-1 焦点小组访谈问题设计

序号	具体问题
1	请问您是否曾经既在某家零售商线上店铺，又在其线下实体店铺有过购物的经历？这家商店的名称是什么？您对这家商店的感受是怎么样？
2	您对这家全渠道零售商店的商品有何评价？对这家全渠道零售商店的服务有何评价？最近一个月，您光顾这家全渠道商店的次数是多少？

续表

序号	具体问题
3	请问您知道还有哪些商店是全渠道零售商店？您是从哪些途径获得有关这类全渠道零售商店的信息？
4	您为什么选择浏览（或光顾）这类全渠道零售商店？
5	您是否愿意向亲朋好友推荐这类全渠道零售商店？您是否愿意向亲朋好友分享在这类全渠道零售商店购物的感受？为什么？
6	您觉得这类全渠道商店提供的哪些服务比较方便？哪些服务不够方便？最好能举一些具体事例（如经过如何、如何处理、服务结果如何等）
7	您觉得在购物过程中，这类全渠道商店线上线下渠道提供的服务是否一致？线上线下渠道购物转换是否方便？
8	您是否会对这类全渠道零售商店产生偏爱？是否认可这类全渠道商店的服务表现？为什么？
9	您是否会觉得这类全渠道零售商店提供的商品和服务与您的生活方式一致？为什么？
10	服务方便性是否是您对这类全渠道零售商店产生好感的原因？您觉得有哪些因素会影响您对这类全渠道零售商店产生好感？
11	基于以往购物经历，您对增强全渠道零售商店购物吸引力有何建议？

注意事项：访谈前需要向被访者解释全渠道零售商是采取适当多的线下渠道（如实体门店、服务网点）和线上渠道（如网店、App、微信小程序商店）整合的方式来销售商品的零售商。

资料来源：笔者自制。

深度访谈提纲主要围绕全渠道零售情境下服务便利、店铺认同感和顾客惠顾意向三个研究变量之间关系探索性研究设计了 18 个具体问题，如表 3-2 所示。这些问题均为开放性问题，根据被访者的回答进行针对性的反馈调整问题和减少问题。

表 3-2　深度访谈问题设计

序号	具体问题
1	您是否曾经既在某家零售线上店铺，又在其线下实体店铺有过购物经历？这家零售商的名称是什么？您对在这家零售商的购物经历有何感受？
2	在想要购物时，您是愿意浏览特定线上零售店铺，还是光顾特定实体零售店铺，还是选择光顾全渠道零售商店？为什么？
3	是什么原因让您选择浏览（或光顾）这类全渠道零售商店？您能描述一些比较满意的特定全渠道零售商店的情况吗？
4	在想要购物时，您愿意首先选择哪类全渠道零售商店？为什么？

续表

序号	具体问题
5	您是否愿意向周围的人推荐您经常浏览（或光顾）的特定全渠道零售商店？为什么？
6	您认为哪些因素会影响浏览（或光顾）的特定全渠道零售商店？
7	您会从哪些方面评价全渠道零售商店提供的服务？最好能举一些具体事例。
8	您认为全渠道零售商店最令人满意的服务项目是什么？为什么？
9	在购物之前，您会从哪些方面评价所选择的全渠道零售商店服务方便性？最好能举一些具体事例。
10	在购物时，您会从哪些方面评价所选择的全渠道零售商店服务方便性？最好能举一些具体事例。
11	在购物后，您会从哪些方面评价所选择的全渠道零售商店服务方便性？最好能举一些具体事例。
12	请谈谈您在全渠道零售商店购物所感到的最方便的一项服务和最不方便的一项服务。
13	您是否会对特定全渠道零售商店产生偏爱？您是否会对特定全渠道零售商店产生归属感？您是否会对特定全渠道零售商店产生自豪感？为什么？
14	您认为哪些全渠道零售商店能代表您的生活方式？最好能举一些具体事例。
15	您认为哪些全渠道零售商店能代表您的身份？最好能举一些具体事例。
16	请问哪些因素会影响您对这类全渠道商店产生好感？服务方便性是您对这类全渠道零售商店产生好感的原因之一吗？
17	商店认同度是您选择到这类全渠道零售商店购物的原因之一吗？服务方便性是您选择到这类全渠道零售商店购物的原因吗？为什么？
18	基于以往购物经历，您对增强全渠道零售商店的购物吸引力有何建议？

注意事项：访谈前需要向被访者解释全渠道零售商是采取适当多的线下渠道（如实体门店、服务网点）和线上渠道（如网店、App、微信小程序商店）整合的方式来销售商品的零售商。

资料来源：笔者自制。

被访者会在接受访谈前被明确告知，他正在参与一项关于全渠道零售商顾客惠顾意向方面的调查研究，他的回答不会对其个人造成任何影响，可以畅所欲言，他所提供的信息将不对外公开，只供研究分析使用。被访者也不必拘泥于访谈者提出的问题，可以开放式地回答，想到什么说什么。被访者在具体访谈过程中，访谈者会根据被访者的回答情况，选择每个问题的具体提法，并适当地调整问题的顺序，以使受访者在没有任何压力的谈话情境下进行表述。另外，在访谈过程中，访谈者会不断鼓励被访者自己描述事件和感想，客观陈述具体的事例经过，尽量少地采用引导式的问题。在访谈过程中，采访者不会提前终止访谈，即使被访者的谈话价值不大，也会坚持将访谈做完。在访谈结束后，访谈者会在受访者同意的前提下，对年龄、性别、学历、职业、收入等个人基本情况进行登记。

3. 焦点小组访谈和深度访谈组织

焦点小组访谈之前，访谈者告知被访者本研究的目的和相关研究承诺，引入讨论主题并进行必要的介绍（主要包括全渠道零售概念与表现形式，并进行举例说明）。在焦点小组访谈过程中，本研究使用了 Nasr 等（2015）推荐的信息丰富事件深度研究法，从而形成一个更大的事件集以搜集更多信息。同时，访谈者根据访谈实际情况对讨论问题做出适当调整和追问。2021 年 9 月，本研究以焦点小组访谈提纲为引导，分别完成了在某大学和某住宅区开展的四场焦点小组访谈，获得了被访者关于全渠道零售商店惠顾行为的具体经历及其主观感受评价等信息。

由于时间、地点、支持配合意愿等原因，部分选定的深度访谈调查对象未能完成全部访谈。2021 年 9 月，本研究对 21 名有过全渠道零售商店惠顾行为的消费者完成了 30~40 分钟的深度访谈。在深度访谈中，本研究尽可能地考虑到多种类型零售业态的全渠道顾客差异性以及被访者的年龄、性别、学历、家庭成员等个人基本情况差异性。本研究根据与被访者的互动情况来提问，通常先从一些简单的、容易理解的问题开始再逐步加大问题的难度，并依据被访者的实际回答来调整问题顺序并进行追问。

4. 焦点小组访谈和深度访谈资料整理

在焦点小组访谈和深度访谈过程中，本研究通过录音形式完整地记录被访者的回答情况，并通过笔记的形式记录访谈内容的要点，以及访谈过程中除语言以外的行为和表情等。每次焦点小组访谈和深度访谈结束后，使用语音转录软件及时对访谈录音进行文本转化，并根据原始录音文件对转录文本进行校正，以便获得精准的原始文本资料。本书对访谈资料的研究主要采用内容分析法。

第三节　探索性研究结果分析

一、焦点小组访谈结果分析

四场焦点小组访谈结束后，本研究将获得的被访者焦点访谈记录逐一分类标记以进行内容分析。首先，本研究将分析单位确定为句子或段落，对其进行统一编号，格式为"组别——顾客编号——语句"。其次，根据编码员对全部访谈资料进行独立评价。再次，本研究沿用传统的内容分析相互同意度，即编码者信度公式进行计算，编码者信度为 0.92，超过 0.80 的标准（Kassarjian，1977）。最后，邀请 5 位营销领域研究者对其进行内容效度评价。

基于对三场焦点小组访谈结果内容分析发现：顾客感知服务便利和店铺认同感对全渠道零售商惠顾意向的影响确实存在，在服务便利对全渠道零售商顾客惠顾意向作用机制中也可能存在一些其他因素。青年消费者和中年消费者在全渠道零售商顾客惠顾意向及行为方面表现出一定差异。但是，大部分被访者表示零售服务便利是选择全渠道零售店铺的重要考虑因素，购物时喜欢选择省时方便的线上渠道。被访者对于自己认可的全渠道零售商店品牌和购物方便的全渠道零售商店表现出积极肯定评价。

四场焦点小组访谈主要观点梳理如下：

一是青年消费者和中年消费者惠顾全渠道零售商的行为表现出一定的差异性。与中年消费者相比，青年消费者对零售服务响应性、移情性和商品物流配送方便性提出了更高要求，更喜欢惠顾全渠道零售商的线上店铺和微信小程序商店。青年消费者喜欢惠顾网红和社群网友推荐的全渠道零售商店；喜欢在休闲时惠顾品牌实体零售店，而会在浏览和比较线上品牌零售店价格后下单购买，比较注重购物的性价比。中年消费者对于日常用品购买更喜欢能提供到家服务的全渠道零售商和住宅区周边的实体零售店铺，比较关注全渠道零售商提供物流配送服务的便利性和线上渠道访问的便捷性。

二是青年消费者和中年消费者均认为，零售服务方便程度会影响其惠顾全渠道零售商店的可能性。大部分中年消费者愿意向亲朋好友分享能提供到家服务的全渠道零售商，这些被访者尤其关注线上下单、送货上门的便利性服务满意度。部分中年消费者对于能在社区周边开设实体店和提货配送点的全渠道零售商表现出较高认可度。大部分青年消费者更认可移动商店和社交媒体商店的服务表现。

三是一半以上的青年消费者和中年消费者认为，在全渠道购物花费精力比较少，能迅速找到想要的商品，购物过程比较简单，能快速做出购买决定。部分被访中年消费者提及了全渠道零售商不同渠道商店转换服务不方便和线上线下商店服务质量不一致会影响其购物满意度。部分被访青年消费者认为，全渠道零售商在不同渠道的商店所提供的商品不一致，会影响其购物满意度。

四是一半以上的青年消费者和中年消费者表示浏览（或光顾）特定全渠道零售店铺已成为自己生活的一部分，会有自己比较喜爱和认同的全渠道零售商店品牌，会对这些全渠道零售商产生亲切感和归属感。在购物时，被访者会习惯性选择这些全渠道零售商店。

二、深度访谈结果分析

1. 深度访谈对象情况统计

本研究共完成了对 21 名被访者深度访谈。深度访谈对象主要为中青年女性消费者，其中 20~45 岁受访者为 19 名，占比为 90.48%；女性受访者为 16 名，占比为 76.19%；本科学历受访者为 14 名，占比为 66.67%，研究生学历为 6 人，占比为 28.57%；企事业单位员工受访者为 10 名，占比为 47.62%；月收入3000~6000 元的受访者为 12 名，占比为 57.14%。

2. 深度访谈结果

在本研究中，17 位受访者接受了面对面的访谈，4 位受访者接受了网络访问，平均访谈时间超过 30 分钟，多数访谈取得了期望的效果。笔者对深度访谈的记录进行整理后，得出了一些有价值的观点（见表 3-3、表 3-4、表 3-5 和表3-6）。同时，根据深度访谈文本分析结果发现，服务便利、店铺认同感和全渠道零售顾客惠顾意向之间存在内在关联性。

表 3-3　全渠道零售服务便利问题的访谈结果统计

序号	观点	统计情况	典型描述
1	顾客选择浏览（或光顾）全渠道零售店铺会考虑服务便利性，尤其对于物流配送服务便利提出的要求较高	20 位受访者提及选择浏览（或光顾）全渠道零售店铺会考虑服务便利性，占受访者的比率为 95.24%；15 位受访者提及物流配送服务便利性，占受访者的比率为 71.43%	"平时工作太忙，买东西首选能提供到家服务的沃尔玛。" "现在买贵的品牌，先到品牌专卖店试一试，再到几个网购平台上的品牌店看看价格，特别方便。" "选择这类全渠道零售商店主要还是考虑它能否提供到家服务，是否在一天之内送到家。" "基本上在这类商店的网上下单，物流配送是否方便是最看重的因素。"

序号	观点	统计情况	典型描述
2	顾客会从购物地点、相关信息获取、交易过程、售后服务等方面的方便性评价全渠道零售店铺	选择浏览（或光顾）全渠道零售店铺时，5 位受访者提及购物地点近，占受访者的比率为 23.81%；8 位受访者提及相关信息获取的方便性，占受访者的比率为 38.09%；8 位受访者提及售后服务便利性，占受访者的比率为 38.09%	"商品能不能方便及时得到，线上商店能否随时访问，很重要。" "惠之琳（一家全渠道日化用品专卖店）服务网点多，还有线上商店，促销活动多，服务令人满意。" "我对这种商店不满意的是在线上下单退换货服务时间太长，很不方便。"
3	顾客关注全渠道零售店铺访问的方便性	在购物时，8 位受访者提及浏览全渠道零售商店在意访问的方便性，占受访者的比率为 38.09%	"我在这种商店购物的原因是比较看重可以随时随地浏览商品。" "我在大商店购物感觉比较方便，它的小程序购物导航操作容易。" "在京东购物商品分类清晰，便于查询商品信息。"
4	顾客关注全渠道零售店铺线上、线下一致性体验服务的方便性	在购物时，6 位受访者提及全渠道零售商店线上、线下商品信息的一致性，占受访者的比率为 28.57%；7 位受访者提及全渠道零售商店商品质量的一致性，占受访者的比率为 33.33%；8 位受访者提及全渠道零售商店能节省购物时间，占受访者的比率为 38.09%	"一些商店线上、线下商品不一样，感觉不靠谱，选购很不方便。" "我非常喜欢名创优品商店，实体店和微信小程序商店的商品质量都很好，价格又实惠。" "优衣库（一家全渠道服装店）线上、线下同款同价，而且在实体店下单可以送货到家，非常方便。"
5	顾客关注全渠道零售店铺交易服务的方便性	在购物时，9 位受访者提及全渠道零售商店退换货服务，占受访者的比率为 42.86%；5 位受访者提及全渠道零售商店支付方便，占受访者的比率为 23.81%	"在微笑堂（一家全渠道百货店）购物，不用到收银台结账，可以在柜台扫码付款，也可以在小程序商店选购，非常省事。" "我比较懒，喜欢方便的东西。在微信小程序商店付款方便，购物省心。" "在这种商店购物取消订单退货非常方便，不用出门都可以买到喜欢的商品。"
6	顾客关注全渠道零售店铺转换服务的方便性	在购物时，9 位受访者提及全渠道零售商店的不同渠道商店转换服务存在问题，占受访者的比率为 42.86%	"现在小程序商店、App 商店、扫码购、网上商店等太多渠道，有时在这些渠道买东西跳转时感到很不方便。" "在不同网购平台上商店不兼容，购物转换过程不够快捷。"

资料来源：笔者自制。

由表 3-3 可以发现，顾客对全渠道零售商提供便利性服务表现出强烈的需求，而在购物前、购物时和购物后所关注的服务便利侧重点有所差别。顾客会从购物地点、相关信息获取、交易过程、物流服务等方面来评价全渠道零售店铺提供的便利服务。其中，顾客对于全渠道零售商店对物流配送服务便利性、退换货服务便利性和渠道转换服务便利性提出了比较强烈的诉求。

表3-4　全渠道零售店铺认同感问题的访谈结果统计

序号	观点	统计情况	典型描述
1	顾客浏览（或光顾）特定全渠道零售店品牌后会产生情感偏爱	15位受访者提及对特定全渠道零售商品牌有情感偏爱，占受访者的比率为71.43%	"我非常喜欢良品铺子这家店，店里的商品很好吃，价格又实惠，购物也方便。" "我喜欢沃尔玛超市，它的商品丰富，到家服务特别值得点赞。我经常向周边朋友推荐它的到家服务。" "我喜欢支持本地零售品牌，惠之琳这个本地化妆品商店比较靠谱。"
2	顾客浏览（或光顾）特定全渠道零售品牌后会产生归属感	12位受访者提及对特定全渠道零售商品牌有归属感，占受访者的比率为57.14%	"我家附近的力源超市已经成为我生活的一部分，我几乎天天会光顾这家店，它的'吃少些、吃好些'，和我的观点一致。" "我喜欢光顾盒马鲜生，它倡导的购物新风尚，提供的服务很适合我们年轻人。"
3	顾客浏览（或光顾）特定全渠道零售商店时关注店铺形象与自己生活方式的一致性	13位受访者提及购物时会关注零售店铺形象，会考虑与自己生活方式一致的店铺，占受访者的比率为61.90%	"小米商店不错，我喜欢它时尚又有品质感的形象，和我追求的一致形象非常匹配。" "我喜欢极简生活方式。宜家线上、线下店里简洁风格、家居用品非常适合我。而且，那里服务体验很不错，我经常向朋友推荐这个品牌。"
4	顾客浏览（或光顾）特定全渠道零售时关注代表自己身份的零售商品牌	9位受访者提及关注代表自己身份的零售商品牌，占受访者的比率为42.86%	"我们年轻人就会选择代表我们个性的商店，要特别点的商店，也要颜值高的商店。我们要与众不同，我们不会迷信大牌零售商，小而美的商店更受欢迎。" "无印良品非常流行，这种简洁风格的商店是我们年轻人生活品格的标配。"

资料来源：笔者自制。

由表3-4可以发现，顾客浏览（或光顾）特定全渠道零售店品牌后会产生情感偏爱和归属感。在全渠道零售情境下，顾客的生活方式、身份、价值观等与店铺形象相一致时会产生认同感，而这种认同感会影响顾客浏览（或光顾）特定商店。

表 3-5　全渠道零售商顾客惠顾意向问题的访谈结果统计

序号	观点	统计情况	典型描述
1	购物时会光顾特定零售商线上、线下店铺	19 位受访者提及购物时会浏览特定零售商线上店铺和线下店铺，占受访者的比率为 90.48%	"无聊的时候就到附近大超市逛逛，看到好东西再到这家超市的微信商店或者 App 下单，现在很多超市都提供到家服务，非常方便。""想买衣服时，会到喜欢的品牌专卖店逛逛，也会上网到该品牌天猫商店看看。""逛街时，看到中意的，我会先到这个品牌的网上商店查看一下同款价格。"
2	购物时会定期光顾（或浏览）特定全渠道零售店铺	13 位受访者提及购物时会定期光顾（或浏览）特定全渠道零售店铺，占受访者的比率为 61.90%	"我每天会到力源（一家全渠道生鲜超市），看看是否有好东西。""我喜欢定期到大商天狗小程序（一家全渠道百货的微信商店）上看看有哪些优惠商品。""我每天散步经过盒马鲜生（一家全渠道商）会去逛一逛，也会关注它 App 上的活动。"
3	购物时会首先光顾（或浏览）便利的全渠道零售店铺	9 位受访者提及购物时会首先光顾（或浏览）便利的全渠道零售店铺，占受访者的比率为 42.86%	"买菜我首选盒马鲜生，最主要原因就是方便。""我买东西首先想去能提供到家服务的沃尔玛超市看看，省心。"
4	购物时不愿意浏览（或光顾）提供线上、线下商店提供的商品不一致的全渠道零售商	7 位受访者提及全渠道零售商线上、线下商店提供的商品不一致会影响其顾客意愿，占受访者的比率为 33.33%	"现在好多商店搞出线上专供款，让我没有光顾这些网上商店的兴趣。""一看到有网上专供款的商店，我就绕道走。"
5	愿意向亲戚朋友推荐自己满意的全渠道零售店铺	11 位受访者提及愿意向亲戚朋友推荐自己满意的全渠道零售店铺，占受访者的比率为 52.38%	"力源（一家全渠道生鲜超市）的东西吃得放心，我经常叫上邻居一起去买。""我要是在天猫上发现好的店，都会推荐给我的哥们，如迪卡侬上的东西很不错，很多地方还有它的线下旗舰店。"
6	品牌、便利和社交娱乐成为主要影响浏览（或光顾）全渠道零售店铺的因素	影响浏览（或光顾）全渠道零售店铺的因素，8 位受访者提及品牌，占受访者的比率为 38.10%；7 位受访者提及好玩，占受访者的比率为 33.33%；9 位受访者提及便利，占受访者的比率为 42.86%	"我在网上购物，只到品牌旗舰店去看，那里值得信任，还可以在它的线下实体店退货。""现在的线上、线下商店太多了，东西都差不多，哪家看上去优惠活动多就去哪家。""逛街太累，还是到线上品牌旗舰店购物省心。"

资料来源：笔者自制。

由表 3-5 可以发现，在全渠道零售情境下，顾客惠顾零售店铺的行为发生了巨大变化，跨渠道购买行为成为常态。顾客线上、线下交叉惠顾意愿明显，如线上决策、线下购买，线下体验、线上浏览，线下体验、线上分享等跨渠道购买深受消费者青睐。

表3-6　影响店铺认同感和顾客惠顾意向的其他因素访谈结果统计

序号	观点	统计情况	典型描述
1	全渠道零售商店服务方便性会影响顾客对商店的好评和认可度	16位受访者提及商店服务方便性会影响其好评，占受访者的比率为76.19%	"我对购物方便的超市比较认可，如力源、美宜佳、百果园都很不错。""现在买东西，服务方便肯定会影响我对商店的好评。"
2	顾客选择浏览（或光顾）特定全渠道零售商因素涉及服务便利、服务满意、商品、促销优惠、物流配送等多种因素	9位受访者提及对特定全渠道零售商服务便利会影响其惠顾选择，占受访者的比率为42.86%；8位受访者提及服务满意，占受访者的比率为38.09%；8位受访者提及商品，占受访者的比率为38.09%；6位受访者提及促销优惠，占受访者的比率为28.57%；15位受访者提及物流配送，占受访者的比率为71.43%	"我选择力源超市的主要原因是肉新鲜，每天晚上有特价，购物也方便。""我选择优衣库买衣服的主要原因是衣服款式简洁，价位适中，服务也不错。""小米商店店员服务很热情，东西也很有特色，物流也比较快。"

资料来源：笔者自制。

由表3-6可以发现，全渠道零售商店服务方便性会影响顾客对商店的好评和认可度。同时，受访者也提及商品、促销、物流配送、服务满意度等因素对店铺认同感和顾客惠顾意向的影响。

第四节　本章小结

在本章中，笔者结合文献研读情况，选择采用焦点小组访谈和深度访谈方法开展探索性研究，并总结出一系列全渠道零售情境下被访者关于服务便利、店铺认同感和顾客惠顾意向关系的重要观点。探索性研究发现顾客感知服务便利和店铺认同感对全渠道零售商惠顾意向存在一定影响。焦点小组访谈研究发现全渠道零售店铺惠顾意向和行为会表现出个体性差异；顾客感知到零售服务方便程度会影响其惠顾全渠道零售店铺的可能性，以及其推荐该商店意向；全渠道零售商在不同渠道商店转换服务便捷、商品一致性和物流配送服务会影响其购物满意度。深度访谈研究进一步发现品牌、便利和社交娱乐成为主要影响浏览（或光顾）全渠道零售店铺的因素；顾客选择浏览（或光顾）全渠道零售店铺会关注购买前、购买时和购买后三个阶段服务便利性；顾客比较关注特定全渠道零售商店能否代表自己身份和生活方式问题。这些发现对于本书理论框架的确立起到了重要的作用。一是验证了文献研究的部分结论，进一步确立了全渠道零售情境下"服务便利——店铺认同感——顾客惠顾意向"这一研究主线，明晰三个研究变量之间的关系，丰富了理论框架；二是根据焦点小组访谈和深度访谈结果，结合文献研究结论，基本确定了全渠道零售情境下服务便利、店铺认同感和顾客惠顾意向三个研究变量的测量方向；三是在研究过程中发现了顾客对全渠道零售商店认可度方面会影响其选择意愿；四是发现顾客全渠道零售商惠顾行为表现出明显跨渠道行为，同一全渠道零售商在不同商店之间转换便利和物流配送服务便利是顾客惠顾意向的重要影响因素之一。

第四章 全渠道零售服务便利量表开发与验证

本章在借鉴相关服务便利的国内外研究文献和探索性研究基础上，从顾客感知视角出发对全渠道零售情境下服务便利量表进行开发研究并检验了其有效性和稳定性，为后续研究模型构建提供了理论支持及实证检验。

第一节 服务便利量表开发

一、服务便利量表开发研究程序

全渠道零售情境下服务便利量表严格遵照 Churchill（1979）的开发程序进行研究。具体研究程序如图 4-1 所示。

首先，梳理回顾国内外服务便利内涵及维度的相关研究文献，整合和筛选同全渠道零售服务便利构念一致或相关的量表题项，形成初始题项池；其次，在此基础上采用关键事件法收集和分析被访顾客关于全渠道零售情境下服务便利相关陈述题项，并将访谈所得题项和文献梳理所得题项进行整理、归纳、提炼和修改得到全渠道零售情境下服务便利修改后的测量题项池；再次，初步分析这些原始陈述测量题项的信度和效度，形成全渠道零售情境下服务便利初始量表，并对这个初始量表进行信度分析和效度分析，得到全渠道零售情境下服务便利正式量表；最后，开展正式调查，收集数据，对全渠道零售情境下服务便利量表进行信度分析、探索性因子分析和验证性因子分析，最终确定全渠道零售情境下服务便利量表维度及其相应测量题项。

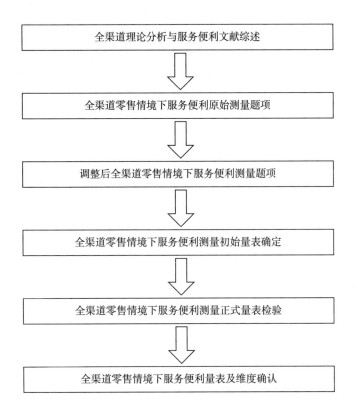

图4-1　全渠道零售情境下服务便利量表开发程序

资料来源：笔者自制。

二、服务便利初始量表构建

1. 文献回顾

当前，全渠道零售已成为国内外零售业发展的新模式。全渠道零售概念最早由 Rigby（2011）提出，他指出零售商与顾客互动不再基于单一渠道，实体商店、传统网店、移动终端和社交媒体等都可以成为互动渠道。自 2011 年起全渠道零售被越来越多的国内外学者所关注。众多学者（李飞，2014；齐永智和张梦霞，2015；汪旭晖等，2018）认为，全渠道零售是零售商将线上和线下零售店整合，从而提升顾客购买体验、娱乐和社交综合体验需求的经营管理策略。全渠道零售通常涉及的渠道类型包括有形店铺（实体店铺、服务网点等）、无形店铺（上门直销、直邮和目录、电话购物、电视商场、网络商店、手机 App 商店等）、配送渠道（到家配送、门店自提、第三方取货点等），以及信息媒体（网站、呼叫中心、短视频平台、微博、微信等）。在传统实体零售情境下，顾客通常只涉及一个零售渠道，购物过程可以分为购买需求确认、搜集相关商品信息、评估选择商品、决定购买后下单支付、收货并得到相应的售后服务。在全渠道零售情境下，顾客可以在单一交易过程中自由地在各个零售渠道之间移动（齐永智和张梦霞，2014；Saghiri et al.，2017）（见图 4-2）。全渠道零售之所以需要整合所有零售渠道旨在为顾客提供完整的无缝购物体验和便捷高效的服务。全渠道零售发展正在促使越来越多的顾客改变其惠顾商店行为。发展全渠道零售情境下的服务便利体验对于零售商来说意义重大。

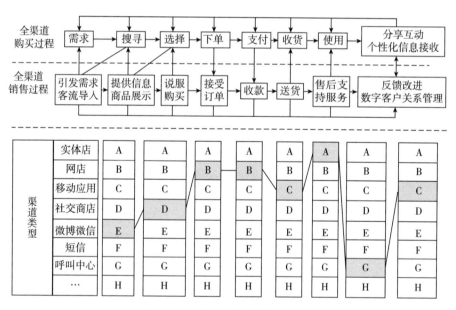

图 4-2　全渠道零售顾客购物过程

资料来源：齐永智，张梦霞．全渠道零售：演化、过程与实施［J］．中国流通经济，2014（12）：115-121.

服务便利概念既有从企业视角出发，也有从顾客感知视角出发进行界定。本书采用从顾客感知视角出发界定的服务便利概念。服务便利感知涉及产品和服务交付过程中顾客感知需求满足程度及体验。本书采用 Berry（2002）和郭国庆（2006）的研究观点，从顾客感知角度出发结合全渠道零售服务特点认为全渠道零售服务便利感知又称服务便利，它是顾客在接受全渠道零售商提供商品和服务的过程中对时间和努力的感受程度。全渠道服务便利节省了顾客在获得全渠道零售服务上花费的时间和精力等非货币成本感知。

关于服务便利维度研究，比较具有影响力的研究观点分别是 Yale 和 Venkatesh（1986）的"服务便利六维度研究"、Brown（1990）的"服务便利五维度研究"和 Berry（2002）提出的"服务便利五维模型"等。Yale 和 Venkatesh（1986）将服务便利分解为时间利用、轻便性、合适性、便携性、可得性和不愉快规避六个维度。Brown（1990）借鉴经济效用理论，提出服务便利维度可以分为时间、地点、获得、使用和执行五个维度。Berry（2002）从消费者行为模型出发，提出服务便利五维模型，将服务便利维度分为决策便利、渠道便利、交易便利、利益便利和售后便利五个维度，并开发了相应的测量题项（见表4-1）。国内外学者采用最多的是 Berry（2002）服务便利五维模型，众多国内外学者基于 Berry 的研究开展服务便利方面研究。其中，Seiders 等（2007）根据消费过程中不同阶段的时间和努力成本将 Berry 提出的服务便利五维度做了进一步分析，并指出服务交换前决策便利和渠道便利首先影响顾客决策；服务交换阶段交易便利和利益便利对顾客最为重要；服务交换后顾客更为重视售后便利（见表4-2）。

表4-1　Berry 服务便利五维度量表

服务便利测量维度	测量题项
决策便利	在选择一项服务时，可以花费很少时间获得相关信息； 在选择一项服务时，能够比较容易对所需服务做出判断； 在选择一项服务时，能够比较容易对服务提供商做出选择
渠道便利	能够比较简便接触到服务提供商； 可以花费很少时间到达服务提供商所在地； 能够非常快速知晓服务提供商位置
交易便利	在对服务进行偿付时，不用花费很大努力； 对完成自己的购买行为，感到非常简单； 能够非常迅速地完成购买结算

续表

服务便利测量维度	测量题项
利益便利	在花费很少努力的情况下，就可以享受服务带来的利益； 享受服务是简便易用的； 在购买服务后，等待服务带来收益时间是合理的
售后便利	服务提供商能够很快解决服务所面临问题； 在花费很少努力的情况下就能享受后续服务； 在解决所面临问题时，服务提供商能够非常容易地解决

资料来源：Berry L L, Seiders K, Grewal D. Understanding Service Convenience［J］. Journal of Marketing, 2002, 66（3）：1-17.

表4-2　服务便利五维度与顾客努力关系量表

消费过程	服务便利维度	努力类型
交换之前	决策便利	认知努力、体力努力
	渠道便利	
交换之际	交易便利	认知努力、情感努力
	利益便利	
交换之后	售后便利	体力努力、情感努力

资料来源：Seiders K, Voss G B, Godfrey A L, Grewal D. SERVCON：Developing and Validation of a Multidimensional Service Convenience Scale［J］. Journal of the Academy of Marketing Science, 2007, 35（1）：144-156.

关于服务便利维度的研究，不同学者有着不同的划分依据。根据对国内外服务便利相关研究文献的梳理，现将服务便利维度比较有代表性的研究加以总结（见表4-3）。现有服务便利研究大多是在单一渠道背景下开展的，主要关注传统实体零售环境下的服务便利问题。当前，顾客已经拥有了日趋多样化的零售渠道选择空间，可以在实体商店、网上商店、移动 App 商店和社交媒体商店等进行自由购物，越来越多顾客成为全渠道购物者。顾客可以从一个渠道开始购物，使用另一个渠道继续购物过程，并利用第三个渠道完成购买和获取商品。零售服务便利的研究背景发生了巨大的变化，现有的服务便利维度研究结论不能完全适用于全渠道零售情境。现有的服务便利维度构成及测量量表也已经不能全部反映和包含全渠道零售情境下服务维度及测量。因此，本书认为非常有必要在借鉴已有研究成果的基础上进一步明确全渠道零售情境下服务便利维度及其测量指标，为后续研究提供支持。

表4-3　服务便利维度的研究汇总

学者	年份	服务便利维度	研究背景
Yale	1986	时间利用、轻便性、合适性、便携性、可得性、不愉快规避	服务业
Brown	1990	时间便利、地点便利、获得便利、使用便利和执行便利	服务业
Berry 等	2002	决策便利、渠道便利、交易便利、利益便利和售后便利	实体零售
郭国庆等	2006	购前便利、购中便利、交易便利和购后便利	实体零售
Seiders	2007	决策便利、访问便利、交易便利、利益便利和售后便利	零售服务
乔均和彭秋收	2009	决策便利、渠道便利、受益便利、交易便利和售后便利	商业银行
邓诗鉴	2014	决策便利、渠道便利、受益便利、交易便利和售后便利	商业银行
杨强和庄屹	2014	形象便利、可靠便利、响应便利和交互便利	网购物流
仇立	2017、2019	浏览便利、订购便利、支付便利、物流配送便利和服务失误补救便利	B2C 环境
Sabine Benoit 等	2017	决策便利、访问便利、搜索便利、交易便利和售后便利	网购
齐丹	2019	决定便利、机会便利、交易便利、福利便利和售后便利	社区商业

资料来源：笔者研究整理。

2. 访谈研究

为了获取全渠道零售服务便利量表题项，本书采用关键事件法（CIT）对顾客感知的服务便利事件进行研究分析。关键事件法是 Flanagan（1954）提出的一种定性研究方法。该方法通过特定程序收集被访者讲述的令其印象深刻关键事件（如事情过程和议题等），并对这些事件进行内容分析，进而将其归纳到某个研究框架体系中。关键事件法的目的是基于个体研究视角从认知、情感和行为等不同层面来理解这些关键事件（Chell and Pittaway，1998）。关键事件的分类可以源于理论模型，也可以从样本中归纳，且不需要大样本数据，就可得到所要求的分类。相对于其他研究方法，关键事件法具备以下四个优点：一是该方法是从被访者的视角，让其用自己的语言描述关键事件，能为研究者提供较丰富的原始信息；二是该方法属于归纳研究，它不需要建立研究假设，且允许研究者发展出相关概念和理论；三是该方法可以为验证性的实证研究提供基础；四是该方法特别适合于对不同个体感知的差异研究。关键事件法在服务营销领域得到了广泛的应用（Gremler，2004）。鉴于关键事件法特点和服务便利研究现状，本书采用关键事件法开展全渠道零售情境下的服务便利研究是比较适宜的。

根据关键事件法的要求，本书先收集全渠道零售情境下服务便利感知的陈述题项。为此，借鉴关键事件法研究中的普遍做法，笔者采用以开放性问题为主的全渠道零售服务便利访谈提纲来收集数据。访谈提纲主要包括三个部分：第一部分主要是过滤性问题，具体内容为："您是否曾经选择过两种以上渠道在特定全渠道零售商店购买过商品？"，即不具有全渠道购物经历的被访者不符合研究要求。除此之外，还有一些关于全渠道零售情境的其他问题，帮助被访者回忆当时光顾全渠道零售商店的情况。第二部分主要是询问被访者在全渠道零售情境下对服务便利的感受和看法。请被访者回忆并详细描述最近 1 个月内在该全渠道零售商店的购物过程，感受服务方便或服务不便利一个事件（包括时间、地点、事件发生过程、商店表现和被访者对此感受等）。第三部分是被访者人口统计特征，包括性别、年龄和学历等。

数据收集工作共进行 15 天，回收有效访谈问卷 89 份。其中，男性 44 人，占比为 49.44%，女性 45 人，占比为 50.56%；18～40 岁被访者 71 人，占比为 79.78%；在学历层次上，以大学本科为主，共 68 人，占比为 76.40%。被访者受教育程度较高，都有过全渠道购物经历，能够清楚地表达对于全渠道零售情境下服务便利的感受和看法。通过关键事件法为本书获取全渠道零售情境下的服务便利量表初始题项提供了丰富的数据材料。

3. 题项整理

本书根据收集到的 89 个关键事件进行全渠道零售情境下服务便利维度分类及其测量题项整理。89 个有效被访者共列举出与全渠道零售情境下服务便利有关的原始陈述语句 512 个。由于原始语句数量太过庞杂，类别不够清晰，且存在重复、相似情况，有必要进行系统筛选归纳，提炼出量表原始题项。具体处理步骤如下：第一步抽取关键词句，通过二阶提炼得到全渠道零售服务便利的 5 个维度范畴。首先，根据谈话录音，从访谈内容中找出与全渠道零售情境下服务便利相关的描述语句，列出关键词；其次，根据这些关键词进行提炼，得到全渠道服务便利相关范畴，即访问便利、决策便利、交易便利、转换便利和物流配送便利；最后，把被访者谈到的包含这些关键词的语句进行挑选、整理、归纳和提炼，形成全渠道零售情境下服务便利原始题项。第二步专家分析确认全渠道零售服务便利量表题项。本书邀请了五位营销管理学者作为专家进一步筛选确认全渠道零售情境下服务便利量表题项。五位专家筛选判断每个范畴中的所有原始题项对该范畴的解释程度，包括不能解释、基本解释和完全解释。在五位专家中，如果有三位以上的专家一致认同某原始题项完全解释其所属范畴，同时没有任何一位专家将该原始题项判断为不能解释其所属范畴的，则可以保留该题项，否则应该将该题项予以剔除。

通过以上两个步骤，并对整理后原始题项进行频率统计，得到由访问便利、决策便利、交易便利、转换便利和物流配送便利 5 个构念维度、27 个题项组成的全渠道零售情境下服务便利题项库及其频次统计（见表4-4）。

表4-4 全渠道零售服务便利题项库与频次统计

维度	题项	频率（%）
访问便利 （137 次）	该全渠道零售商服务网点方便到达（22 次）	16.06
	该全渠道零售商线上线下商店方便访问（28 次）	20.44
	该全渠道零售商线上线下商店商品分类直观，方便浏览（17 次）	12.41
	该全渠道零售商线上线下商店购物指示清晰，方便选择（13 次）	9.49
	该全渠道零售商线上线下商店方便找到所需商品（29 次）	21.17
	该全渠道零售商顾客评论方便获取（12 次）	8.76
	该全渠道零售商商品信息方便搜索（16 次）	11.67
决策便利 （109 次）	该全渠道零售商线上线下商店商品种类一致，方便购买（29 次）	26.60
	该全渠道零售商线上线下商店商品质量一致，方便购买（31 次）	28.44
	该全渠道零售商线上线下商店促销信息一致，方便购买（17 次）	15.60
	该全渠道零售商线上线下商店个性化推荐商品，方便购买（13 次）	11.93
	该全渠道零售商线上线下商店销售服务快捷，方便购买（19 次）	17.43
交易便利 （101 次）	该全渠道零售商线上线下商店购物过程简单方便（16 次）	15.85
	该全渠道零售商线上线下商店购物互动交流方便（15 次）	14.85
	该全渠道零售商线上线下商店购物下单方便（15 次）	14.85
	该全渠道零售商线上线下商店购物支付方便（14 次）	13.86
	该全渠道零售商线上线下商店取消订单方便（19 次）	18.81
	该全渠道零售商线上线下商店退换货方便（22 次）	21.78

续表

维度	题项	频率（%）
转换便利 （68次）	该全渠道零售商线上线下商店购物转换方便（25次）	36.76
	该全渠道零售商线上线下商店购物转换快捷（16次）	23.52
	该全渠道零售商线上线下商店购物转换简单（9次）	13.25
	该全渠道零售商线上线下商店购物转换轻松（18次）	26.47
物流配送 便利 （97次）	该全渠道零售商提供线下店配送到家服务，购物方便（21次）	21.65
	该全渠道零售商提供网上下单、送货上门服务，购物方便（16次）	16.50
	该全渠道零售商提供网上下单、提货网点自提服务，购物方便（15次）	15.46
	该全渠道零售商及时响应订单、快速发货，购物方便（22次）	22.68
	该全渠道零售商在承诺时间送达商品，购物方便（23次）	23.71

资料来源：笔者自制。

通过89个全渠道零售商顾客服务便利评价样本的初步分析，本研究将把全渠道零售情境下服务便利划分为访问便利、决策便利、交易便利、转换便利和物流配送便利5个维度。其中，访问便利反映了顾客对全渠道零售商的不同渠道商店光顾、浏览、访问等方便程度的感知，内容包括到达方便、方便访问、方便浏览、方便查询信息等。决策便利反映了顾客对选择全渠道零售商的不同渠道商店购物做出决策方便程度的感知，内容包括商品质量一致、商品信息一致、提供高效销售服务等涉及快速方便做出购物决策。交易便利反映了顾客对到全渠道零售商的不同渠道商店购物交易过程方便程度的感知，内容包括购物支付方便、方便取消订单、退换货方便等。转换便利反映了顾客对全渠道零售商不同渠道商店间购物转换服务方便程度的感知，内容包括购物过程转换快捷、简单、轻松等。物流配送便利反映了顾客对全渠道零售商提供物流配送服务方便程度的感知，内容包括到家服务、跨渠道配送、物流配送时间的感知等。

4. 初始量表生成

为检验全渠道零售情境下服务便利题项库的信度，本研究使用归类一致性研究方法对27个题项进行分析。归类一致性是指在初始题项中，所有专家判断结果相同的判断数占所有判断总数的比例。当归类一致性大于0.8、小于0.9时，表示信度较好，大于 0.9 时则表示信度非常好。经过五位营销管理学者的判断，全渠道零售情境下服务便利初始题项库的归类一致性为 0.86，信度较好。

为检验全渠道零售情境下服务便利题项库的效度，本研究使用内容效度比研究方法对 27 个题项进行分析。内容效度比值越大表示效度越高。结果显示：在全部的 27 个题项中，有 16 个题项的内容效度比（CVR 值）为 1，11 个题项的内容效度比（CVR 值）均大于 0.7，全渠道零售情境下服务便利初始题项库具有良好的内容效度。

通过对全渠道零售情境下服务便利题项库的信度与效度分析，得出全渠道零售情境下服务便利初始量表（见表 4-5）。

表 4-5　全渠道零售服务便利初始量表

维度	编码	题项
访问便利	A1	该全渠道零售商服务网点方便到达
	A2	该全渠道零售商线上线下商店方便访问
	A3	该全渠道零售商线上线下商店商品分类直观，方便浏览
	A4	该全渠道零售商线上线下商店购物指示清晰，方便选择
	A5	该全渠道零售商线上线下商店方便找到所需商品
	A6	该全渠道零售商顾客评论方便获取
	A7	该全渠道零售商商品信息方便搜索
决策便利	B1	该全渠道零售商线上线下商店商品种类一致，方便购买
	B2	该全渠道零售商线上线下商店商品质量一致，方便购买
	B3	该全渠道零售商线上线下商店促销信息一致，方便购买
	B4	该全渠道零售商线上线下商店个性化推荐商品，方便购买
	B5	该全渠道零售商线上线下商店销售服务快捷，方便购买
交易便利	C1	该全渠道零售商线上线下商店购物过程简单方便
	C2	该全渠道零售商线上线下商店购物互动交流方便
	C3	该全渠道零售商线上线下商店购物下单方便
	C4	该全渠道零售商线上线下商店购物支付方便
	C5	该全渠道零售商线上线下商店取消订单方便
	C6	该全渠道零售商线上线下商店退换货方便

维度	编码	题项
转换便利	D1	该全渠道零售商线上线下商店购物转换方便
	D2	该全渠道零售商线上线下商店购物转换快捷
	D3	该全渠道零售商线上线下商店购物转换简单
	D4	该全渠道零售商线上线下商店购物转换轻松
物流配送便利	E1	该全渠道零售商提供线下店配送到家服务，购物方便
	E2	该全渠道零售商提供网上下单、送货上门服务，购物方便
	E3	该全渠道零售商提供网上下单、提货网点自提服务，购物方便
	E4	该全渠道零售商及时响应订单、快速发货，购物方便
	E5	该全渠道零售商在承诺时间送达商品，购物方便

资料来源：笔者整理。

三、预调查样本收集与数据分析

预调查目的是测试和修正全渠道零售情境下服务便利初始量表，进一步明晰服务便利测量指标。

1. 预调查概况

本研究根据全渠道零售情境下服务便利获得的 27 个初始题项设计了预调查问卷。预调查问卷由卷首语、过滤性问题、被调查者基本信息和全渠道零售服务便利初始测量量表四部分构成。为了确保调查问卷的内容效度，本次预调查前参考 Churchill（1979）研究要求，对初始题项展开定性分析。首先，向市场营销专业大四本科生发放 20 份，主要审核问卷题项的语义和表述情况（具体包括语义清晰、表达明确、题项清晰度等），确保预调查问卷的所有题项表达清晰准确且没有歧义。其次，请市场营销专业的三位专家做最后的斟酌、审定与修改，最终形成全渠道零售情境下服务便利预调查问卷。

在本次预调查中，采用线上和线下两种方式分发问卷以收集数据，线下调查问卷主要在大学校园发放，数据收集截止时间为 2021 年 9 月。本次预调查共发放问卷 150 份，剔除 29 份无效问卷，回收有效问卷 121 份，有效率为 80.67%。其中，男性 58 人，占比为 47.93%，女性 63 人，占比为 52.07%；21~30 岁的被访者为 95 人，占比为 78.51%；在学历层次上，本科及其以上 107 人，占比为 88.43%。样本描述性统计表明，样本男女比例比较均衡，以青年消费群体为主，受教育程度较高。

2. 信度分析

信度分析主要在于研究样本数据真实、可靠性，即研究被调查者是否真实地回答了问卷中各个题项。信度分析的目的是衡量问卷的一致性与稳定性。在信度检验中，主要采用 Cronbach's α 值和修正的项目总相关值（CITC）进行分析。Cronbach's α 值是目前信度检验中使用最广泛的指标。一般来讲，如果 Cronbach's α 值在 0.9 以上，则说明信度非常好；如果在 0.8~0.9，则说明可以接受；如果在 0.7~0.8，表示量表有些题项需要修订；如果在 0.7 以下，表示量表有些题项需要删除。单个题项的删减一般根据修正的项目总相关值（CITC）来判断，CITC 值越高；该问题项与其他问题项之间的内部一致性越高；CITC 值越低，内部一致性越低。CITI 值以 0.5 为标准，高于 0.5 则可以接受，低于则需要修正或剔除。对问题项考虑删减一般有两个参考标准：一是根据修正的项目总相关值进行判断，即 CITC 值小于 0.5 的题项考虑删除；二是删除某个测量题项后变量的 Cronbach's α 值大于没有删除该测量项时的 Cronbach's α 值。

在本次预调查中，运用 SPSS 26.0 数据分析软件对样本数据进行信度分析。全渠道零售服务便利初始量表划分为 5 个维度：访问便利（A1、A2、A3、A4、A5、A6、A7）、决策便利（B1、B2、B3、B4、B5）、交易便利（C1、C2、C3、C4、C5、C6）、转换便利（D1、D2、D3、D4）、物流配送便利（E1、E2、E3、E4、E5）。为此，本研究信度分析中将会分别对服务便利五个维度进行逐一分析。

（1）访问便利信度分析

如表 4-6 分析结果显示，访问便利所有题项的整体可靠性系数 Cronbach's α 值为 0.909，大于 0.7 的标准；删除该题项后的 Cronbach's α 值在 0.864~0.903，均小于该构念量表的 Cronbach's α 值 0.909，说明再删除任何测量题项都不会提高内部一致性。另外，所有题项的 CITC 值在 0.709~0.856，大于 0.5 的标准。这表明 A1~A7 这 7 个题项组成的访问便利性量表具有很好的内部一致性，信度较好。

表4-6　访问便利初始量表信度分析结果

维度	编码及题项	CITC	项目删除后的 α	Cronbach's α 值
访问便利	A1 该全渠道零售商服务网点方便到达	0.729	0.883	0.909
	A2 该全渠道零售商线上线下商店方便访问	0.741	0.875	
	A3 该全渠道零售商线上线下商店商品分类直观，方便浏览	0.856	0.901	
	A4 该全渠道零售商线上线下商店购物指示清晰，方便选择	0.815	0.891	
	A5 该全渠道零售商线上线下商店方便找到所需商品	0.832	0.878	
	A6 该全渠道零售商顾客评论方便获取	0.817	0.864	
	A7 该全渠道零售商商品信息方便搜索	0.709	0.903	

资料来源：笔者根据 SPSS 26.0 软件输出结果整理。

（2）决策便利信度分析

如表4-7分析结果显示，决策便利所有题项的整体 Cronbach's α 值为0.895，大于0.7的标准。但是 B4 的 CITC 值为0.342小于0.5的标准，删除该题项后的 Cronbach's α 值大于该构念量表的 Cronbach's α 值，根据题项删减标准，说明删减 B4 题项后，决策便利信度会得到提升。因此，在后续分析中去掉 B4 题项。决策便利量表其他题项的 CITC 值在0.705~0.783，大于0.5的标准。这表明 B1~B5 组成的决策便利性量表具有很好的内部一致性，信度水平较好。

表4-7　决策便利初始量表信度分析结果

维度	编码及题项	CITC	项目删除后的 α	Cronbach's α 值
决策便利	B1 该全渠道零售商线上线下商店商品种类一致，方便购买	0.727	0.855	0.895
	B2 该全渠道零售商线上线下商店商品质量一致，方便购买	0.712	0.833	
	B3 该全渠道零售商线上线下商店促销信息一致，方便购买	0.783	0.839	

续表

维度	编码及题项	CITC	项目删除后的 α	Cronbach's α 值
决策便利	B4 该全渠道零售商线上线下商店个性化推荐商品,方便购买	0.342	0.913	0.895
	B5 该全渠道零售商线上线下商店销售服务快捷,方便购买	0.705	0.883	

资料来源:笔者根据 SPSS 26.0 软件输出结果整理。

（3）交易便利信度分析

如表 4-8 分析结果显示,交易便利所有题项的整体 Cronbach's α 值为 0.833,大于 0.7 的标准;删除该题项后的 Cronbach's α 值在 0.799~0.822,均小于该构念量表的 Cronbach's α 值 0.833,说明再删除任何测量题项都不会提高内部一致性。另外,所有题项的 CITC 值在 0.712~0.785,大于 0.5 的标准,表明 C1~C6 这 6 个题项组成的交易便利性量表具有很好的内部一致性,信度较好。

表 4-8　交易便利初始量表信度分析结果

维度	编码及题项	CITC	项目删除后的 α	Cronbach's α 值
交易便利	C1 该全渠道零售商线上线下商店购物过程简单方便	0.748	0.822	0.833
	C2 该全渠道零售商线上线下商店购物互动交流方便	0.753	0.817	
	C3 该全渠道零售商线上线下商店购物下单方便	0.717	0.799	
	C4 该全渠道零售商线上线下商店购物支付方便	0.769	0.818	
	C5 该全渠道零售商线上线下商店取消订单方便	0.712	0.806	
	C6 该全渠道零售商线上线下商店退换货方便	0.785	0.819	

资料来源:笔者根据 SPSS 26.0 软件输出结果整理。

（4）转换便利信度分析

如表 4-9 分析结果显示,转换便利所有题项的整体 Cronbach's α 值为 0.872,

大于0.7的标准；删除该题项后的 Cronbach's α 值在0.815~0.866，均小于该构念量表的 Cronbach's α 值0.872，说明再删除任何测量题项都不会提高内部一致性。另外，所有题项的 CITC 值在0.597~0.677，大于0.5的标准。这表明 D1~D4 这4个题项组成的转换便利性量表具有较好的内部一致性，信度较好。

表4-9　转换便利初始量表信度分析结果

维度	编码及题项	CITC	项目删除后的 α	Cronbach's α 值
转换便利	D1 该全渠道零售商线上线下商店购物转换方便	0.647	0.815	0.872
	D2 该全渠道零售商线上线下商店购物转换快捷	0.677	0.863	
	D3 该全渠道零售商线上线下商店购物转换简单	0.615	0.838	
	D4 该全渠道零售商线上线下商店购物转换轻松	0.597	0.866	

资料来源：笔者根据 SPSS 26.0 软件输出结果整理。

（5）物流配送便利

如表4-10分析结果显示，物流配送便利所有题项的整体 Cronbach's α 值为0.901，大于0.7的标准；删除该题项后的 Cronbach's α 值在0.862~0.897，均小于该构念量表的 Cronbach's α 值0.901，说明再删除任何测量题项都不会提高内部一致性。另外，所有题项的 CITC 值在0.706~0.837，大于0.5的标准。这表明 E1~E5 这5个题项组成的物流配送便利性量表具有很好的内部一致性，信度较好。

表4-10　物流配送便利初始量表信度分析结果

维度	编码及题项	CITC	项目删除后的 α	Cronbach's α 值
物流配送便利	E1 该全渠道零售商提供线下店配送到家服务，购物方便	0.784	0.897	0.901
	E2 该全渠道零售商提供网上下单、送货上门服务，购物方便	0.791	0.884	
	E3 该全渠道零售商提供网上下单、提货网点自提服务，购物方便	0.772	0.862	

续表

维度	编码及题项	CITC	项目删除后的 α	Cronbach's α 值
物流配送便利	E4 该全渠道零售商及时响应订单、快速发货，购物方便	0.706	0.873	0.901
	E5 该全渠道零售商在承诺时间送达商品，购物方便	0.837	0.839	

资料来源：笔者根据 SPSS 26.0 软件输出结果整理。

综上所述，全渠道零售情境下服务便利初始量表中访问便利、决策便利、交易便利、转换便利和物流配送便利 5 个构念维度的 Cronbach's α 值依次为 0.909、0.895、0.833、0.872 和 0.901，均大于 0.7。除 B4 外，所有测量题项 CITC 值均大于 0.5。基于此，全渠道零售情境下服务便利量表通过信度检验，量表内部一致性较高。

3. 效度分析

效度即有效性，是指测量工具或手段能够准确测出所需测量事物的程度。效度分析的常见类型有内容效度和结构效度。内容效度表明测量题项对研究概念测量的适用性情况，即测量题项设计的合理性情况。结构效度表明测量题项与研究变量之间的对应关系。问卷的效度越高，说明此问卷结果的有效性越强。

本研究开发的全渠道零售服务便利量表具有良好的内容效度。首先，对现有的服务便利文献进行总结归纳。其次，采用关键事件法对顾客感知的全渠道零售服务便利事件进行研究，从顾客中获得关于全渠道零售服务便利的原始描述，结合文献对收集的信息进行归纳分析，最终形成测量题项，从而保证了测量题项能够充分覆盖测量的全渠道零售服务便利构念。最后，邀请专家对测量题项进行了评分以保证全渠道零售服务便利量表题项的代表性。

在本次预调查中，主要测量全渠道零售情境下服务便利量表设计的结构效度。首先通过 KMO 值和 Bartlett 球形检验，判断研究变量是否适合进行探索性因子分析。KMO 值是 Kaiser Meyer Olkin 于 1974 年所提出的取样适当性量数，其值介于 0~1。当 KMO 值越接近 1 时，表示研究量表内的共同因素越多，越适合进行因子分析。判断是否适合做因子分析的标准为：KMO 值大于 0.9，非常适合；0.7~0.9，适合；0.6~0.7，不太适合；小于 0.6，不适合。Bartlett 球形检验值用以检验题项间相关系数是否显著，如果显著则适合做因子分析。在因子分析前，本书采用 SPSS 26.0 数据软件分析 KOM 值和 Bartlett 球形检验。如表 4-11 所示，量表 KMO 值为 0.921 （>0.7），同时 Bartlett 近似卡方值为 2516.579，自由度为 351，显著性小于 0.001，显著性水平拒绝零假设，说明变量之间存在共同因子，量表结构效度良好，适合进行探索性因子分析。

表 4-11　服务便利初始量表总体 KMO 和 Bartlett 球形检验

KMO		0.921
Bartlett 球形检验	近似卡方	2516.579
	自由度 df	351
	显著性 Sig.	0.000

资料来源：笔者根据 SPSS 26.0 软件输出结果整理。

之后，本研究对服务便利的探索性因子进行分析时，使用主成分分析法采取最大方差法进行因子旋转，选取特征根大于 1 的因子。一般认为，出现以下情况可以考虑删除该题项：单独一个测量题项自成一个因子时，予以删除；测量题项因子载荷的绝对值小于 0.5 时，没有达到效度检验标准，予以删除。分析结果如表 4-12 所示，提取 5 个因子，除 B4 这个题项外，其他题项均根据预期归入了同一因子，累计方差贡献率为 73.675%；其余各个因子载荷值均大于 0.6，通过了探索性因子分析的效度检验。

表 4-12　服务便利初始量表探索性因子分析旋转后矩阵结果

维度	编码	成分					
		1	2	3	4	5	
访问便利	A1	0.723					
	A2	0.754					
	A3	0.729					
	A4	0.727					
	A5	0.724					
	A6	0.788					
	A7	0.760					

续表

维度	编码	成分					
		1	2	3	4	5	
决策便利	B1		0.802				
	B2		0.837				
	B3		0.810				
	B4						0.955
	B5		0.795				
交易便利	C1			0.772			
	C2			0.733			
	C3			0.808			
	C4			0.713			
	C5			0.715			
	C6			0.775			
转换便利	D1				0.759		
	D2				0.793		
	D3				0.827		
	D4				0.792		
物流配送便利	E1					0.783	
	E2					0.781	
	E3					0.798	
	E4					0.756	
	E5					0.832	
累计方差贡献率		73.675%					

注: 提取方法为主成分分析, 因子旋转方法为具有 Kaiser 标准化的正交旋转法。
资料来源: 笔者根据 SPSS 26.0 软件输出结果整理。

删除 B4 这个题项后, 得到全渠道零售服务便利 5 个构念维度共 26 个题项。其中, 访问便利维度 7 个题项, 主要描述顾客感知访问全渠道零售商店的方便性; 决策便利维度 4 个题项, 主要描述顾客惠顾全渠道零售商过程中做出购物决策的方便性; 交易便利维度 6 个题项, 主要描述顾客感知在全渠道零售商店购物过程交易的方便性; 转换便利维度 4 个题项, 主要描述顾客感知在全渠道零售商不同渠道商店转换的方便性; 物流配送便利维度 5 个题项, 主要描述顾客感知全渠道零售商店交付配送商品的方便性。最终完善并确定的全渠道零售服务便利正式量表如表 4-13 所示。

表 4-13　全渠道零售情境下服务便利正式量表

维度	编码	题项
访问便利	A1	该全渠道零售商服务网点方便到达
	A2	该全渠道零售商线上线下商店方便访问
	A3	该全渠道零售商线上线下商店商品分类直观，方便浏览
	A4	该全渠道零售商线上线下商店购物指示清晰，方便选择
	A5	该全渠道零售商线上线下商店方便找到所需商品
	A6	该全渠道零售商顾客评论方便获取
	A7	该全渠道零售商商品信息方便搜索
决策便利	B1	该全渠道零售商线上线下商店商品种类一致，方便购买
	B2	该全渠道零售商线上线下商店商品质量一致，方便购买
	B3	该全渠道零售商线上线下商店促销信息一致，方便购买
	B4	该全渠道零售商线上线下商店销售服务快捷，方便购买
交易便利	C1	该全渠道零售商线上线下商店购物过程简单方便
	C2	该全渠道零售商线上线下商店购物互动交流方便
	C3	该全渠道零售商线上线下商店购物下单方便
	C4	该全渠道零售商线上线下商店购物支付方便
	C5	该全渠道零售商线上线下商店取消订单方便
	C6	该全渠道零售商线上线下商店退换货方便
转换便利	D1	该全渠道零售商线上线下商店购物转换方便
	D2	该全渠道零售商线上线下商店购物转换快捷
	D3	该全渠道零售商线上线下商店购物转换简单
	D4	该全渠道零售商线上线下商店购物转换轻松
物流配送便利	E1	该全渠道零售商提供线下店配送到家服务，购物方便
	E2	该全渠道零售商提供网上下单、送货上门服务，购物方便
	E3	该全渠道零售商提供网上下单、提货网点自提服务，购物方便
	E4	该全渠道零售商及时响应订单、快速发货，购物方便
	E5	该全渠道零售商在承诺时间送达商品，购物方便

资料来源：笔者自制。

第二节　服务便利量表检验

一、正式调查数据收集

1. 问卷设计及数据收集

以全渠道零售情境下服务便利正式量表（见表4-13）作为主体，设计全渠道零售情境下服务便利调查问卷。调查问卷主要包括三个部分：第一部分是过滤性问题，用于筛选符合研究需要的调查对象；第二部分是受访者对全渠道零售情境下服务便利测量指标的评价，有访问便利、决策便利、交易便利、转换便利和物流配送便利5个构念维度的26个测量题项；第三部分是受访者的个人信息，包括性别、年龄、学历、收入和职业。调查问卷采用5级李克特量表进行设计，用1~5的数字代表"完全不同意""有点不同意""不确定""有点同意""完全同意"选项（具体调查问卷见附录4）。

数据收集时间从2021年10月1日至2021年10月30日结束，以线上和线下两种方式分发问卷。线上调查是通过滚雪球的方式转发问卷二维码和网址链接的方式开展调查。线下调查则是在大学校园、商业中心以及居民小区发放问卷。本次线上调查回收问卷总计160份，将问卷提交时间低于200秒，以及出现极端数据的问卷（如所有问题或者大多数问题集中于同一个选项）予以删除，共得到有效问卷91份，有效问卷回收率为56.88%。通过线下调查发放了200份问卷，删除极端数据问卷和回答不完全问卷89份，得到有效问卷111份，有效问卷回收率为55.50%。此次调查有效问卷202份，有效样本数量满足至少是题项数目5倍的统计要求（Gorsuch，1983）。

2. 样本描述性特征

本研究使用SPSS 26.0对回收的202份有效问卷样本特征进行描述性统计分析。如表4-14所示，在202个有效样本中男性为97人，占比48.02%，女性为105人，占比51.98%；21~30岁和31~40岁被访者为133人，占比

65.84%；在学历层次上，大专生为 61 人，占比 30.20%，本科和研究生为 119 人，占比 58.91%；在职业分布方面，学生、政府机关及事业单位职工，以及企业人员所占比重相当，三者合计为 168 人，占了样本总量的 83.16%；月平均收入在 2001～4000 元和 4001～6000 元样本合计为 158 人，占样本总量的 78.22%。本次调查样本描述性统计表明，样本男女比例均衡，以中青年中低收入消费群体为主，受教育程度较高。这与目前全渠道零售商的顾客特征基本相符。

表 4-14　样本特征描述性统计分析

	特征	频数（人）	百分比（%）
性别	男	97	48.02
	女	105	51.98
年龄	20 岁及以下	36	17.82
	21～30 岁	77	38.12
	31～40 岁	56	27.72
	41～50 岁	21	10.40
	51～60 岁	10	4.95
	61 岁及以上	2	0.99
受教育程度	高中及以下	10	4.95
	中专	12	5.94
	大专	61	30.20
	本科	93	46.04
	研究生	26	12.87
职业	学生	98	48.51
	政府机关及事业单位职工	32	15.84
	企业职员	38	18.81
	社会团体工作人员	5	2.48
	自由职业者	18	8.91
	个体经营者	8	3.96
	农民	0	0
	退休人员	3	1.49

续表

	特征	频数（人）	百分比（%）
月收入（学生为每月可支配消费金额）	2000 元及以下	22	10.89
	2001~4000 元	95	47.03
	4001~6000 元	63	31.19
	6001~8000 元	20	9.90
	8001 元及以上	2	0.99

资料来源：笔者根据回收有效问卷整理。

3. 数据正态分布检验

样本数据呈正态分布是使用结构方程模型分析的前提（Kline，1998）。通常会通过计算偏度系数和峰度系数来判断样本数据是否呈正态分布。本书运用 SPSS 26.0 对 26 个观测变量进行正态分布检验。如果偏度系数绝对值在 2 以内，峰度系数在 7 以内，则表明测量题项数据符合正态分布（Kline，1998）。如表 4-15 所示，所有题项中偏度的绝对值最大值为 1.922，小于 2；峰度系数的绝对值最大值为 3.503，远远小于 7。每个测量题项的偏度系数和峰度系数均符合正态分布的条件。

表 4-15　数据正态分布检验

维度	题目代号	题项	最大值	最小值	均值	标准差	偏度	峰度
访问便利	A1	该全渠道零售商服务网点方便到达	5	1	3.16	1.091	-1.825	-1.043
	A2	该全渠道零售商线上线下商店方便访问	5	1	3.55	1.095	-1.106	-0.864
	A3	该全渠道零售商线上线下商店商品分类直观，方便浏览	5	1	3.64	1.016	-0.932	-0.737
	A4	该全渠道零售商线上线下商店购物指示清晰，方便选择	5	1	3.11	0.814	-1.598	-0.893
	A5	该全渠道零售商线上线下商店方便找到所需商品	5	1	3.32	1.282	-0.771	-0.938
	A6	该全渠道零售商顾客评论方便获取	5	1	2.58	1.002	-1.657	-2.782
	A7	该全渠道零售商商品信息方便搜索	5	1	2.93	1.021	-0.867	-1.777

续表

维度	题目代号	题项	最大值	最小值	均值	标准差	偏度	峰度
决策便利	B1	该全渠道零售商线上线下商店商品种类一致，方便购买	5	1	3.39	1.243	-1.646	-2.795
	B2	该全渠道零售商线上线下商店商品质量一致，方便购买	5	1	3.49	1.271	-0.553	-0.838
	B3	该全渠道零售商线上线下商店促销信息一致，方便购买	5	1	3.52	1.285	-0.955	-1.035
	B4	该全渠道零售商店线上线下商店销售服务快捷，方便购买	5	1	3.51	1.233	-1.632	-3.072
交易便利	C1	该全渠道零售商线上线下商店购物过程简单方便	5	1	3.33	1.221	-0.797	-0.619
	C2	该全渠道零售商线上线下商店购物互动交流方便	5	1	3.68	1.235	-1.307	-1.628
	C3	该全渠道零售商线上线下商店购物下单方便	5	1	3.52	1.162	-0.738	-0.993
	C4	该全渠道零售商线上线下商店购物支付方便	5	1	3.38	1.289	-1.922	-2.663
	C5	该全渠道零售商线上线下商店取消订单方便	5	1	3.19	1.24	-0.712	-1.538
	C6	该全渠道零售商线上线下商店退换货方便	5	1	3.73	1.125	-0.679	-1.006
转换便利	D1	该全渠道零售商线上线下商店购物转换方便	5	1	3.05	1.285	-1.763	-3.503
	D2	该全渠道零售商线上线下商店购物转换快捷	5	1	3.36	1.233	-0.724	-0.582
	D3	该全渠道零售商线上线下商店购物转换简单	5	1	3.62	1.243	-1.392	-0.805
	D4	该全渠道零售商线上线下商店购物转换轻松	5	1	3.55	1.125	-0.746	-0.506
物流配送便利	E1	该全渠道零售商提供线下店配送到家服务，购物方便	5	1	3.17	1.446	-0.806	-0.566
	E2	该全渠道零售商提供网上下单、送货上门服务，购物方便	5	1	3.03	1.414	-0.963	-0.884

续表

维度	题目代号	题项	最大值	最小值	均值	标准差	偏度	峰度
物流配送便利	E3	该全渠道零售商提供网上下单、提货网点自提服务，购物方便	5	1	3.05	1.482	-1.819	-1.584
	E4	该全渠道零售商及时响应订单、快速发货，购物方便	5	1	3.18	1.22	-1.729	-2.519
	E5	该全渠道零售商在承诺时间送达商品，购物方便	5	1	3.22	1.356	-0.982	-1.049

资料来源：笔者根据 SPSS 26.0 软件输出结果整理。

二、信度检验

信度检验是对量表的可靠性和稳定性进行分析，用来判断测量指标之间的一致性程度。内部一致性反映了每一个量表测量的是否为同一个构念，因此，内部一致性对多选项量表尤为重要。信度检验主要基于 Cronbach's α 值和 CITC 值两个指标。分析结果如表 4-16 所示，服务便利量表中访问便利、决策便利、交易便利、转换便利和物流配送便利的 Cronbach's α 值分别为 0.825、0.881、0.821、0.905、0.889，均高于 0.7 的标准。服务便利量表中各个题项的 CITC 值介于 0.534~0.855，高于 0.5 标准。这表明全渠道零售情境下服务便利量表具有较好的预测稳定性和结构可靠性。

表 4-16　全渠道零售服务便利正式量表信度分析结果

维度	编码	题项	CITC	项目删除后的 α	Cronbach's α 值
访问便利	A1	该全渠道零售商服务网点方便到达	0.789	0.796	0.825
	A2	该全渠道零售商线上线下商店方便访问	0.753	0.791	
	A3	该全渠道零售商线上线下商店商品分类直观，方便浏览	0.815	0.805	
	A4	该全渠道零售商线上线下商店购物指示清晰，方便选择	0.855	0.809	
	A5	该全渠道零售商线上线下商店方便找到所需商品	0.830	0.812	
	A6	该全渠道零售商顾客评论方便获取	0.769	0.821	
	A7	该全渠道零售商商品信息方便搜索	0.810	0.817	

维度	编码	题项	CITC	项目删除后的 α	Cronbach's α 值
决策便利	B1	该全渠道零售商线上线下商店商品种类一致，方便购买	0.749	0.871	0.881
	B2	该全渠道零售商线上线下商店商品质量一致，方便购买	0.675	0.859	
	B3	该全渠道零售商线上线下商店促销信息一致，方便购买	0.683	0.868	
	B4	该全渠道零售商店线上线下商店销售服务快捷，方便购买	0.745	0.859	
交易便利	C1	该全渠道零售商线上线下商店购物过程简单方便	0.758	0.812	0.821
	C2	该全渠道零售商线上线下商店购物互动交流方便	0.750	0.806	
	C3	该全渠道零售商线上线下商店购物下单方便	0.777	0.813	
	C4	该全渠道零售商线上线下商店购物支付方便	0.772	0.804	
	C5	该全渠道零售商线上线下商店取消订单方便	0.782	0.814	
	C6	该全渠道零售商线上线下商店退换货方便	0.785	0.798	
转换便利	D1	该全渠道零售商线上线下商店购物转换方便	0.637	0.902	0.905
	D2	该全渠道零售商线上线下商店购物转换快捷	0.577	0.892	
	D3	该全渠道零售商线上线下商店购物转换简单	0.611	0.868	
	D4	该全渠道零售商线上线下商店购物转换轻松	0.534	0.896	
物流配送便利	E1	该全渠道零售商提供线下店配送到家服务，购物方便	0.794	0.832	0.889
	E2	该全渠道零售商提供网上下单、送货上门服务，购物方便	0.791	0.865	

续表

维度	编码	题项	CITC	项目删除后的 α	Cronbach's α 值
物流配送便利	E3	该全渠道零售商提供网上下单、提货网点自提服务，购物方便	0.772	0.863	0.889
	E4	该全渠道零售商及时响应订单、快速发货，购物方便	0.756	0.876	
	E5	该全渠道零售商在承诺时间送达商品，购物方便	0.827	0.877	

资料来源：笔者根据 SPSS 26.0 软件输出结果整理。

三、探索性因子分析

本研究先对正式调查样本进行 KMO 和 Bartlett 球形检验，之后通过主成分分析法对全渠道零售服务便利正式量表进行探索性因子分析。如表 4-17 所示，正式量表的 KMO 值是 0.945（>0.7），同时 Bartlett 近似卡方值为 5985.314，自由度为 325，显著性小于 0.001，显著性水平拒绝零假设，说明数据间显著相关，适合进行因子分析。

表 4-17　全渠道零售服务便利正式量表 KMO 和 Bartlett 球形检验

KMO		0.945
Bartlett 球形检验	近似卡方	5985.314
	自由度 df	325
	显著性 Sig.	0.000

资料来源：笔者根据 SPSS 26.0 软件输出结果整理。

本研究使用主成分分析法，并采用最大方差法进行因子旋转，得出量表解释方差的百分比为 76.793%，共计提取五个因子。这五个因子分别是访问便利、决策便利、交易便利、转换便利和物流配送便利，所有题项均根据预期归入了同一因子。如表 4-18 所示，所有测量指标旋转后的因子载荷值最小为 0.641，都明显高于 0.6 的标准，没有出现交叉负载现象。这表明该量表通过了探索性因子分析的效度检验。

表 4-18　全渠道零售情境下服务便利正式量表探索性因子分析旋转后矩阵结果

维度	编码	成分				
		1	2	3	4	5
访问便利	A1	0.707				
	A2	0.739				
	A3	0.684				
	A4	0.732				
	A5	0.721				
	A6	0.770				
	A7	0.758				
决策便利	B1		0.778			
	B2		0.838			
	B3		0.817			
	B4		0.771			
交易便利	C1			0.771		
	C2			0.733		
	C3			0.799		
	C4			0.641		
	C5			0.798		
	C6			0.735		
转换便利	D1				0.803	
	D2				0.850	
	D3				0.820	
	D4				0.772	
物流配送便利	E1					0.767
	E2					0.759
	E3					0.793
	E4					0.760
	E5					0.782
累计方差贡献率		76.793%				

注：提取方法为主成分分析，因子旋转方法为具有 Kaiser 标准化的正交旋转法。
资料来源：笔者根据 SPSS 26.0 软件输出结果整理。

四、验证性因子分析

1. 验证性因子分析原理

验证性因子分析是研究者基于事先所建立的一个系统性假设关系，假设因子与相对应的测量题项之间具有相关性。验证性因子分析（CFA）是结构方程模型分析的重要部分。结构方程模型提供了多种模型拟合度评价指标来研究数据与模型的拟合程度。若模型拟合指标是可以接受的，则进行完整的结构方程模型分析与评估；若模型拟合指标不佳时，要对测量模型进行修正，之后才进行分析与评估。

本书运用 Amos 24.0 软件，选取最大似然估计法进行验证性因子分析，通过模型拟合指标来判断模型拟合效果，检验由探索性因子分析获得的全渠道零售服务便利维度模型拟合实际观测数据的能力。参考 Amos 软件提供的分析结果，对全渠道零售服务便利维度模型拟合度进行评价时主要采用下述指标：①卡方自由度比（χ^2/df）。当 χ^2/df 的值介于 1~5 时，表明模型的拟合度较好，当比值小于 2 时，表示模型的拟合度较优。②良适性适配指标（GFI）。GFI 的值越大表示模型拟合度越好，GFI 的值介于 0~1，理想的 GFI 值应大于 0.9。③调整后拟合指数（AGFI）。AGFI 的值越大表示模型拟合度越好，AGFI 的值介于 0~1，理想的 AGFI 值应大于 0.9。④规准适配指数（NFI）。NFI 的值越大表示模型拟合度越好，NFI 的值介于 0~1，理想的 NFI 值应大于 0.9。⑤比较适配指数（CFI）。CFI 的值越大表示模型拟合度越好，CFI 的值介于 0~1，理想的 CFI 值应大于 0.9。⑥增值适配指数（IFI）。IFI 的值越大，表示模型拟合度越好，IFI 的值介于 0~1，理想的 IFI 值应大于 0.9。⑦渐进残差均方和平方根（RMSEA）。RMSEA 的值越小表示模型拟合度越好。当 RMSEA 为 0.1 时，模型适配度欠佳；当 0.08<RMSEA<0.1 时，模型尚可；当 0.05<RMSEA<0.08 时，模型良好；当 RMSEA<0.05 时，模型适配度非常好。

为检验结构方程模型的内在结构适配度，需检验组合信度（CR）和平均方差抽取量（AVE）两个指标。其中，组合信度（CR）检验的是潜变量的信度，平均方差抽取量（AVE）是结构变量内部一致性的统计量。组合信度（CR）是评价一组潜在测量指标的一致性程度。组合信度（CR）值越大，表明数据测量变量间的关联程度越大，即各个变量指标之间的同构性程度越高。组合信度

（CR）值越低，表示数据测量变量间内在关联程度低，一致性不高，其要测得的共同因素构念之间的差异较大。组合信度 CR 值大于 0.7 为可接受结果，大于 0.8 为理想结果。平均方差抽取量（AVE）表示潜变量各测量题项对该潜变量的方差解释力。平均方差抽取量（AVE）值一般建议标准为大于 0.5。组合信度（CR）和平均方差抽取量（AVE）的计算公式如下：

$$CR = \frac{(\sum \lambda)^2}{(\sum \lambda)^2 + \sum \theta}$$

$$AVE = (\sum \lambda^2)/n$$

2. 一阶验证性因子分析

本研究先逐步进行访问便利、决策便利、交易便利、转换便利和物流配送便利的一阶验证性因子分析。为检验全渠道零售服务便利一阶模型的整体结构适配度，需检验 χ^2/df、GFI、AGFI、NFI、CFI、IFI 和 RMSEA 七个拟合优度指标。如表 4-19 所示，全渠道零售服务便利一阶模型各拟合指数的实际值都在推荐值以内，理论模型与实际数据拟合程度良好，模型具有较好的整体结构适配度。

表 4-19　全渠道零售服务便利一阶模型整体结构适配度检验和参数估计

拟合指数	χ^2/df	GFI	AGFI	NFI	CFI	IFI	RMSEA
实际值	2.255	0.902	0.911	0.909	0.938	0.939	0.039
标准	<5	>0.9	>0.9	>0.9	>0.9	>0.9	<0.08

资料来源：笔者根据 Amos 24.0 软件输出结果整理。

（1）访问便利一阶验证性因子分析

如表 4-20 所示，访问便利潜变量共有七个题项，执行验证性因子分析后 A1、A2、A3、A4、A5、A6 和 A7 的因子载荷均超过 0.7，残差均为正数而且显著，可见无违反估计的情况。组合信度 CR 为 0.901，超过 0.7 的标准；AVE 为 0.772，超过 0.5 的标准，具有较好的信度和收敛效度。

（2）决策便利一阶验证性因子分析

如表 4-20 所示，决策便利潜变量共有四个题项，执行验证性因子分析后 B1、B2、B3 和 B4 的因子载荷均超过 0.7，残差均为正数而且显著，可见无违反估计的情况。组合信度 CR 为 0.922，超过 0.7 的标准；AVE 为 0.806，超过 0.5 的标准，具有较好的信度和收敛效度。

表 4-20　全渠道零售服务便利一阶验证性因子分析数据汇总表

变量	指标	非标准化参数	t 值（C.R.）	标准化因子载荷	标准化残差 SMC	AVE	CR
访问便利	A1	1.000	—	0.851	0.399	0.772	0.901
	A2	0.986	15.362***	0.836	0.778		
	A3	1.196	17.331***	0.908	0.963		
	A4	1.238	15.131***	0.887	0.565		
	A5	1.326	17.862***	0.907	0.645		
	A6	1.032	16.057***	0.857	0.698		
	A7	1.204	17.589***	0.901	0.617		
决策便利	B1	1.000	—	0.914	0.369	0.806	0.922
	B2	0.946	11.047***	0.894	0.643		
	B3	0.999	8.402***	0.882	0.704		
	B4	0.978	6.415***	0.903	0.568		
交易便利	C1	1.000	—	0.882	0.991	0.768	0.858
	C2	0.83	4.047***	0.854	0.986		
	C3	0.901	3.402***	0.817	0.903		
	C4	0.748	2.415***	0.808	0.456		
	C5	0.944	3.047***	0.902	0.665		
	C6	0.814	7.804***	0.873	0.403		
转换便利	D1	1.000	—	0.882	0.522	0.705	0.952
	D2	0.988	6.788***	0.878	0.613		
	D3	0.771	5.871***	0.850	0.656		
	D4	0.635	3.637***	0.742	0.447		
物流配送便利	E1	1.000	—	0.891	0.304	0.830	0.921
	E2	1.013	2.818***	0.873	0.512		
	E3	1.005	2.605***	0.901	0.409		
	E4	0.946	3.992***	0.869	0.387		
	E5	1.066	5.456***	0.916	0.721		

注：***表示 p < 0.001。

资料来源：笔者根据 Amos 24.0 软件输出结果整理。

（3）交易便利一阶验证性因子分析

如表4-20所示，交易便利潜变量共有六个题项，执行验证性因子分析后C1、C2、C3、C4、C5和C6的因子载荷均超过0.7，残差均为正数而且显著，可见无违反估计的情况。组合信度CR为0.858，超过0.7的标准；AVE为0.768，超过0.5的标准，具有较好的信度和收敛效度。

（4）转换便利一阶验证性因子分析

如表4-20所示，转换便利潜变量共有四个题项，执行验证性因子分析后D1、D2、D3和D4的因子载荷均超过0.7，残差均为正数而且显著，可见无违反估计的情况。组合信度CR为0.952，超过0.7的标准；AVE为0.705，超过0.5的标准，具有较好的信度和收敛效度。

（5）物流配送便利一阶验证性因子分析

如表4-20所示，物流配送便利潜变量共有五个题项，执行验证性因子分析后E1、E2、E3、E4和E5的因子载荷均超过0.7，残差均为正数而且显著，可见无违反估计的情况。组合信度CR为0.921，超过0.7的标准；AVE为0.830，超过0.5的标准，具有较好的信度和收敛效度。

3. 二阶验证性因子分析

（1）模型的拟合度检验

全渠道零售服务便利的五个构念维度访问便利、决策便利、交易便利、转换便利和物流配送便利相关系数较高，说明全渠道零售服务便利各维度之间存在较高的相关性，因子数目多于3个，可以据此进行二阶模型的验证性因子分析。

为检验全渠道零售服务便利二阶模型的整体结构适配度，需检验 χ^2/df、GFI、AGFI、NFI、CFI、IFI 和 RMSEA 七个拟合优度指标。如表4-21所示，全渠道零售服务便利二阶模型各拟合指数的实际值都在推荐值以内，理论模型与实际数据拟合程度良好，模型具有较好的整体结构适配度。

表4-21　全渠道零售服务便利二阶模型整体结构适配度检验和参数估计

拟合指数	χ^2/df	GFI	AGFI	NFI	CFI	IFI	RMSEA
实际值	2.351	0.922	0.931	0.909	0.952	0.936	0.056
标准	<5	>0.9	>0.9	>0.9	>0.9	>0.9	<0.08

资料来源：笔者根据 Amos 24.0 软件输出结果整理。

（2）二阶验证性因子分析

对全渠道零售服务便利测量模型进行二阶验证性因子分析，即验证全渠道服务便利与访问便利、决策便利、交易便利、转换便利和物流配送便利之间的相关关系。以访问便利、决策便利、交易便利、转换便利和物流配送便利为一级潜变量，以全渠道零售服务便利为二级潜变量做验证性因子分析，得到如表 4-22 所示验证性因子分析数据汇总表。由表 4-22 可知，访问便利、决策便利、交易便利、转换便利和物流配送便利一阶因子在二阶因子上的标准化因子载荷分别为 0.876、0.792、0.803、0.724、0.835，同时 t 值均在 1.96 以上，统计上达到显著性水平，说明二阶因子与一阶因子之间关系很强。全渠道零售服务便利组合信度 CR 值最小为 0.863，均大于 0.7 标准；平均提取方差值 AVE 最小为 0.705，均大于 0.5 标准。这表明全渠道零售服务便利二阶模型的验证性因子分析的结构效度达到研究要求水平，并且与样本数据适配度较高。

全渠道零售服务便利模型内在结构适配度良好。由此得到全渠道零售情境下服务便利的最终维度（访问便利、决策便利、交易便利、转换便利和物流配送便利）及测量量表。

表 4-22　全渠道零售服务便利二阶验证性因子分析数据汇总表

变量	指标	非标准化参数	t 值（C. R.）	标准化因子载荷	标准化残差 SMC	AVE	CR
服务便利	访问便利	1.000		0.876	0.753	0.705	0.863
	决策便利	1.119	15.027***	0.792	0.639		
	交易便利	1.027	7.695***	0.803	0.701		
	转换便利	0.986	9.732***	0.724	0.617		
	物流配送便利	1.312	10.233***	0.835	0.712		

注：***表示 p < 0.001。

资料来源：笔者根据 Amos 24.0 软件输出结果整理。

综上所述，本研究以全渠道零售服务便利的探索性研究结果为基础，严格按照量表开发程序，经过文献梳理、访谈研究、专家甄别、预调研和正式调研五个阶段，开发并检验了全渠道零售情境下服务便利量表。数据分析结果表明，全渠道零售情境下服务便利包括访问便利、决策便利、交易便利、转换便利和物流配送便利5个构念维度26个测量题项（见表4-23）。其中，访问便利维度指顾客在全渠道零售商购物前，光顾、浏览、访问线上线下商店所感知到时间和努力付出，包含到达方便、方便访问、方便浏览、方便查询信息等7个题项。决策便利维度指顾客在光顾（浏览）全渠道商店做出购买决定时所感知到时间和努力付出，包含全渠道商店线上线下商店商品信息一致、商品质量一致、提供高效服务等涉及购物决策方便程度的4个题项。交易便利指顾客在全渠道零售商店完成购物过程中所感知到时间和努力付出，包含购物支付方便、退换货方便、方便取消订单等6个题项。转换便利指顾客在全渠道零售商店不同渠道商店之间转换所感知到时间和努力付出，包含不同渠道商店之间转换过程方便、快捷、轻松等方面评价的4个题项。物流配送便利指顾客在全渠道零售商店购物取得商品所感知的时间和努力付出，包含对送达商品时间评价、提供到家配送和跨渠道配送方便性评价等5个题项。

表4-23　全渠道零售服务便利维度及测量

	维度	题项
全渠道零售服务便利	访问便利	该全渠道零售商服务网点方便到达
		该全渠道零售商线上线下商店方便访问
		该全渠道零售商线上线下商店商品分类直观，方便浏览
		该全渠道零售商线上线下商店购物指示清晰，方便选择
		该全渠道零售商线上线下商店方便找到所需商品
		该全渠道零售商顾客评论方便获取
		该全渠道零售商商品信息方便搜索
	决策便利	该全渠道零售商线上线下商店商品种类一致，方便购买
		该全渠道零售商线上线下商店商品质量一致，方便购买
		该全渠道零售商线上线下商店促销信息一致，方便购买
		该全渠道零售商线上线下商店销售服务快捷，方便购买
	交易便利	该全渠道零售商线上线下商店购物过程简单方便
		该全渠道零售商线上线下商店购物互动交流方便
		该全渠道零售商线上线下商店购物下单方便
		该全渠道零售商线上线下商店购物支付方便
		该全渠道零售商线上线下商店取消订单方便
		该全渠道零售商线上线下商店退换货方便

续表

维度	题项
全渠道零售服务便利 转换便利	该全渠道零售商线上线下商店购物转换方便
	该全渠道零售商线上线下商店购物转换快捷
	该全渠道零售商线上线下商店购物转换简单
	该全渠道零售商线上线下商店购物转换轻松
物流配送便利	该全渠道零售商提供线下店配送到家服务，购物方便
	该全渠道零售商提供网上下单、送货上门服务，购物方便
	该全渠道零售商提供网上下单、提货网点自提服务，购物方便
	该全渠道零售商及时响应订单、快速发货，购物方便
	该全渠道零售商在承诺时间送达商品，购物方便

资料来源：笔者自制。

第三节　本章小结

在本章中，笔者结合服务便利国内外研究文献回顾和关键事件法，基于规范的量表开发程序编制了全渠道零售服务便利量表并检验了其有效性和稳定性。本章首先通过文献回顾法和关键事件法，在对涉及全渠道零售情境下服务便利感知89个关键事件解析基础上，将服务便利划分为访问便利、决策便利、交易便利、转换便利和物流配送便利5个构念维度，编写了全渠道零售服务便利测量量表的27个备选题项，并初步进行全渠道零售服务便利感知评价数据信度和效度分析，确定全渠道零售服务便利维度及测量指标。其次，通过预调查测试修正全渠道零售服务便利初始量表，基于121份预调查有效样本数据分析证明了该初始量表具有良好的信度和效度，最终获得了正式测量量表的26个题项。最后，通过正式调查收集202份有效样本数据以验证全渠道零售服务便利正式测量量表，探索性因子分析和验证性因子分析结果表明，全渠道零售服务便利维度模型较好地拟合了实际数据，访问便利、决策便利、交易便利、转换便利和物流配送便利5个构念维度结构与最初的设想基本一致，且 26 个题项也一一对应最初的服务便利维度。开发和检验全渠道零售服务便利量表为本书后续研究模型提供了理论支持及实证检验。

第五章 研究模型与研究假设

本章在前两章的基础上构建本书的研究模型，该模型进一步明晰全渠道零售情境下服务便利、店铺认同感和顾客惠顾意向研究框架，从顾客感知视角出发探讨全渠道零售情境下服务便利、店铺认同感与顾客惠顾意向三个研究变量之间的关系。基于此，本章提出研究假设，包括服务便利与店铺认同感关系的研究假设、服务便利与顾客惠顾意向关系的研究假设、店铺认同感与顾客惠顾意向关系的研究假设、店铺认同感在服务便利与顾客惠顾意向之间的中介作用。

第一节 关键概念界定及其维度

在前一章中已经对全渠道零售情境下服务便利维度量表进行开发和检验，本节将进一步总结归纳服务便利概念及维度，界定店铺认同感和顾客惠顾意向这两个关键概念及其维度。

一、服务便利

1. 服务便利概念的界定

便利这一概念首先出现在产品分类的相关研究中，之后研究者将便利区分为产品便利和服务便利（Anderson and Thomas，1972；Berry et al.，2002）。著名营销学者 Berry 在 2002 年首次从时间和努力两个方面界定了服务便利概念，他进一步指出服务的性质和类型会影响顾客对时间和努力支出的敏感性，也会影响服务便利感知。国内著名营销学者郭国庆（2006）较早在零售业的相关研究中就引入了服务便利概念。根据第二章关于服务便利文献研究综述可知，国内外学者们虽然对于服务便利概念的表述不同，但是均认为顾客察觉到时间和努力的支出会相互作用，这影响了顾客对服务便利的感知。时间和努力是顾客获得一项服务所必须承担的非货币成本。顾客对服务便利感知本质是购买或使用服务所感知到的时间和精力。与服务相关的时间成本和努力成本越高，顾客对服务便利的感知就越低。本书从顾客感知视角出发来界定服务便利，即服务便利感知是顾客对购买或使用服务所感知到的时间和精力等非货币成本的付出。基于此，本书采用营销学者 Berry（2002）和郭国庆（2006）的研究观点，结合全渠道零售特点认为服务便利感知（简称服务便利）是顾客在接受全渠道零售商提供商品和服务的过程中对时间和努力的付出感受程度。全渠道服务便利节省了顾客在获得全渠道零售服务上花费的时间和精力等非货币成本。

2. 全渠道零售情境下服务便利维度

在前一章中，本书开发和检验了全渠道零售情境下服务便利五维度量表。该量表基于顾客对全渠道零售商提供服务的时间和努力等非货币成本的感知，将全渠道零售服务便利划分为访问便利、决策便利、交易便利、转换便利和物流配送便利。其中，访问便利指顾客在购物前，访问（浏览）全渠道零售商以了解其提供商品和服务时所感知到时间和努力付出。顾客获得访问服务的速度和舒适程度能强烈地影响访问便利感知。决策便利指顾客在购物时，对全渠道零售商商品做出购买决定时所感知到时间和努力付出。决策便利涉及顾客做出购买决策的速度和难易程度。交易便利指顾客在全渠道零售商店完成购物过程中所感知到时间和努力付出。交易便利集中于顾客为确保其有权获得全渠道零售商商品及其服务而采取行动的方便程度感知。转换便利指顾客在全渠道零售商店购物过程中，转换不同渠道商店所感知到时间和努力付出。转换便利涉及顾客跨渠道行为过程中感知的速度和难易程度。物流配送便利指顾客在全渠道零售商店购物后，取得商品所感知的时间和努力付出。物流配送便利涉及顾客在全渠道零售服务受益阶段再次与零售商接触时所感知的服务速度和难易程度。

二、店铺认同感

1. 店铺认同感概念的界定

Bhattacharya 和 Sen（2003）将组织认同概念引入市场营销研究领域，并基于社会身份理论构建了一个分析顾客认同的理论框架，并指出顾客对自我定义需要的满足，决定了建立企业认同感是顾客的一项有选择性、有意志性的主动心理活动。近年来，在营销学研究领域，一些国内外学者关注到零售业中的一种现象，顾客往往有特别认同并经常惠顾的特定店铺（Johnstone and Conroy，2008；魏胜，2013；苏雪梅和杨德宏，2013；郑启迪，2017；等等）。基于此，国内外学者借鉴社会认同理论成果，将地方认同、顾客认同和品牌认同相关研究引入零售业研究中提出店铺认同感概念，并指出"顾客—企业"认同效应链是传统的以顾客满意为核心的效应链的重要补充（Homburg，2009）。例如，Netemeyer 等（2012）在零售情境中证实了，顾客店铺认同感比顾客满意对顾客消费支出的影响要大。

学者们从不同角度对店铺认同感的内涵进行了界定（见表 5-1）。王晓彦（2016）借鉴品牌认同相关研究认为，将店铺认同概念界定为零售店铺的经营者对于顾客如何感知店铺的预期，顾客感知到店铺印象是店铺认同的一部分。魏胜（2013）提出店铺自我认同概念，它是零售商建立的，以此来塑造良好店铺形象的顾客感受。苏雪梅和杨德宏（2013）将社会认同理论引入零售业研究中，从顾客视角出发提出零售企业顾客认同概念，他们认为顾客感知到零售企业独特、持久、重要的身份特征与顾客自我特征具有一致性，则顾客对零售企业产生认同感。郑启迪（2017）认为，当顾客惠顾特定零售商店后，经过外在刺激及参与商店的活动，顾客渐渐地对零售商店发展出一种认知上的联结，进而产生一种认同和归属感。杜玉英（2019）指出商店认同是顾客对于商店身份与顾客个人身份相似性的主观判定。孙绪芹（2021）基于组织认同理论提出，零售店铺认同是消费者与零售企业间构建起稳定认可关系的现象。

综上所述，通过对国内外学者相关研究成果的梳理，本书认为从心理学角度来解释店铺认同感是顾客对商店的态度和价值理念一致性内化的过程，是顾客对商店内在价值的认可。从社会学角度来解释，店铺认同感是顾客在与商店互动过程中注入了认知、态度和情感成分，从而导致相互之间同化的过程。零售店铺是一个服务品牌，顾客对零售店铺认同感本质是顾客对零售店铺品牌认同，是顾客自我概念与零售店铺品牌的重合程度感知。基于此，店铺认同感概念可以界定为顾客与全渠道零售店铺在互动过程中产生的一种积极的心理活动，是顾客所感知到全渠道零售店铺特征与其同一性关系及情感依恋程度。这种积极心理活动反映了顾客感知的全渠道零售店铺特征与其自我概念的契合程度。

表5-1 店铺认同感代表性概念梳理

作者（年份）	定义	研究焦点
魏胜（2013）	零售商在经营过程中形成的经营理念或价值观，这些经营理念或价值观会反映到店铺的方方面面，令消费者对其形成特定的认同感	店铺印象
苏雪梅、杨德宏（2013）	顾客通过对零售企业身份和个人身份对比而产生的与零售企业同一性认知	身份认知
王晓彦（2016）	店铺的经营者对于店铺应该如何被消费者感知的预期	消费预期
郑启迪（2017）	消费者与零售商店一种认知上的联结，这种联结会使消费者产生一种归属感	消费认知
杜玉英（2019）	商店认同是顾客对于商店身份与顾客个人身份相似性的主观判定	身份认知
孙绪芹（2021）	消费者与零售企业间构建起稳定认可关系	消费认知

资料来源：笔者根据研究整理。

2. 全渠道零售情境下店铺认同感测量研究

对于店铺认同感测量研究，国内外学者对此问题的研究比较少。已有相关研究主要是从顾客视角和店铺视角研究店铺认同感维度，关注对店铺认同的认知取向和自我概念取向。一些国外研究者采用 Bergami 和 Bagozzi（2000）提出的方法，通过认同感的认知维度来探讨店铺认同感测量问题，即从顾客感知到的自我概念与零售企业身份识别之间的重合度进行测量。Lichtenstein 等（2010）从顾客认知出发用身份认同与形象认同来测量店铺认同感。Netemeyer 等（2012）采用认知维度和情感维度测量店铺认同感，在身份认同和形象认同题项的基础上增加了情感依恋题项。

国内外学者探讨店铺认同感测量维度采用了不同视角（见表5-2）。例如，王晓彦（2011）指出，店铺认同与店铺经营者的意愿、店铺的实体环境因素，以及与店铺的顾客因素有密切关系，店铺认同测量应从顾客价值观、店铺属性、顾客特征和店铺经营者特征四个维度出发。杨宜苗（2015）从商店认知和顾客自我概念出发开发了商店认同量表，包括"我强烈认同这家店铺""这家店铺代表我是一个怎样的人""这家店铺是我生活的一部分"等具体问题。高会（2016）从顾客视角指出零售商店认同可以从情感认同、身份认同、认知认同和评价认同四个维度出发。郑启迪（2017）在杨宜苗（2015）研究基础上进一步指出，商店认同是顾客对于商店的认知，并提出在线店铺认同的四个维度。杜玉英（2019）采用案例研究的方法指出，商店认同可以从顾客对商品、服务、环境等商店感知价值评价角度出发进行测量。

表 5-2 店铺认同感维度研究汇总

作者	年份	店铺认同感维度	研究情境	研究视角
Lichtenstein	2010	身份认同、形象认同	服装零售	顾客
王晓彦	2011	顾客价值观、店铺属性、顾客特征和店铺经营者特征	实体零售	顾客
Netemeyer	2012	身份认同、形象认同、情感认同	服装零售	顾客
杨宜苗	2015	认知认同、身份认同、情感认同、价值认同	实体零售	顾客
高会	2016	情感认同、身份认同、认知认同和评价认同	实体零售	顾客
郑启迪	2017	认知认同、身份认同、情感认同、价值认同	网络零售	顾客
杜玉英	2019	商品、服务、环境等感知价值认同	实体零售	顾客

资料来源：笔者根据研究整理。

根据上述研究文献梳理发现，现有关于店铺认同感维度的研究主要从顾客视角和店铺视角进行探讨，其中主要关注实体零售情境下顾客与店铺相关性的认知与情感反应。关于全渠道零售情境中店铺认同感的相关研究不多。不同的研究学者们对店铺认同感维度有各自的划分结果。总结起来，基本上会涉及认知认同和情感认同。店铺认同感是一个顾客认知商店并对商店产生情感依恋的过程。通过这种对全渠道零售商店认知的过程，顾客对全渠道零售商店增加了一致性和适合性感知，顾客倾向于把自己和所认同的全渠道零售商店看成是紧密联系的整体。同时，顾客对全渠道零售商店认同过程往往也会促使顾客情感发生反应，这种反应与全渠道零售商店形成一致性链接，能够与顾客积极情感表达联系在一起。有鉴于此，本书认为从顾客视角出发来探讨全渠道零售情境下店铺认同感测量比较适宜。店铺认同感的形成主要依赖于顾客对全渠道商店特征、商店形象等外部表现与自我相符程度的认知，它既反映了顾客对全渠道零售店铺同一性认知，也反映了顾客对全渠道商店品牌的依恋和满足程度的判定。

三、全渠道顾客惠顾意向

1. 全渠道顾客惠顾意向概念的界定

顾客惠顾意向的核心是顾客在购物过程中对特定零售商店的选择，涉及顾客对自己是否会从某一零售商店购买商品或接受服务的心理活动过程。国内外许多学者普遍认为，界定顾客惠顾意向应考虑顾客愿意去特定商店购物的可能性及将此商店推荐给他人的可能性（Zeithaml，1988；吴洒宗、揭超和熊国钱，2011；梁健爱，2014）。通过第二章对国内外学者关于顾客惠顾意向相关研究成果的梳理，本书认为与传统的实体零售意向相比，顾客惠顾全渠道零售商意向虽然具有一定特殊性，但是其核心仍然体现为顾客在全渠道零售情境下对特定商店选择的可能性。本书认为全渠道顾客惠顾意向又称全渠道顾客惠顾意愿，它是顾客选择在特定全渠道零售商购买商品和接受服务行为反应倾向，它表明顾客对自己是否会从特定全渠道零售商店购买商品和向他人推荐可能性的主观性判断。在全渠道零售情境下，顾客在接触外部营销刺激情况下，心态及态度的改变会影响其惠顾意向。全渠道顾客惠顾意向应从心理层面探讨顾客产生愿意选择特定全渠道零售商店的意图和行为准备状态。

2. 全渠道零售情境下顾客惠顾意向测量研究

现有研究表明，国内外学者均认为顾客惠顾意向（惠顾意愿）是主观概率研判。几乎所有关于顾客惠顾意向的研究文献都将顾客惠顾意向作为单一维度的结果变量进行研究，基于单一维度结构设计不同测量题项。国内外学者们从不同角度对顾客惠顾意向测量进行研究，现总结如表5-3所示。

表5-3　顾客惠顾意向测量题项研究汇总

作者	年份	顾客惠顾意向测量题项	研究情境
Zeithaml	1988	考虑购买、可能购买以及想要购买	实体零售

续表

作者	年份	顾客惠顾意向测量题项	研究情境
Baker	2002	愿意推荐商店、愿意购买商品和愿意到特定商店购物	实体零售
Grewal	2003	特定商店购物的可能性、到特定商店购买商品和愿意推荐特定商店	实体零售
Pan 和 Zinkhan	2006	惠顾频率和商店选择	实体零售
Zolfagharian 和 Paswan	2009	继续惠顾商店、向他人推荐和不会寻找其他的替代商店	实体零售
梁健爱	2014	喜欢浏览所选定网络零售商商品、愿意光顾所选定网络零售商网页和愿意向他人推荐所选定网络零售商	网络零售
贺爱忠和李希凤	2016	到特定商店购物的可能性、愿意到特定商店购买商品和愿意推荐特定商店	实体零售
董京京	2018	在线商店的商品下单意愿	网络零售

资料来源：笔者根据研究整理。

　　根据表5-3的研究发现，国内外学者对顾客惠顾意向具体测量题项并没有达成统一的意见。大部分学者用三个题项测量惠顾意向，也有一些学者把顾客惠顾意向测量分为商店选择意图和向他人推荐两个题项。现有关于顾客惠顾意向测量研究主要从实体零售环境和网络零售环境出发进行探讨，从全渠道零售情境下探讨顾客惠顾意向测量的研究比较少。全渠道顾客惠顾行为可以分为顾客选择光顾（或者浏览）特定全渠道零售商行为、顾客在特定全渠道零售商购买行为和顾客推荐特定全渠道零售商行为。有鉴于此，本书认为在全渠道零售情境中顾客惠顾意向有别于实体零售和网络零售情境中的顾客惠顾意向。全渠道零售情境下顾客零售惠顾意向可以具体细分为顾客选择全渠道商店意向、顾客购买全渠道商店商品意向和顾客推荐全渠道商店意向进行更加透彻而深入的研究。根据这个分类，全渠道零售商惠顾意向可以分为顾客选择全渠道商店意向、顾客购买全渠道商店商品意向和顾客推荐全渠道商店意向。顾客选择全渠道商店意向是顾客光顾或者浏览所选特定的全渠道商店（包括其实体商店、网络商店、移动 App 商店等），找寻所需商品的愿望。顾客购买全渠道商店商品意向是顾客在特定全渠道商店购买和评论所选商品的愿望。顾客推荐全渠道商店意向是顾客向他人分享和转发特定全渠道商店（包括其实体商店、网络商店、移动 App 商店等）及其商品的愿望。本书将顾客选择全渠道商店意向、顾客购买全渠道商店商品意向和顾客推荐全渠道商店意向整合为单一维度的全渠道零售商惠顾意向进行研究。

第二节　研究模型构建

一、研究模型理论基础

本研究旨在探索全渠道零售情境中服务便利感知对顾客惠顾意向的影响机制，以及店铺认同感在两者关系中的中介作用。通过第二章对于刺激反应理论、社会认同理论和全渠道零售理论的回顾和梳理，本书认为以上三个理论可以为研究模型构建提供理论基础。

1. 全渠道零售情境中刺激反应理论

刺激反应理论已广泛应用于探索社会商业中的消费者行为。刺激反应理论的 S-O-R 研究模型为本研究在全渠道零售情境中探讨服务便利对顾客惠顾意向的影响机制和店铺认同感在两者关系中的中介作用提供了坚实的理论基础。根据刺激反应理论可知，处于环境中的个人对环境特征做出的趋近或者规避行为受到个人情绪状态的中介作用。Belk（1975）提出了针对消费者行为研究的刺激反应模型。在顾客决策制定的情境中，刺激（S）是与后续购买行为相关的外部因素。机体（O）是介于刺激和反应的个人内部过程，由感知的、心理的、感觉和思考活动构成（Bagozzi，1986）。顾客自身的认知和情感归属于机体变量。反应（R）代表基于认知和情感反应做出最终行为的结果和决定，包括接近或回避行为（Sherman，1997）。具体而言，顾客感受到来自外部营销环境要素的刺激，其认知和情绪状态会随之发生变化，并最终影响顾客行为反应。顾客在不同的认知和情绪下会产生不同的反应，基于趋利避害的天性，顾客会做出相应行为。随着刺激反应模型在消费行为研究中的广泛应用，刺激物的范围被扩大，包括企业的营销刺激要素和外部环境要素。刺激反应研究框架（S-O-R）被广泛应用于研究零售环境与消费者购物行为之间的关系。例如，Eroglu（2001）在研究网络店铺氛围线索对消费者个人感情与认知影响时指出，由消费者外部感知、购物任务或社交关系引发的情绪反应等是网络店铺氛围中的刺激要素，机体要素则是消费者思维转换过程，反应要素即消费者趋近或规避的购买决策与购买行为。Pantano和 Viassone（2015）将选择渠道可获得性作为环境刺激因素，探讨在多渠道零售环境下实体店对消费者行为影响。基于此，本研究认为顾客在全渠道零售商购物过程中接触到的所有信息和服务都是营销刺激，均能引起顾客不同的态度反应和购买行为。顾客在全渠道零售店铺感受到的积极心理感受是顾客趋近或规避行为的有力的决定因素。在全渠道零售情境下，顾客与零售店铺各个接触界面产生的互动过程是顾客受到营销刺激的过程。全渠道零售情境下服务便利感知是来自于顾客与零售店铺互动而产生的对于时间和精力付出的感受。服务便利是营销刺激作用于顾客之后的内化表现，而顾客惠顾意向是这种内化表现的结果。营销刺激会对顾客购买行为反应产生影响。本研究认为，全渠道零售情境下服务便利会影响顾客惠顾意向，其中服务便利作为刺激变量，顾客惠顾意向作为反应变量。

2. 全渠道零售情境中社会认同理论

社会认同理论为本书探索全渠道零售情境下服务便利对顾客惠顾意向关系影响机理的研究提供了理想的理论视角。根据社会认同理论可知，社会认同是个体对其从属于特定社会群体的认知，以及对个体作为群体成员而言具有的情感和价值意义。社会认同包括认知、评价和情感三种成分（Ellemers et al. , 1999）。在群体关系中个体会为正向自我评价而努力（Tajfel and Turner，1979），个体会竭力寻找与自身有很多共同点的群体，而且会努力提升自身在社会群体中的形象和地位（Bergkvist and Bech，2010）。Bhattacharya 和 Sen（2003）将社会认同拓展到顾客与企业关系层面并提出"顾客—企业"认同的概念。当企业变得与个人相关的时候，顾客认同感将能创造潜在的感情反应（Homburg，2009）。顾客与零售企业之间基于认同感的心理联结，能够对顾客行为起到较强的引导作用。对零售企业认同感强的顾客，会因为这种心理连接作用倾向于与零售企业建立积极的关系，从而在购买和使用产品方面显示出更加积极的行为反应趋向。简而言之，顾客愿意和企业保持长久伙伴关系的基础在于顾客认同该特定零售企业。顾客与全渠道零售商店互动接触时，店铺氛围、店铺特征、服务特征、商品等因素会直接影响顾客对该商店的认同感。当顾客感受到的全渠道零售店铺特征、服务特征、服务便利、购物氛围等与其自身特征相符合时，则会产生对店铺认同感。

本研究认为，顾客在与全渠道零售商互动过程中产生的认同感会激发其态度、承诺等情感上的变化，会在一定程度上影响顾客行为反应。在全渠道零售情境下，顾客对零售店铺认同感可以作为机体变量。

综上所述，本书构建研究模型的理论基础是刺激反应理论、社会认同理论和全渠道零售理论。本书的研究以刺激反应模型（S-O-R）为基础展开，其中刺激变量在研究模型中体现为全渠道零售情境中服务便利，机体变量在研究模型中体现为店铺认同感，反应变量在研究模型中体现为全渠道零售顾客惠顾意向。本书在此基础上提出了全渠道零售情境中服务便利对顾客惠顾意向影响，以及店铺认同感在其中的中介作用这一理论假设，并构建了服务便利、店铺认同感和顾客惠顾意向关系研究模型，对各研究假设进行推导和陈述。

二、研究模型构建

全渠道零售是一种基于信息技术发展和顾客渠道行为升级演化而形成的新模式。全渠道零售消除了零售渠道之间的障碍（Banerjee，2014），是实体店、网店、移动商店等共融互通的渠道融合状态（李飞，2014）。全渠道零售满足了顾客在购物各阶段能随时随地购物、娱乐和社交的综合体验需求，提供渠道间穿梭的无缝最佳购物体验（齐永智和张梦霞，2015）。在全渠道零售情境下，顾客能以便利方式选择惠顾的商店，在购买时间、地点和支付方式等方面也有了更多的选择，能感受到同时使用线上线下渠道购物带来购物时间和精力的节省。同时，顾客全渠道零售店铺认同感会在服务便利与全渠道零售惠顾意向关系中产生不同的作用。服务便利对全渠道零售商店惠顾意向作用机理，以及店铺认同感的中介效应是一个值得探讨的重要问题。

1. 服务便利的结果因素

根据第二章关于服务便利的研究综述可知，众多研究学者（Houston et al.，1998；郭国庆，2012；杨强和庄屹，2014；Prashant Raman，2019）认为，服务便利对顾客购买决定和购买行为具有重大影响，顾客服务便利感知会降低其在购买过程中的非货币成本。顾客对服务便利的感知影响其对服务的综合评价。服务便利对于顾客心理和行为的影响既有直接作用方式，也有间接作用方式。一方面，企业提升服务便利水平能够直接产生更多积极的顾客结果，如正向影响顾客购买意愿和推荐意愿、提升顾客满意度、促进顾客重复购买和保持良好"顾客—企业"关系等。另一方面，企业提升服务便利水平也能够通过其他因素的交互作用对服务结果产生间接影响，如服务便利、顾客满意、服务质量等因素产生交互作用，影响顾客忠诚、行为倾向、重复购买行为等。此外，根据第三章探索性研究结论可知，虽然全渠道零售情境下顾客惠顾行为会表现出个体性差异，但是顾客感知到零售服务方便的程度会影响其光顾全渠道零售店铺的可能性，以及在该全渠道零售商店购买意向。

本研究关注全渠道零售情境下服务便利对顾客惠顾意向的影响。当前，从服务便利视角来理解全渠道零售情境下顾客惠顾意向研究还较为缺乏。有关服务便利对顾客服务结果的研究，主要聚焦于对顾客满意和顾客忠诚影响。事实上，随着全渠道零售商与顾客服务接触界面的增多，顾客在惠顾全渠道商店所感知到时间和努力付出等非货币成本趋于降低。服务便利作为全渠道零售商营造的营销刺激会对顾客惠顾意向产生影响。因此，本研究从顾客感知角度选取访问便利、决策便利、交易便利、转换便利和物流配送便利这五个维度探讨全渠道零售情境下服务便利对顾客惠顾意向的直接作用和间接作用。

2. 店铺认同感的结果因素

根据第二章关于顾客认同感的研究综述可知，众多学者（Kuenzel and Halliday，2010；刘新和杨伟文，2012；李先国，2017）的研究表明，认同对顾客态度及其行为具有积极影响，顾客对企业及其品牌的认同能够产生积极的行为结果。顾客认同感对于顾客心理和行为的影响既有直接作用方式，也有间接作用方式。一方面，顾客认同感会直接影响顾客对企业的认知模式，促使顾客与企业保持长期的关系，同时促使顾客做出支持企业及其品牌的行为，如顾客重复购买、顾客推荐、顾客满意度、情感承诺等。另一方面，认同感对顾客行为的影响可以通过一些中介变量或者调节变量来实现。此外，根据第三章探索性研究结论可知，顾客在惠顾商店时比较青睐于选择那些能代表自己身份和生活方式的全渠道零售商品牌。

本研究关注全渠道零售情境下店铺认同感在服务便利与顾客惠顾意向关系中的中介作用。已有研究表明顾客认同感是一个研究顾客行为意向和行为非常重要的变量，"顾客—企业"认同效应链是传统的以顾客满意为核心的效应链的重要补充（Homburg，2009）。顾客认同感在很多研究变量之间起着中介作用。在全渠道零售情境下，店铺认同感在服务便利感知和顾客惠顾意向之间是否存在中介作用？关于这个问题的研究还较为缺乏。本研究认为店铺认同感本质上是顾客与全渠道零售店铺在互动过程中产生的对零售店铺同一性关系感知，是顾客自我概念与零售店铺特征的重合程度感知。店铺认同感是顾客对全渠道零售商产生认同感的具体化对象。店铺认同感是能够体现顾客与全渠道零售商之间更深层次的关系变量。在全渠道零售情境下顾客接触特定零售商店铺后，顾客会感知与全渠道零售店铺联结程度，以及顾客自我概念特征与该商店特征的关联程度，进而会产生一种店铺认同感和归属感。店铺认同感会直接促使顾客对全渠道零售商店的经营目标产生更为深刻的理解与认知，能够促使顾客对全渠道商店做出积极行为倾向。因此，本研究将店铺认同感作为机体变量，探讨其在服务便利与全渠道零售商顾客惠顾意向之间的作用。

3. 研究模型构建思路

一方面，从文献回顾及探索性研究结果可以看出，在全渠道零售情境下服务便利对顾客惠顾意向存在显著相关关系。顾客视角的全渠道零售商服务绩效研究更多关注顾客满意度、顾客忠诚度等结果变量，而实际上顾客惠顾意向作为衡量顾客与零售企业间互动关系的结果变量比顾客满意度和顾客忠诚度更为准确。由此出发，本研究将服务便利作为自变量，探讨其对于全渠道零售商顾客惠顾意向影响机理。另一方面，顾客认同在营销学和零售学研究领域的重要性受到日益关注。全渠道零售商的经营战略目标之一是构建长期的顾客关系联结以提升其经营绩效。顾客对于全渠道零售店铺认同感能较好地解释当顾客认同了特定全渠道商店后，将会跟这个全渠道零售商建立持久并且牢固的顾客关系。由此出发，本研究将店铺认同感作为中介变量，探讨在全渠道零售情境下顾客视角的店铺认同感对服务便利和顾客惠顾意向关系的影响。

立足于已有研究成果的结论，本研究以刺激反应理论、社会认同理论和全渠道零售理论为基础，通过"刺激—机体—反应"的系统化过程探讨全渠道零售情境下服务便利、店铺认同感对顾客惠顾意向的影响，提出研究框架"服务便利——店铺认同感——顾客惠顾意向"。由此，构建服务便利、店铺认同感与顾客惠顾意向关系的研究模型。该研究模型包括服务便利、店铺认同感和顾客惠顾意向三个研究变量，各个研究变量间的逻辑关系如图 5-1 所示。该研究模型中，服务便利是自变量，店铺认同感同时是自变量、因变量和中介变量，顾客惠顾意向是因变量，探讨全渠道零售情境下服务便利对店铺认同感和顾客惠顾意向的直接作用、店铺认同感的中介作用。本研究将服务便利细化为访问便利、决策便利、交易便利、转换便利和物流配送便利五个变量，各个研究变量在研究模型中的定义如表 5-4 所示；将店铺认同感整合为单一维度的研究变量；将顾客选择意向、顾客购买意向和顾客推荐意向整合为单一维度的全渠道零售商顾客惠顾意向。本研究模型的创新性体现在两方面：一是深入挖掘全渠道零售情境下服务便利维度和顾客惠顾意向维度，研究模型里的访问便利、决策便利、交易便利、转换便利和物流配送便利分别对顾客惠顾意向形成作用机制；二是本研究将店铺认同感作为影响服务便利和顾客惠顾意向之间关系的中介变量。

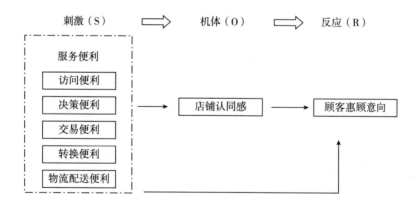

图 5-1　研究模型

资料来源：笔者自制。

表 5-4　研究模型中各个研究变量的定义

研究变量	定义
服务便利	顾客在接受全渠道零售商提供商品和服务的过程中对时间和努力的感受程度
访问便利	顾客在购物前，访问（浏览）全渠道零售商了解其提供的商品和服务时所感知到时间和努力的付出
决策便利	顾客在购物时，对全渠道零售商商品做出购买决定所感知到时间和努力的付出

研究变量	定义
交易便利	顾客在全渠道零售商店完成购物过程中所感知到时间和努力的付出
转换便利	顾客在全渠道零售商店购物过程中转换不同渠道商店所感知到时间和努力的付出
物流配送便利	顾客在全渠道零售商店购物后，取得商品所感知到时间和努力的付出
店铺认同感	顾客与全渠道店铺互动过程中产生的一种积极心理活动，是顾客所感知到全渠道零售店铺特征与其同一性关系及情感依恋的程度
顾客惠顾意向	顾客选择在特定全渠道零售商购买商品和接受服务的行为反应倾向，涉及顾客对从特定全渠道零售商购买商品和向他人推荐可能性的主观性判断

资料来源：笔者自制。

第三节　研究假设

顾客对服务便利性的需求一直在稳步增长（Berry et al.，2002；郭国庆，2006；Seiders et al.，2007；仇立，2019）。全渠道零售环境提高了顾客购买产品和接受服务的便利性感知。顾客在全渠道零售商中花费时间和精力进行购物时，店铺认同感会促使顾客做出支持全渠道零售商及其品牌的行为意图。服务便利和店铺认同感对全渠道零售商顾客惠顾意向至关重要。因此，本研究将服务便利作为全渠道零售商顾客惠顾意向的前因变量，将店铺认同感作为中介变量，构建了全渠道零售情境下服务便利、店铺认同感和顾客惠顾意向关系的研究模型。基于上述研究模型及各个研究变量概念的界定，接下来将从理论上阐述和梳理清楚各个研究变量之间的关系，从而提出相关研究假设。

一、服务便利与店铺认同感的关系框架及研究假设

在服务营销和零售管理的文献中，服务便利是有关顾客行为模式的重要研究论题之一。顾客在零售商购物过程中对便利的感知是对所有服务便利类型的综合性评价，顾客对零售服务便利的需求贯穿于购物全过程（郭国庆，2012；仇立，2017；吴永春，2020）。顾客感知到企业某些属性和服务特征与自我概念相契合，

认为该企业代表的价值观、生活方式、特征等与自己相符，就会对该企业产生较高的认同度。从社会认同理论出发，顾客基于自我定义需要所感知到企业产品、服务、品牌等因素方面的提升，有助于提高企业对顾客吸引力，能够有效地促进顾客认同感的形成，且顾客认同感会对顾客积极行为产生影响。大量研究表明，顾客产生认同感的基础要素是产品和服务（Bhattacharya and Sen，2003；辛璐琦和王兴元，2016；潘海利和黄敏学，2017；薛哲和宁昌会，2017；Ali et al.，2020）。零售商提供便利性服务能较好地满足顾客购物需求，为顾客与其形成身份一致性认知和情感联结奠定了基础（Karaosmanoglu et al.，2013；苏雪梅和杨德宏，2013；杜玉英，2019）。零售服务便利性也可以积极改善享乐和实用购物价值（Lloyd et al.，2011）。提高顾客购物价值是顾客与零售商之间建立认同关系的坚实基础（Nguyen et al.，2012；Luo et al.，2016），服务便利性是提高顾客价值的重要手段（Childers，2001；Colwell et al.，2008）。以往的理论和实证研究也强调服务便利对零售商认同的影响。例如，Dai 和 Salam（2014）在研究网络购物情境时指出，顾客服务便利性会影响其价值感知和情感承诺。Sabine Benoit（2017）指出，服务便利会影响服务型公司并有利于形成正面评价。全渠道零售商创造了一种全新的线上线下相结合的顾客零售服务体验，提供了包括搜索信息、服务网点访问、决策交易、物流配送等方面的便利，以及购物的灵活性（时间和地点），为顾客创造了一个无缝链接的便利购物环境。根据前述研究，全渠道零售商服务便利涉及访问、决策、交易、转换和物流配送等方面零售服务便利感知。对于全渠道零售商而言，优质的、满足顾客需求的服务便利可以形成顾客对商店积极正面的评价，建立与顾客长期稳定的互动关系。

结合众多学者的研究观点和探索性研究结论，本研究界定的服务便利是顾客在接受全渠道零售商提供商品和服务过程中对时间和努力的感受程度，是访问便利、决策便利、交易便利、转换便利和物流配送便利的综合体现。店铺认同感主要依赖于顾客对全渠道商店品牌及其销售商品的认知程度和情感依恋程度。服务便利是影响顾客在全渠道零售商购物决策时的重要因素之一，顾客感知到在访问、决策、交易、转换和物流配送等方面的服务便利可以降低其购物的时间与努力，有利于建立顾客与全渠道零售商和谐稳定的关系，增强顾客对店铺的认同感。顾客对于访问便利、决策便利、交易便利、转换便利和物流配送便利的感知可能都将作用于店铺认同感。基于上述推导过程，本研究提出以下假设：

H1a：访问便利对店铺认同感存在正向影响关系。

H1b：决策便利对店铺认同感存在正向影响关系。

H1c：交易便利对店铺认同感存在正向影响关系。

H1d：转换便利对店铺认同感存在正向影响关系。

H1e：物流配送便利对店铺认同感存在正向影响关系。

二、服务便利与顾客惠顾意向关系框架及研究假设

零售惠顾是现代零售管理领域中比较持久的研究焦点。顾客惠顾意向是顾客选择到特定零售商这一购买行为中所表现出的倾向性，是顾客在内心进行的一种选择，是顾客实际购买行为的重要指示信号。大量研究已经探讨了服务便利对顾客行为意向的影响，并证实了大多数顾客不愿意花很长时间去搜索产品或服务、收集信息和购买商品。由多维度构念组成的零售商整体形象对顾客惠顾行为有正向影响（Wakefield and Baker，1998；宋思根，2006），而服务便利是顾客对零售商形成整体形象的重要因素之一（Rohm and Swaminathan，2004；杨宜苗，2010；Davari，Iyer and Pokonuzzaman，2016；姜参和赵宏霞，2013；汪旭晖和张其林，2014）。服务便利是顾客惠顾与否的重要决定因素之一。关于一些网络零售情境中顾客惠顾意向的相关研究表明，服务便利对顾客惠顾意向问题具有较强的解释力度，零售服务便利能促进顾客在购买过程中心理需要的满足，能最大限度地减少顾客的工作量并提高交易效率，进而对顾客惠顾在线商店的意向产生重要影响（Schaffer，2000；崔楠、崔庆和汪涛，2013；杨强和庄屹，2014；Ailawadi and Farris，2017；Prashant Raman，2019）。服务便利会节约顾客时间和精力，进而影响其情绪及行为（Dewitt et al.，2008），顾客与零售商互动过程中形成的便利形象会促进顾客对品牌使用意愿（Hollebeek and Chen，2014）和购买意图（Islam et al.，2018）。Beck 和 Crié（2018）发现，让顾客在线上享受线下的服务便利，从而有利于增加顾客惠顾意向。吴永春（2020）实证研究发现，消费者对服务便利性的看法与在线零售商快速建立关系存在正向影响，即服务便利性使消费者能够减少在线购物的时间和精力，并提高在线交易的效率。此外，一些学者发现在网络零售情境下，访问便捷性和物流效率对顾客感知便利有非常

重要的影响。快速高效的物流可以节省顾客等待时间，送货上门的便利性有助于增加顾客惠顾意向（Gallino and Moreno，2014；汪振杰、蒲晓敏和李平，2019）。网站访问便捷性反映了顾客可以很容易地获得初始服务交付（Ibrahim Almarashdeh et al.，2018；任俊玲等，2019），增加了顾客对网络商店的兴趣。在服务主导逻辑的背景下（Vargo and Lusch，2004），服务便利性已被视为最重要的零售惠顾行为决定因素之一（Seiders et al.，2007；郭国庆等，2006；Kuo-chien chang et al.，2010；杨强和庄屹，2014；仇立，2019）。全渠道零售打破了销售与购物在时间和空间上的局限，使各类线上线下商店融合与联通，从而给顾客带来了更多便利性服务，这有助于增强顾客惠顾零售商店的行为意图。

结合众多学者的研究观点和探索性研究结论，本研究界定顾客惠顾意向是顾客在选择全渠道零售商时表现出的购买行为意愿，它表明顾客会从特定全渠道零售商店购买商品和接受服务可能性。在全渠道零售情境下，顾客要求零售商更好地了解顾客便利性需求并高效快捷回应其要求。服务便利是影响顾客惠顾全渠道零售商的重要因素之一。在全渠道零售情境下，服务便利反映了顾客在惠顾行为前期、中期、后期的时间和精力投入。顾客感知到全渠道零售商在访问、决策、交易、转换和物流配送等方面的服务便利，可以降低顾客购物的时间与努力，能提高购物过程效率，提升顾客惠顾意向。顾客对访问便利、决策便利、交易便利、转换便利和物流配送便利感知可能都将作用于全渠道零售商惠顾意向。基于上述推导过程，本研究提出以下假设：

H2a：访问便利对顾客惠顾意向存在正向影响关系。

H2b：决策便利对顾客惠顾意向存在正向影响关系。

H2c：交易便利对顾客惠顾意向存在正向影响关系。

H2d：转换便利对顾客惠顾意向存在正向影响关系。

H2e：物流配送便利对顾客惠顾意向存在正向影响关系。

三、店铺认同感与顾客惠顾意向关系框架及研究假设

顾客认同是顾客关系管理领域中的重要研究之一，是顾客与企业之间建立长久而坚固关系的心理基础。在顾客与企业关系的研究中，国内外学者们认为顾客对企业的认同，会促使顾客采取一些包括购买在内的支持企业的行为和积极心理反应。众多研究表明，认同感成为顾客与企业之间强有力的心理纽带，能够直接影响顾客行为意向和行为（Bhattacharya and Sen，2003；Brown，2000；金立印，2006；肖海林和李书品，2017）；认同感较高的顾客更愿意向他人传播有利于企业的信息，对于不利于企业的信息则有较高的回避或抵触意向。Ahearne 等（2005）经实证研究发现，企业外部形象、顾客感知的员工特性和企业特性会正向影响"顾客—企业"认同，同时这种认同感对顾客角色内行为（如：产品购买）和角色外行为（如：口碑传播）有很大的正面影响。Yang（2017）认为有较强认同感的顾客能够向他人推荐公司，对其认同的公司更加忠诚。在早期对零售商店的相关研究中，一些学者（Martineau，1958；Monroe and Guiltinan，1975；Malhotra，1988）发现，顾客在选择商店时会自我制定一套评估准则作为惠顾行为的依据，顾客会惠顾与自我形象一致或与自我概念一致的商店，商店形象越符合顾客自我概念，顾客对该商店惠顾倾向越高。之后，国内外学者关注到认同感对于顾客惠顾意向的正向影响。例如，Netemeyer 等（2012）在服装零售情境中证实了顾客对店铺认同感比顾客满意对顾客消费支出的影响要大。Alexandra 等（2012）的研究表明，自我一致性对消费者零售商店惠顾意向及行为具有积极正面影响。苏雪梅和杨德宏（2013）提出，零售企业可以通过影响顾客认同的形成因素来强化品牌认同，提高顾客对零售企业及其产品的忠诚度，促进购买意愿的产生。

结合众多学者的研究观点和探索性研究结论，本研究界定店铺认同感的定义为反映顾客感知与全渠道零售商店的联结程度，以及商店特征与顾客自我概念特征的关联程度。店铺认同感既涉及顾客对店铺特征和彼此同一性关系的认知，也涉及顾客对店铺的偏爱及情感依恋。店铺认同感满足了顾客自我界定的需求，降低顾客身份属性的不确定性，能够促进顾客自我定义过程的完成。店铺认同感满足了顾客自我评价的需求，有利于保持和增强积极自尊倾向，能够帮助顾客构建其社会身份和情感依恋。顾客对全渠道零售店铺认同感能够增强顾客自身与企业的联结，这种联结关系是维持企业与顾客良好关系的桥梁和纽带，能够促使顾客表现出积极的心理和行为。顾客认同全渠道零售商，对特定全渠道零售店铺的选择意向和行为就变成了顾客表达自我的一种方式。店铺认同感会对顾客购买行为产生正向影响。顾客对全渠道零售店铺认同程度越高，顾客所感知到的该全渠道零售店铺特征就越具有吸引力，顾客就越有可能提高对该全渠道零售店铺惠顾意向。换而言之，顾客对全渠道零售店铺认同感可能将作用于顾客惠顾意向。基于上述推导过程，本研究提出以下假设：

H3：店铺认同感对顾客惠顾意向存在正向影响关系。

四、店铺认同感对服务便利与顾客惠顾意向的中介作用

顾客认同已经被视为比关系质量因素（如顾客信任、顾客承诺和顾客满意）更为有效的构建深层次"顾客—企业"关系的基础（Bhattacharya and Sen，2003）。"前因变量→顾客—企业认同→结果变量"效应链在顾客关系管理和服务管理研究中已经被视为与"前因变量→顾客满意→结果变量"效应链互补的一个重要的逻辑链条（Homburg et al.，2009；康俊、江林和郭益，2014）。经众多研究证实，顾客认同感可以有效地提高顾客的态度性忠诚与购买意向，进而提升企业的财务绩效。顾客认同感已成为解释顾客购买意向的重要前因之一（Kuenzel and Halliday，2010；刘新和杨伟文，2012；谢凤华，2015），而高度的顾客认同感将导致强烈的购买意向（Ashforth and Mael，1989）。顾客认同感会对顾客的判断与行为产生积极影响（Ahearne et al.，2005；金立印，2006；Homburg，2009），顾客认同通过情感价值与社会价值对购买意向产生影响（Kiug et al.，2016）。国内外学者研究表明，认同感在企业行为与顾客行为的关系中具有中介作用。顾客对品牌的认同感能够延伸到对产品的购买意愿、溢价购买、口碑推荐行为上，并验证了品牌认同在态度、行为忠诚的形成过程中起到的中介作用（Rio et al.，2001）。在零售研究领域，学者们探讨了认同感对顾客行为意向的中介作用。沙振权、周飞和叶展慧（2013）论证了"顾客—企业"认同在商业集聚印象与顾客公民行为关系中起到部分中介作用。贺爱忠和李希凤（2016）的研究发现，零售商店绿色产品类别通过"顾客—商店"认同的完全中介作用对惠顾意愿有显著正向影响。姚曦和张梅贞（2021）经实证研究发现，认同感在电商直播零售场景的社会线索与消费者场景的依恋关系中起到完全中介作用。

结合众多学者的研究观点和探索性研究结论，本研究认为店铺认同感会影响

顾客的认知模式和情绪反应，顾客更容易对认同的店铺行为进行正面回应。顾客对全渠道零售商店认同水平越高，顾客越会将认同店铺当作是自我形象和身份的延伸，则顾客越会增加惠顾该商店的次数。全渠道零售服务便利降低了顾客在访问、决策、交易、转换、物流配送服务等方面的时间与努力成本，提高了顾客感知价值和关系质量，有助于顾客对全渠道零售店铺产生认同感。店铺认同感作为一种机体反应，在全渠道零售商服务便利的刺激作用下可以使顾客产生惠顾该全渠道零售商的意向，也就是说店铺认同感对服务便利与顾客惠顾意向起到了中介作用。顾客通过访问、决策、交易、转换和物流配送等方面对全渠道商服务便利表现进行评价，在感知商店个性形象与自身个性形象一致的情况下产生认同感，进而吸引顾客到店消费并且向周围人推荐该商店，提升全渠道零售商惠顾意向。基于此，本研究提出以下假设：

H4a：店铺认同感在访问便利对顾客惠顾意向的影响中起中介作用。

H4b：店铺认同感在决策便利对顾客惠顾意向的影响中起中介作用。

H4c：店铺认同感在交易便利对顾客惠顾意向的影响中起中介作用。

H4d：店铺认同感在转换便利对顾客惠顾意向的影响中起中介作用。

H4e：店铺认同感在物流配送便利对顾客惠顾意向的影响中起中介作用。

五、控制变量与顾客惠顾意向的关系

本研究认为，由于不同顾客个体情况、接触全渠道零售商时间及频率存在差异，相应地表现出来的顾客惠顾意向也有所差异。因此，本研究也将探讨不同顾客个体特征和行为特征对顾客惠顾意向是否存在差异化影响。

六、研究假设汇总

本章结合已有理论研究成果和探索性研究结论，基于刺激反应理论、社会认同理论和全渠道零售理论构建了本书的研究模型。然后，对全渠道零售情境下服务便利对店铺认同感的影响、服务便利对顾客惠顾意向的影响、店铺认同感对顾客惠顾意向的影响，以及店铺认同感对服务便利与顾客惠顾意向中起到的中介作用，都进行了严密的假设推导。具体研究假设如表5-5所示。

表 5-5　研究假设汇总表

假设类型	假设序号	假设内容
服务便利与店铺认同感的关系假设	H1a	访问便利对店铺认同感存在正向影响关系
	H1b	决策便利对店铺认同感存在正向影响关系
	H1c	交易便利对店铺认同感存在正向影响关系
	H1d	转换便利对店铺认同感存在正向影响关系
	H1e	物流配送便利对店铺认同感存在正向影响关系
服务便利与顾客惠顾意向的关系假设	H2a	访问便利对顾客惠顾意向存在正向影响关系
	H2b	决策便利对顾客惠顾意向存在正向影响关系
	H2c	交易便利对顾客惠顾意向存在正向影响关系
	H2d	转换便利对顾客惠顾意向存在正向影响关系
	H2e	物流配送便利对顾客惠顾意向存在正向影响关系
店铺认同感与顾客惠顾意向的关系假设	H3	店铺认同感对顾客惠顾意向存在正向影响关系
店铺认同感对服务便利与顾客惠顾意向的中介作用假设	H4a	店铺认同感在访问便利对顾客惠顾意向的影响中起中介作用
	H4b	店铺认同感在决策便利对顾客惠顾意向的影响中起中介作用
	H4c	店铺认同感在交易便利对顾客惠顾意向的影响中起中介作用
	H4d	店铺认同感在转换便利对顾客惠顾意向的影响中起中介作用
	H4e	店铺认同感在物流配送便利对顾客惠顾意向的影响中起中介作用

资料来源：笔者自制。

第四节　本章小结

在第二、第三和第四章研究的基础上，首先，本章回顾并总结了服务便利概念及维度，界定店铺认同感和顾客惠顾意向两个关键概念及其内涵。其次，本章以刺激反应理论、社会认同理论和全渠道零售理论为基础，通过"刺激—机体—反应"（S-O-R）的系统化过程探讨全渠道零售情境下服务便利对顾客惠顾意向的影响，分析了店铺认同感在服务便利对顾客惠顾意向影响中的中介作用，提出研究框架"服务便利——店铺认同感——顾客惠顾意向"，构建了服务便利、店铺认同感和顾客惠顾意向关系研究模型。在该模型中，服务便利是自变量，店铺认同感同时是自变量、因变量和中介变量，顾客惠顾意向是因变量。其中，服务便利包括访问便利、决策便利、交易便利、转换便利和物流配送便利五个构念维度。最后，本章从顾客感知角度选取访问便利、决策便利、交易便利、转换便利和物流配送便利五个构念维度探讨全渠道零售情境下服务便利对顾客惠顾意向的直接作用，以及对店铺认同感的直接作用，探讨店铺认同感对顾客惠顾意向的直接作用，以及店铺认同感在服务便利和顾客惠顾意向之间的中介作用。基于此，本章进一步提出了 4 类共计 16 个研究假设，主要包括：服务便利对店铺认同感存在正向影响关系的研究假设，即访问便利、决策便利、交易便利、转换便利和物流配送便利分别对店铺认同感存在正向影响关系；服务便利对全渠道零售商顾客惠顾意向存在正向影响关系的研究假设，即访问便利、决策便利、交易便利、转换便利和物流配送便利分别对全渠道零售商顾客惠顾意向存在正向影响关系；店铺认同感对全渠道零售商顾客惠顾意向存在正向影响关系的研究假设；店铺认同感在访问便利、决策便利、交易便利、转换便利和物流配送便利对全渠道零售商顾客惠顾意向的影响中起中介作用的研究假设。上述研究假设为下一章的研究设计提供了基础。

第六章　实证研究设计与数据收集

在前四章研究基础上，本章将对本书的实证研究设计展开讨论，主要包括四部分内容。首先，介绍本书的实证研究设计程序、问卷设计思路和研究数据分析方法；其次，回顾第四章开发并检验的全渠道零售服务便利量表，说明店铺认同感和顾客惠顾意向两个研究变量的测量题项内容，形成全渠道零售情境下服务便利、店铺认同感与顾客惠顾意向关系研究初始量表；再次，通过小样本检验修正和完善初始量表，形成最终测量量表；最后，进行正式问卷发放和数据收集工作，为下一阶段数据分析和结果讨论打下基础。

第一节　实证研究设计

一、实证研究设计

为了得到可靠的研究结论，在文献综述、探索性研究和理论模型构建基础上，本章将进行实证设计以使研究方法科学合理、研究过程完善有序。本书实证研究设计包括六个环节，分别是初始量表开发、小规模专家访谈、预调查、正式问卷调查、研究数据分析、假设检验和结果讨论。具体实证研究程序如图 6-1 所示：

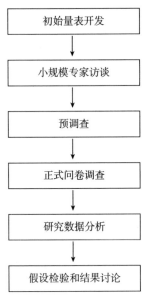

初始量表开发

↓

小规模专家访谈

↓

预调查

↓

正式问卷调查

↓

研究数据分析

↓

假设检验和结果讨论

图 6-1　实证研究程序

资料来源：笔者自制。

第一步，梳理通过检验的全渠道零售服务便利量表，整合和筛选与全渠道零售情境中店铺认同感、顾客惠顾意向构念一致的量表题项，形成初始测量量表。第二步，在此基础上采用小规模专家访谈法，对全渠道零售情境下服务便利、店铺认同感与顾客惠顾意向关系研究初始量表的相关陈述题项进行整理、归纳、提炼和修改得到预调查问卷。第三步，开展预调查检验初始测量量表。在小范围内发放预调查问卷，对预调查问卷进行信度分析和探索性因子分析，进一步完善调查问卷，得到全渠道零售情境下服务便利、店铺认同感与顾客惠顾意向关系研究的正式调查问卷。第四步，发放正式调查问卷，开展正式调查收集数据。第五步，开展研究数据分析工作，对正式调查问卷数据进行描述性统计分析、信度分析和效度分析、共同方法偏差检验、方差分析等。第六步，采用结构方程模型分析进行研究假设验证，并对研究结果进行讨论。

二、问卷设计

1. 问卷设计过程

开展实证研究，必须要通过精准的问卷设计与调查才能确保实证研究的质量。本研究问卷设计采用李克特 5 级量表对访问便利、决策便利、交易便利、转换便利、物流配送便利、店铺认同感和顾客惠顾意向等研究变量进行测量，由被受访者基于自己对全渠道零售商的实际感受进行填写。每份问卷所有问题项都由同一个受访者根据其主观意愿回答，可能出现测量变量和效标变量之间的偏差。Fowler（2013）提出问卷调查结果出现偏差的主要原因是受访者不了解测量题项的相关信息、不能回忆测量题项所涉及的相关信息、不愿意认真回答测量题项，以及不能够完全充分理解测量题项的内涵。合理的问卷设计将有效地规避上述问题，并且使实证研究结果更加可靠。

本研究对全渠道零售情境下服务便利、店铺认同感与顾客惠顾意向关系进行调查问卷设计，参照了国内外众多学者的研究文献和探索性研究成果，并通过科学的流程确保问卷的合理性和可操作性。该调查问卷设计具体过程为：首先，在借鉴有关服务便利的国内外研究文献和探索性研究基础上，对全渠道零售情境下服务便利量表进行开发研究并检验了其有效性和稳定性；其次，参照了众多国内外权威学者关于店铺认同感和顾客惠顾意向的研究文献，根据访谈和探索性分析结果，明晰全渠道零售情境下店铺认同感和顾客惠顾意向测量题项；最后，通过专家评价和问卷小规模测试以确保问卷设计质量，对回收的有效问卷进行信度分析和探索性因子分析以确保问卷的科学性，明确是否需要删除和修正题项，进而形成较为科学的正式问卷。

2. 问卷结构

全渠道零售情境下服务便利、店铺认同感与顾客惠顾意向关系调查问卷由四部分组成。第一部分为卷首语，对研究目的进行了说明；然后，通过答题说明，指出问卷的问题答案无对错之分；特别说明问卷是匿名填写的，所获取数据仅用于学术研究并会对问卷信息严格保密，以此打消受访者关于隐私泄露的顾虑，有利于问卷问题项的填写。第二部分为受访者全渠道购物经历相关情况，设有两个筛选题项"您是否曾经在全渠道零售商购买过商品？"和"您是否曾经选择过两种以上渠道在特定全渠道零售商店购买过商品"，任意一个筛选题项回答为"否"均为无效问卷。第三部分为问卷主体内容，包括访问便利、决策便利、交易便利、转换便利、物流配送便利、店铺认同感、顾客惠顾意向等研究变量的测量题项。第四部分为受访者的个人信息（包括性别、年龄、学历、收入和职业等）、受访者接触全渠道商店的时间及接触频率。

三、研究数据分析方法

本研究数据分析工具为统计分析软件 SPSS 26.0 和结构方程模型软件 Smart PLS 3.0。首先，本研究使用 SPSS 26.0 进行描述性统计分析，对调研样本的基本特征和研究变量进行描述说明，初步对本次研究数据是否符合进一步研究的合理性进行评估。其次，对研究数据的信度和效度进行分析，并进行共同方法偏差检验和方差分析。最后，通过使用 SmartPLS 3.0 对本研究提出的理论模型进行路径分析，以验证本研究提出假设。

1. 描述性统计分析

描述性统计分析主要运用 SPSS 26.0 对调研样本基本分布情况（包括性别、年龄、受教育程度、职业、收入等）、全渠道零售商接触时间及频率、研究变量（访问便利、决策便利、交易便利、转换便利、物流配送便利、店铺认同感、顾客惠顾意向等）进行描述说明。通过百分比、极大值、极小值、均值、标准差等统计量，形成对样本数据分布情况和整体结构的了解。

2. 信度和效度检验

信度表示同一指标各题目间的可靠性和一致性。本研究用 Cronbach's α 值和组合信度（CR）检验数据信度。此外，本研究还通过修正后的项目总相关值（CITC）来判断是否要删除的题项。

效度表示样本数据是否准确测量构念，包括内容效度和结构效度。其中，结构效度又分为收敛效度和区分效度。对结构效度的检验，本研究通过平均方差抽取量（AVE）和因子载荷系数判断收敛效度；通过 AVE 值平方根、变量的相关系数和 HTMT 值判断区分效度。

3. 共同方差偏差检验

在分析数据验证假设之前，采用 Harman's 单因子检验方法进行共同方差偏差检验以评估数据质量。对研究变量所涉及的全部题项做因子分析，如果第 1 个因子的最大方差贡献率不超过 50%，那么可以说明没有出现严重的共同方差偏差情况（Podsakoff and Organ，1986；周浩和龙立荣，2004）。

4. 方差分析

采用 SPSS 26.0 进行方差分析，用单因子方差分析（ANOVA）检验控制变量对因变量的影响。当方差齐性满足时，采用最小显著性差异法对均值进行两两比较讨论；当方差齐性不满足时，采用 Tamhane 法对均值进行两两比较讨论。

5. 假设检验

通过结构方程模型（SEM）方法进行路径分析，通过观测路径的显著性进行假设检验。结构方程模型由一个使用一个或多个观测变量来定义潜变量的测量模型和一个估算潜变量之间关系的结构模型两个子模型组成（Bollen，1989）。作为一种多元数据统计方法，结构方程模型（SEM）方法用于分析测量题项与潜变量之间的关系、潜变量与潜变量之间的假设关系，检验多个潜变量之间的关系（如中介检验）。

结构方程模型在计算方法上主要有两种：基于协方差的极大似然估计方法和基于方差的偏最小二乘方法。本研究采用偏最小二乘法（Partial Least Squares，PLS）验证研究模型。本研究选择偏最小二乘法来验证假设的主要原因是：第一，偏最小二乘法采用基于成分的统计方法，可以同时处理构成式和反映式测量结构；第二，偏最小二乘法对残差分布和数据样本的要求比较宽松并且对中、小规模样本和研究模型的处理较为优越，被认为适用于新理论的构建和测量；第三，偏最小二乘法已成为诸多发表在高水平期刊上的论文所应用的研究分析方法。

第二节　研究变量测量

本书需要测量的研究变量包括全渠道零售服务便利（访问便利、决策便利、交易便利、转换便利、物流配送便利）、店铺认同感及顾客惠顾意向。本书对研究变量的测量分三种情况：第一，根据本研究对研究变量的界定，在参考国内外与之相关研究文献的基础上，综合营销领域专家学者的意见，自行设计相应的测度量表，如本书第四章对全渠道零售服务便利变量测量量表的开发；第二，参考现有文献的成熟量表，结合全渠道零售情境，对其中部分测量题项进行完善和修改，如店铺认同感变量；第三，直接采纳现有国内外文献的成熟量表，考虑全渠道零售情境仅对量表措辞上进行适应性的修改，如顾客惠顾意向变量。

一、服务便利测量

由于第四章已对全渠道服务便利测量量表进行了开发和检验，所以这里主要对于该变量测量题项进行梳理回顾。全渠道零售服务便利研究变量测量量表包括访问便利、决策便利、交易便利、转换便利和物流配送便利 5 个测量维度 26 个测量题项（见表 6-1）。其中，访问便利涉及顾客在购物前访问（浏览）全渠道零售商了解其提供商品和服务时所感知到的时间和努力付出；决策便利涉及顾客在购物时对全渠道零售商商品做出购买决定时所感知到的时间和努力付出；交易便利涉及顾客在全渠道零售商店完成购物过程中所感知到的时间和努力付出；转换便利涉及顾客在全渠道零售商店购物过程中转换不同渠道商店所感知到的时间和努力付出；物流配送便利涉及在全渠道零售商店购物后获取商品时所感知到的时间和努力付出。

表 6-1 全渠道零售服务便利测量量表

维度	编码	题项	来源
访问便利	AB1	该全渠道零售商服务网点方便到达	本研究整理
	AB2	该全渠道零售商线上线下商店方便访问	
	AB3	该全渠道零售商线上线下商店商品分类直观，方便浏览	
	AB4	该全渠道零售商线上线下商店购物指示清晰，方便选择	
	AB5	该全渠道零售商线上线下商店方便找到所需商品	
	AB6	该全渠道零售商顾客评论方便获取	
	AB7	该全渠道零售商商品信息方便搜索	
决策便利	BB1	该全渠道零售商线上线下商店商品种类一致，方便购买	本研究整理
	BB2	该全渠道零售商线上线下商店商品质量一致，方便购买	
	BB3	该全渠道零售商线上线下商店促销信息一致，方便购买	
	BB4	该全渠道零售商线上线下商店销售服务快捷，方便购买	

续表

维度	编码	题项	来源
交易便利	CB1	该全渠道零售商线上线下商店购物过程简单方便	本研究整理
	CB2	该全渠道零售商线上线下商店购物互动交流方便	
	CB3	该全渠道零售商线上线下商店购物下单方便	
	CB4	该全渠道零售商线上线下商店购物支付方便	
	CB5	该全渠道零售商线上线下商店取消订单方便	
	CB6	该全渠道零售商线上线下商店退换货方便	
转换便利	DB1	该全渠道零售商线上线下商店购物转换方便	本研究整理
	DB2	该全渠道零售商线上线下商店购物转换快捷	
	DB3	该全渠道零售商线上线下商店购物转换简单	
	DB4	该全渠道零售商线上线下商店购物转换轻松	
物流配送便利	EB1	该全渠道零售商提供线下店配送到家服务，购物方便	本研究整理
	EB2	该全渠道零售商提供网上下单、送货上门服务，购物方便	
	EB3	该全渠道零售商提供网上下单、提货网点自提服务，购物方便	
	EB4	该全渠道零售商及时响应订单、快速发货，购物方便	
	EB5	该全渠道零售商在承诺时间送达商品，购物方便	

资料来源：笔者自制。

二、店铺认同感测量

本研究将店铺认同感界定为顾客与全渠道零售商店互动过程中产生的一种积极心理活动，是顾客对全渠道零售商店与其同一性关系的认知。顾客这种积极心理活动反映了顾客所感知到全渠道零售商店特征与其自我概念的契合程度。店铺认同感是顾客对全渠道零售商店内在价值认知和情感依恋，反映了顾客对全渠道商店特征与其相符程度的认知，以及顾客对全渠道商店品牌的情感依恋程度。

本研究主要参考 Bergami 和 Bagozzi（2000）、Bhattacharya 和 Sen（2003）、Lichtenstein（2010）、Netemeyer 等（2012）、杨宜苗（2015）和郑启迪（2017）等关于顾客感知企业认同感的测度量表，并结合全渠道零售店铺的特点对量表的部分测量条款进行了适应性修改，初步设计了包括 6 个题项的店铺认同感测量量表（见表6-2）。

表 6-2   全渠道零售店铺认同感测量量表

维度	编码	题项	来源
店铺认同感	RT1	我认为该全渠道零售商店符合自己的个性	Bergami 和 Bagozzi（2000）、Bhattacharya 和 Sen（2003）、Lichtenstein（2010）、Netemeyer 等（2012）、杨宜苗（2015）、郑启迪（2017）等
	RT2	我认为该全渠道零售商店能代表自己的生活方式	
	RT3	我认为该全渠道零售商店能代表自己的身份	
	RT4	我很自豪成为该全渠道零售商店的顾客	
	RT5	我会对该全渠道零售商店产生归属感	
	RT6	我会对该全渠道零售商店产生依恋感	

三、顾客惠顾意向测量

本研究将顾客惠顾意向界定为顾客选择在特定全渠道零售商购买商品和接受服务行为反应倾向，顾客对从特定全渠道零售商购买商品和向他人推荐可能性的主观性判断。本研究将顾客选择意向、顾客购买意向和顾客推荐意向整合为单一维度的全渠道零售商惠顾意向进行测量。

本研究主要参考 Baker（2002），Zolfagharian 和 Paswan（2009），梁健爱（2014），贺爱忠和李希凤（2016），董京京、许正良和方琦（2018）等关于顾客惠顾意向的测度量表，并结合全渠道零售情境对量表中部分测量条款进行完善和修改，初步设计了全渠道零售商顾客惠顾意向测量量表（见表6-3）。

表 6-3   全渠道零售商顾客惠顾意向测量量表

维度	编码	题项	来源
顾客惠顾意向	GH1	我愿意选择光顾（浏览）该全渠道零售商	Baker（2002），Zolfagharian 和 Paswan（2009），梁健爱（2014），贺爱忠和李希凤（2016），董京京、许正良和方琦（2018）等
	GH2	我愿意到该全渠道零售商购买所需商品	
	GH3	我愿意向他人推荐该全渠道零售商	
	GH4	我愿意向他人推荐该全渠道零售商商品	

四、控制研究变量测量

为了检测假设检验和减少控制变量对顾客惠顾意向的影响，本研究选取了全渠道零售商顾客的性别、年龄、受教育水平、收入和接触全渠道零售商的时间及频率作为控制变量。其中，性别、年龄、受教育水平和收入四个控制变量代表了顾客不同的人口统计特征，接触全渠道零售商的时间和频率代表了顾客惠顾全渠道零售商的行为特征。

第三节　小样本检验

预调查是通过一系列严谨的数据分析过程，以检验调查问卷的科学性。预调查的重要步骤是测量量表的信度和效度检验。本研究通过小规模专家访谈和小样本检验，对全渠道零售情境下服务便利、店铺认同感与顾客惠顾意向关系研究测量量表进行信度和探索性因子分析（EFA），来修改初始设计量表中出现的各种问题，从而降低正式调查问卷中的出错概率，形成最终的全渠道零售情境下服务便利、店铺认同感与顾客惠顾意向关系研究测量量表，从而保证后续实证研究结果的正确性和可靠性。

一、初始量表构建

为了保证测量量表的合理性及语意的通畅性，本研究在全渠道零售情境下服务便利、店铺认同感与顾客惠顾意向关系研究初始量表设计好以后，邀请了五位营销领域专家对初始量表进行咨询。专家访谈内容主要包括：研究框架是否合理；全渠道零售服务便利、店铺认同感与顾客惠顾意向研究变量的测量题项是否涵盖研究变量的所有内容；各个题项的措辞理解起来是否清晰无歧义，是否有需要合并或删除题项等。

根据五位营销领域专家的意见，本研究进一步明确得到了全渠道零售情境下服务便利、店铺认同感与顾客惠顾意向关系研究初始量表（见表6-4）。

二、预调查样本特征描述性统计

预调查在2021年11月进行，选取问卷发放对象是有过全渠道零售商购物经历的某高校大学生。预调查共计发放调查问卷200份，回收的有效问卷为139份，回收问卷的有效率为 69.50%。预调查样本特征描述性统计如表 6-5 所示。

表 6-4　服务便利、店铺认同感与顾客惠顾意向关系研究初始量表

维度	编码	题项
访问便利	AB1	该全渠道零售商服务网点方便到达
	AB2	该全渠道零售商线上线下商店方便访问
	AB3	该全渠道零售商线上线下商店商品分类直观，方便浏览
	AB4	该全渠道零售商线上线下商店购物指示清晰，方便选择
	AB5	该全渠道零售商线上线下商店方便找到所需商品
	AB6	该全渠道零售商顾客评论方便获取
	AB7	该全渠道零售商商品信息方便搜索
决策便利	BB1	该全渠道零售商线上线下商店商品种类一致，方便购买
	BB2	该全渠道零售商线上线下商店商品质量一致，方便购买
	BB3	该全渠道零售商线上线下商店促销信息一致，方便购买
	BB4	该全渠道零售商线上线下商店销售服务快捷，方便购买
交易便利	CB1	该全渠道零售商线上线下商店购物过程简单方便
	CB2	该全渠道零售商线上线下商店购物互动交流方便
	CB3	该全渠道零售商线上线下商店购物下单方便
	CB4	该全渠道零售商线上线下商店购物支付方便
	CB5	该全渠道零售商线上线下商店取消订单方便
	CB6	该全渠道零售商线上线下商店退换货方便
转换便利	DB1	该全渠道零售商线上线下商店购物转换方便
	DB2	该全渠道零售商线上线下商店购物转换快捷
	DB3	该全渠道零售商线上线下商店购物转换简单
	DB4	该全渠道零售商线上线下商店购物转换轻松
物流配送便利	EB1	该全渠道零售商提供线下店配送到家服务，购物方便
	EB2	该全渠道零售商提供网上下单、送货上门服务，购物方便
	EB3	该全渠道零售商提供网上下单、提货网点自提服务，购物方便
	EB4	该全渠道零售商及时响应订单、快速发货，购物方便
	EB5	该全渠道零售商在承诺时间送达商品，购物方便
店铺认同感	RT1	我认为该全渠道零售商店符合自己的个性
	RT2	我认为该全渠道零售商店能代表自己的生活方式
	RT3	我认为该全渠道零售商店能代表自己的身份

续表

维度	编码	题项
店铺认同感	RT4	我很自豪成为该全渠道零售商店的顾客
	RT5	我会对该全渠道零售商店产生归属感
	RT6	我会对该全渠道零售商店产生依恋感
顾客惠顾意向	GH1	我愿意选择光顾（浏览）该全渠道零售商
	GH2	我愿意到该全渠道零售商购买所需商品
	GH3	我愿意向他人推荐该全渠道零售商
	GH4	我愿意向他人推荐该全渠道零售商商品

资料来源：笔者自制。

表6-5 预调查样本特征描述性统计

	特征	频数（人）	百分比（%）
性别	男	69	49.64
	女	70	50.36
年龄	20岁及以下	76	54.67
	21~30岁	63	45.33
受教育水平	大专	11	7.91
	本科	95	68.35
	研究生	33	23.74
职业	学生	139	100
月收入（学生为每月可支配消费金额）	2000元及以下	92	66.19
	2001~4000元	47	33.81
接触全渠道零售商的时间	1年以内	23	16.55
	1~2年	57	41.00
	2~3年	38	27.34
	3年及以上	21	15.11
每月平均接触全渠道零售商次数	2次及以下	53	38.13
	3~5次	37	26.62
	6~8次	28	20.14
	9次及以上	21	15.11

资料来源：笔者根据回收有效问卷整理。

三、初始量表信度分析

本研究采用 Cronbach's α 值和修正的项目总相关值（CITC）对初始量表进行信度检验，通过项目总相关值（CITC）判断确定是否存在需要删除的测量题项。根据 Nunnally 探索性研究采用标准，因子的 Cronbach's α 系数大于 0.6，且 CITC 不低于 0.5 才可保留，否则应删除对应题项。

1. 服务便利初始量表的信度分析

如表 6-6 分析结果显示，服务便利初始量表的整体 Cronbach's α 值为 0.904；分量表中各维度的 Cronbach's α 系数分别为：访问便利为 0.859，决策便利为 0.835，交易便利为 0.876，转换便利为 0.891，物流配送便利为 0.893；全部大于 0.7，达到适宜标准。另外，所有题项的 CITC 值在 0.577~0.843，大于 0.5 的标准。因此，所有题项全部通过信度检验，服务便利初始量表的内部一致性信度较好。

表 6-6 服务便利初始量表的信度检验结果

检验结果	维度	题项	CITC	项目删除后的 α	Cronbach's α
服务便利 Cronbach's α = 0.904	访问便利	AB1	0.702	0.813	0.859
		AB2	0.781	0.775	
		AB3	0.756	0.801	
		AB4	0.715	0.828	
		AB5	0.739	0.837	
		AB6	0.717	0.803	
		AB7	0.742	0.798	
	决策便利	BB1	0.626	0.776	0.835
		BB2	0.577	0.753	
		BB3	0.632	0.829	
		BB4	0.732	0.822	
	交易便利	CB1	0.784	0.864	0.876
		CB2	0.791	0.831	
		CB3	0.772	0.806	
		CB4	0.706	0.791	
		CB5	0.843	0.815	
		CB6	0.784	0.834	

续表

检验结果	维度	题项	CITC	项目删除后的 α	Cronbach's α
服务便利 Cronbach's α＝0.904	转换便利	DB1	0.687	0.799	0.891
		DB2	0.742	0.822	
		DB3	0.728	0.843	
		DB4	0.781	0.878	
	物流配送便利	EB1	0.679	0.858	0.893
		EB2	0.788	0.876	
		EB3	0.792	0.884	
		EB4	0.699	0.848	
		EB5	0.703	0.887	

资料来源：笔者根据 SPSS 26.0 软件输出结果整理。

2. 店铺认同感初始量表的信度分析

如表 6-7 的分析结果显示，店铺认同感初始量表的整体 Cronbach's α 值为 0.894，全部大于 0.7，达到适宜标准。但是，通过表中各题项的项目修正总相关值（CITC）和删除该题项后的 Cronbach's α 系数，可以看到店铺认同感初始量表可删除 RT3、RT5、RT6 三个题项。具体情况如下：店铺认同感初始量表的 RT3、RT5、RT6 三个题项修正项目总相关值（CITC）分别为 0.273、0.313、0.387，均小于 0.5 的标准，而且删除这三个题项后的 Cronbach's α 系数值大于该量表的整体 Cronbach's α 系数值。根据题项删减标准，说明删减 RT3、RT5、RT6 题项后，店铺认同感量表的信度会得到提升。因此，本研究考虑在后续分析中删除 RT3、RT5、RT6 题项。

表 6-7 店铺认同感初始量表的信度检验结果

检验结果	题项	CITC	项目删除后的 α
店铺认同感 Cronbach's α＝0.894	RT1	0.729	0.801
	RT2	0.741	0.833
	RT3	0.273	0.912
	RT4	0.784	0.873
	RT5	0.313	0.952
	RT6	0.387	0.909

资料来源：笔者根据 SPSS 26.0 软件输出结果整理。

3. 顾客惠顾意向初始量表的信度分析

如表6-8的分析结果显示，顾客惠顾意向初始量表的整体Cronbach's α值为0.831，大于0.7，达到适宜标准；所有题项的 Cronbach's α 值在 0.759~0.824；均小于0.831，说明再删除任何测量题项都不会提高内部一致性。另外，所有题项的 CITC 值在 0.675~0.783，大于 0.5 的标准。因此，所有题项全部通过信度检验，顾客惠顾意向初始量表的内部一致性信度较好。

表6-8　顾客惠顾意向初始量表的信度检验结果

检验结果	题项	CITC	项目删除后的 α
顾客惠顾意向 Cronbach's α = 0.831	GH1	0.783	0.811
	GH2	0.761	0.824
	GH3	0.675	0.763
	GH4	0.733	0.759

资料来源：笔者根据 SPSS 26.0 软件输出结果整理。

四、初始量表探索性因子分析

本研究对预调查回收数据通过探索性因子分析（EFA）进行效度检验需要通过 KMO 值和 Bartlett 球形检验判断是否适合进行探索性因子分析，然后通过共同因子分析，提取共同因子和确定删除题项。KMO 值和 Bartlett 球形检验的标准如表6-9所示。之后，参考旋转后的成分矩阵，以确定量表中有哪些题项可能被删除。一般认为，出现以下情况可以考虑删除该题项：第一，单独一个测量题项自成一个因子时，予以删除；第二，测量题项因子载荷的绝对值小于0.5时，予以删除；第三，测量题项的因子载荷全都小于0.5或者两个测量题项的因子载荷大于0.5时，予以删除。

表6-9　KMO 值和 Bartlett 球形检验标准

检验指标	取值范围	代表意义
KMO 值	大于 0.90	非常适合进行 EFA
	0.80~0.90	很适合进行 EFA

续表

检验指标	取值范围	代表意义
KMO 值	0.70~0.80	适合进行 EFA
	0.60~0.70	不太适合进行 EFA
	0.50~0.60	勉强可以进行 EFA
	小于 0.50	不适合进行 EFA
Bartlett 球形检验	显著性异于 0	适合进行 EFA

资料来源：笔者整理。

1. 服务便利初始量表的探索性因子分析

在前面的研究设计中，全渠道零售情境下服务便利分为访问便利、决策便利、交易便利、转换便利和物流配送便利五个构念维度共 26 个测量题项。首先需要对该量表的测量题项进行 KMO 值和 Bartlett 球形检验，其次确定是否适合进行因子分析，最后才能进行探索性因子分析。服务便利探索性因子分析结果如表 6-10 所示。从分析结果来看，服务便利测量题项的 KMO 值为 0.912，大于 0.8，并且 Bartlett 球形检验的近似卡方分配值为 1916.579，自由度为 190，显著性水平为 0.000，说明变量之间存在共同因子，量表结构效度良好，适合进行探索性因子分析。进行服务便利探索性因子分析时，限定抽取五个共同因子，进行主成分分析，并采取最大方差法旋转，五个共同因子旋转后的解释特征值分别是 3.037、2.103、1.108、1.038 和 1.241，合计可以解释全部测量题项的 84.586%。服务便利的 26 个测量题项共提取了五个共同因子，26 个题项的因子载荷量大于 0.5 的最低标准，均在所属的维度下没有出现交叉负载现象。这表明该量表通过了探索性因子分析的效度检验。经过探索性因子分析，本研究最终确定服务便利包括 26 个测量题项。

表 6-10 服务便利探索性因子分析结果

测量题项	因子载荷量				
	第一类因子	第二类因子	第三类因子	第四类因子	第五类因子
AB1	0.833				
AB2	0.737				

测量题项	因子载荷量				
	第一类因子	第二类因子	第三类因子	第四类因子	第五类因子
AB3	0.821				
AB4	0.742				
AB5	0.716				
AB6	0.703				
AB7	0.767				
BB1		0.756			
BB2		0.819			
BB3		0.727			
BB4		0.753			
CB1			0.701		
CB2			0.723		
CB3			0.769		
CB4			0.752		
CB5			0.838		
CB6			0.764		
DB1				0.753	
DB2				0.727	
DB3				0.829	
DB4				0.872	
EB1					0.706
EB2					0.753
EB3					0.787
EB4					0.711
EB5					0.769
KMO 值	0.912				
Bartlett's 球形检验	近似卡方		1916.579		
	df（自由度）		190		
	Sig.（显著性概率）		0.000		
因子解释特征值	3.037	2.103	1.108	1.038	1.241
累计可解释方差比例（%）	30.371	51.405	61.792	72.172	84.586

资料来源：笔者根据 SPSS 26.0 软件输出结果整理。

2. 店铺认同感初始量表的探索性因子分析

在前面的研究设计中，全渠道零售情境下店铺认同感确定为 1 个构念维度的 6 个测量题项。从店铺认同感探索性因子分析的结果来看，店铺认同感量表 KMO 值为 0.821，大于 0.7，并且 Bartlett 球形检验的近似卡方分配值为 965.876，自由度为 63，显著性概率在 0.001 水平以下显著，说明变量之间存在共同因子，量表结构效度良好，适合进行探索性因子分析。本研究基于特征值大于 1 抽取共同因子，进行主成分分析，共同因子的特征值达到 3.979，累计可以解释全部测量题项的 59.148%。由于店铺认同感的 6 个题项共提取一个共同因子，其中 RT1、RT2、RT4 三个题项因子载荷量均大于 0.7，高于 0.5 的最低标准，而 RT3、RT5、RT6 三个题项的因子载荷量分别为 0.273、0.412、0.298，低于 0.5 的最低标准，所以确定删除这三个题项。将 RT3、RT5、RT6 这三个题项删除之后，再次进行因子分析，分析结果如表 6-11 所示。从表 6-11 可以看出，删除题项后店铺认同感每个测量题项的因子载荷均大于 0.7，高于 0.5 的最低标准。因此，对于店铺认同感考虑保留 3 个测量题项。

表 6-11 店铺认同感探索性因子分析结果

测量题项	因子载荷	删除题项后的因子载荷
RT1	0.793	0.806
RT2	0.795	0.814
RT3	0.273	
RT4	0.802	0.823
RT5	0.412	
RT6	0.298	
KMO 值	0.821	
Bartlett's 球形检验	近似卡方	965.876
	df（自由度）	63
	Sig.（显著性概率）	0.000
因子解释特征值	3.979	
累计可解释方差比例（%）	59.148	

资料来源：笔者根据 SPSS 26.0 软件输出结果整理。

3. 顾客惠顾意向初始量表的探索性因子分析

在前面的研究中，全渠道零售情境下顾客惠顾意向确定为 1 个构念维度的 4 个题项，顾客惠顾意向的探索性因子分析的结果如表6-12所示。从表6-12的分析结果来看，顾客惠顾意向测量题项的 KMO 值为 0.897 大于 0.8，并且 Bartlett 球形检验的近似卡方分配值为 785.575，自由度为 217，显著性水平为 0.000，说明变量之间存在共同因子，量表结构效度良好，适合进行探索性因子分析。对顾客惠顾意向进行探索性因子分析时，基于特征值大于 1 抽取共同因子，进行主成分分析。共同因子的特征值达到 3.477，累计可以解释全部 4 个测量题项的 57.782%。顾客惠顾意向 4 个测量题项的因子载荷量大于 0.5 的最低标准，没有出现交叉负载现象，不需要删除题项。这表明顾客惠顾意向量表通过了探索性因子分析的效度检验。经过探索性因子分析，本研究最终确定顾客惠顾意向包括 4 个测量题项。

表6-12　顾客惠顾意向探索性因子分析结果

测量题项	因子载荷量	
GH1	0.764	
GH2	0.708	
GH3	0.813	
GH4	0.715	
KMO 值	0.897	
Bartlett's 球形检验	近似卡方	785.575
	df（自由度）	217
	Sig.（显著性概率）	0.000
因子解释特征值	3.477	
累计可解释方差比例（%）	57.782	

资料来源：笔者根据 SPSS 26.0 软件输出结果整理。

五、最终测量量表

通过对 139 份预调查数据的信度分析和探索性因子分析，形成了最终的全渠道零售情境下服务便利、店铺认同感与顾客惠顾意向关系测量量表。在最终的服务便利、店铺认同感与顾客惠顾意向关系测量量表中，测量题项共计 33 个，其中服务便利五个构念维度共计 26 个测量题项，店铺认同感一个构念维度共计 3 个测量题项，顾客惠顾意向一个构念维度共计 4 个测量题项（见表6-13）。

表6-13 服务便利、店铺认同感与顾客惠顾意向关系正式量表

维度	编码	题项
访问便利	AB1	该全渠道零售商服务网点方便到达
	AB2	该全渠道零售商线上线下商店方便访问
	AB3	该全渠道零售商线上线下商店商品分类直观，方便浏览
	AB4	该全渠道零售商线上线下商店购物指示清晰，方便选择
	AB5	该全渠道零售商线上线下商店方便找到所需商品
	AB6	该全渠道零售商顾客评论方便获取
	AB7	该全渠道零售商商品信息方便搜索
决策便利	BB1	该全渠道零售商线上线下商店商品种类一致，方便购买
	BB2	该全渠道零售商线上线下商店商品质量一致，方便购买
	BB3	该全渠道零售商线上线下商店促销信息一致，方便购买
	BB4	该全渠道零售商线上线下商店销售服务快捷，方便购买
交易便利	CB1	该全渠道零售商线上线下商店购物过程简单方便
	CB2	该全渠道零售商线上线下商店购物互动交流方便
	CB3	该全渠道零售商线上线下商店购物下单方便
	CB4	该全渠道零售商线上线下商店购物支付方便
	CB5	该全渠道零售商线上线下商店取消订单方便
	CB6	该全渠道零售商线上线下商店退换货方便
转换便利	DB1	该全渠道零售商线上线下商店购物转换方便
	DB2	该全渠道零售商线上线下商店购物转换快捷
	DB3	该全渠道零售商线上线下商店购物转换简单
	DB4	该全渠道零售商线上线下商店购物转换轻松
物流配送便利	EB1	该全渠道零售商提供线下店配送到家服务，购物方便
	EB2	该全渠道零售商提供网上下单、送货上门服务，购物方便
	EB3	该全渠道零售商提供网上下单、提货网点自提服务，购物方便
	EB4	该全渠道零售商及时响应订单、快速发货，购物方便
	EB5	该全渠道零售商在承诺时间送达商品，购物方便

维度	编码	题项
店铺认同感	RT1	我认为该全渠道零售商店符合自己的个性
	RT2	我认为该全渠道零售商店能代表自己的生活方式
	RT3	我很自豪成为该全渠道零售商店的顾客
顾客惠顾意向	GH1	我愿意选择光顾（浏览）该全渠道零售商
	GH2	我愿意到该全渠道零售商购买所需商品
	GH3	我愿意向他人推荐该全渠道零售商
	GH4	我愿意向他人推荐该全渠道零售商商品

资料来源：笔者自制。

第四节 正式问卷发放与收集

在小样本检验得到最终的全渠道零售情境下服务便利、店铺认同感与顾客惠顾意向关系测量量表后，本研究到了正式大样本数据问卷发放的阶段。在正式问卷发放之前，首先需要对样本的对象和容量进行界定，其次才是问卷的发放及回收工作。

一、样本的对象和容量界定

1. 样本对象界定

正式问卷发放之前，需要确定问卷调查的目标对象。本书研究对象为有过全渠道零售商购物经历的顾客，即选择过两种以上渠道在特定全渠道零售商店购买过商品的顾客。为保证研究样本的有效性，本书研究对象以中青年为主，主要原因有以下三个：第一，中青年一般对于时间比较敏感，对于零售购物花费的非货币成本比较关注，比较容易成为全渠道购物者。第二，中青年一般比较熟悉移动互联网应用类产品使用，具有较好的网络应用技能和知识。全渠道购物要求购物者能够使用各种类型线上线下零售渠道，这对于中青年购物者来说一般不存在障碍。第三，中青年一般比较容易接受调查，从而可以保证本研究的顺利进行。

2. 样本容量界定

本研究采用结构方程模型作为研究数据分析的主要工具，这就对样本容量提出了相应的要求。不同研究者对样本容量的界定提出了各自的观点。一些学者认为在结构方程模型分析中，要保证分析结果的准确性和稳健性，必须确保样本容量。例如，Gosruch（1983）提出有效样本数量应满足至少是题项数目 5~10 倍的统计要求。Boomasma 和 Hoogland（2001）认为运用结构方程模型进行分析时，若样本规模小于 200 会存在不收敛或者不合适解的问题，建议样本容量应超过200。另一些学者认为，样本量的确定会因采用不同统计研究方法及复杂程度不同的模型而有不同要求（Bollen，1989）。本研究采用 Gorush（1983）的观点来确定样本容量。服务便利、店铺认同感和顾客惠顾意向测量题项共计 33 个，要满足题项数目 10 倍的统计要求，则有效样本数应超过 330。本研究最后得到有效样本数量为 587 份，大于 330 份，且测量题项与有效样本数量的比例超过 1∶10。因此，本研究认为该样本容量的大小能够满足结构方程模型对样本容量的要求。

二、正式问卷发放和回收情况

正式问卷发放时间为 2021 年 11 月至 2021 年 12 月，以线上和线下两种方式分发问卷。线上调查问卷通过滚雪球方式转发问卷二维码和网址链接方式开展调查。线下调查问卷在大学城校园、居民小区以及商业中心等地点发放。

本次通过二维码和网址链接的方式回收到的问卷总计 323 份，线下调查回收问卷 489 份，剔除无效问卷 225 份，两种渠道回收到的有效问卷合计 587 份。此次有效样本数量是测量指标数的 17.79 倍，符合 Gorsuch（1983）提出的要求，能够满足结构方程模型对样本容量的要求。本研究剔除无效问卷方法包括：第一，在问卷起始部分设置过滤性问题，是否有过全渠道购物经历，如果没有全渠道购物经历或前后填写不一致，则放弃此类问卷。第二，所有不同研究变量答案相同的问卷，如全部填写"完全同意"或"完全不同意"的，则排除此类问卷。第三，根据题目数量，线上问卷填写时间不足 200 秒，视为无效答复问卷并进行删除。正式问卷发放与回收统计具体情况见表 6-14。

表6-14   正式问卷发放与回收统计表   单位：份

	发放方式	发放数量	回收数量	有效问卷数	有效问卷回收率
线上调查	二维码、网址链接	—	323	201	62.23%
线下调查	纸质问卷	600	489	386	78.94%
总计			812	587	72.29%

资料来源：笔者根据问卷发放情况统计整理。

第五节   本章小结

本章主要介绍了本书的实证研究设计内容。第一，详细介绍了实证研究设计程序、问卷设计思路和研究数据分析方法。其中，详细阐述了实证研究设计包括初始量表开发、小规模专家访谈、预调查、正式问卷调查、研究数据分析、假设检验和结果讨论六个阶段。第二，对全渠道零售服务便利（访问便利、决策便利、交易便利、转换便利、物流配送便利）、店铺认同感及顾客惠顾意向等研究变量的测量题项进行阐述，构建本研究初始研究量表。第三，进行小样本数据检验，通过信度分析和探索性因子分析对初始研究量表进行修正，从而形成本研究最终的测量量表。第四，在正式调查问卷发放前对样本对象和容量进行界定，并对正式调查问卷的具体发放和收集情况进行详细说明。本章为下一章正式数据的分析检验奠定了良好的基础。

第七章　研究数据分析与结果讨论

立足于上一章的研究设计，本章采用 SPSS 26.0 和 SmartPLS 3.0 软件对收集的研究数据进行统计分析，验证第五章所提出的研究假设。本章内容主要包括描述性统计分析、信度检验、效度检验（内容效度、收敛效度和区分效度）、共同方法偏差检验、假设检验、中介效应分析、控制变量检验和研究结果讨论等。

第一节　描述性统计

一、样本特征

本研究基于 587 份有效样本对全渠道零售情境下服务便利、店铺认同感与顾客惠顾意向关系进行实证分析。本研究使用 SPSS 26.0 对回收有效样本的个人基本情况、接触全渠道零售商的时间及频率进行描述性统计分析。样本基本特征分析如表 7-1 所示。

表 7-1　样本特征描述性统计分析

	特征	频数（人）	百分比（%）
性别	男	280	47.70
	女	307	52.30

续表

	特征	频数（人）	百分比（%）
年龄	20 岁及以下	80	13.63
	21~30 岁	209	35.60
	31~40 岁	128	21.81
	41~50 岁	113	19.25
	51~60 岁	42	7.16
	61 岁及以上	15	2.55
受教育程度	高中及以下	37	6.30
	中专	58	9.88
	大专	45	7.67
	本科	297	50.60
	研究生	150	25.55
职业	学生	243	41.40
	政府机关及事业单位职工	129	21.98
	企业职员	94	16.01
	社会团体工作人员	51	8.69
	自由职业者	20	3.41
	个体经营者	31	5.28
	农民	0	0
	退休人员	19	3.23
月收入（学生为每月可支配消费金额）	2000 元及以下	113	19.25
	2001~4000 元	255	43.44
	4001~6000 元	96	16.36
	6001~8000 元	91	15.50
	8001 元及以上	32	5.45
接触全渠道零售商时间	1 年以内	207	35.26
	1~2 年	151	25.72
	2~3 年	133	22.66
	3 年及以上	96	16.36
每月平均接触全渠道零售商次数	2 次及以下	142	24.19
	3~5 次	213	36.29
	6~8 次	145	24.70
	9 次及以上	87	14.82

资料来源：笔者根据回收有效问卷整理。

从表7-1可知，本次调查对象以中青年、中高学历、中短期接触时间顾客为主，这与全渠道零售商顾客现状基本相符。调查对象的性别分布较平均，其中男性280人，占总调查人数的47.70%；女性307人，占总调查人数的52.30%。调查对象的年龄以中青年人为主。其中，年龄处于20岁及以下的用户为80人，占总调查人数的13.63%；年龄处于21～30岁的用户为209人，占总调查人数的35.60%；年龄处于31～40岁的用户为128人，占总调查人数的21.81%；年龄处于41～50岁的用户为113人，占总调查人数的19.25%；年龄处于51～60岁的用户为42人，占总调查人数的7.16%；年龄处于61岁及以上的用户为15人，占总调查人数的2.55%。调查对象的学历以本科为主。其中，具有高中及以下学历的人数较少，仅37人，占总调查人数的6.30%；中专的人数为58人，占总调查人数的9.88%；大专的人数为45人，占总调查人数的7.67%；本科的人数最多，为297人，占总调查人数的50.60%；研究生的人数为150人，占总调查人数的25.55%。调查对象接触全渠道零售商的时间以中短期为主。调查对象月收入以中低收入为主。其中，月收入在2001～4000元的调查对象人数最多，为255人，占总调查人数的43.44%；月收入在2000元及以下的调查对象人数次多，为113人，占总调查人数的19.25%。接触全渠道零售商时间在1年以内的顾客人数最多，为207人，占总调查人数的35.26%；接触全渠道零售商时间在1～2年的顾客较多，为151人，占总调查人数的25.72%；接触全渠道零售商时间在2～3年的顾客为133人，占总调查人数的22.66%；接触全渠道零售商时间在3年以上的顾客最少，为96人，仅占总调查人数的16.36%。调查对象以每月平均接触全渠道零售商3～5次的顾客为主。其中，每月平均接触全渠道零售商次数在2次及以下的顾客数为142人，占总调查人数的24.19%；接触全渠道零售商次数3～5次的顾客最多，为213人，占总调查人数的36.29%；接触全渠道零售商次数6～8次的顾客为145人，占总调查人数的24.70%；接触全渠道零售商次数在9次及以上的顾客为87人，占总调查人数的14.82%。

二、研究变量描述性统计分析

本研究对测量题项进行了整体性的描述统计分析，包括极大值、极小值、均值和标准差等。各个研究变量测量题项的描述性统计结果如表7-2所示。

表7-2 测量题项描述性统计分析（N=587）

变量	题项编码	极小值	极大值	均值	标准差	标准误差
访问便利	AB1	1	5	3.11	0.947	0.084
	AB2	1	5	3.21	0.909	0.084
	AB3	1	5	3.02	0.912	0.102
	AB4	1	5	3.32	1.106	0.101
	AB5	1	5	3.61	0.936	0.105
	AB6	1	5	3.18	0.846	0.086
	AB7	1	5	3.14	0.836	0.096
决策便利	BB1	1	5	3.33	0.945	0.087
	BB2	1	5	3.48	0.733	0.085
	BB3	1	5	3.04	0.835	0.091
	BB4	1	5	3.13	0.960	0.087
交易便利	CB1	1	5	4.05	1.180	0.099
	CB2	1	5	3.57	0.889	0.098
	CB3	1	5	3.99	0.805	0.079
	CB4	1	5	3.78	0.766	0.075
	CB5	1	5	3.43	0.836	0.086
	CB6	1	5	4.01	0.945	0.088
转换便利	DB1	1	5	3.77	0.938	0.086
	DB2	1	5	3.69	1.011	0.085
	DB3	1	5	3.25	1.036	0.087
	DB4	1	5	3.68	1.098	0.081
物流配送便利	EB1	1	5	3.55	0.991	0.086
	EB2	1	5	4.04	1.065	0.077
	EB3	1	5	4.01	1.316	0.082
	EB4	1	5	4.08	0.814	0.091
	EB5	1	5	3.82	0.991	0.083
店铺认同感	RT1	1	5	3.05	0.936	0.087
	RT2	1	5	3.12	0.875	0.081
	RT3	1	5	3.22	0.837	0.086

续表

变量	题项编码	极小值	极大值	均值	标准差	标准误差
顾客惠顾意向	GH1	1	5	4.01	0.932	0.083
	GH2	1	5	3.79	0.843	0.081
	GH3	1	5	4.08	0.714	0.086
	GH4	1	5	3.81	0.735	0.077

资料来源：笔者根据 SPSS 26.0 软件输出结果整理。

从表 7-2 可知，所有题项的均值介于 3.02~4.08，标准差介于 0.714~
1.316，表明样本对题项回答数值波动幅度不大，数据分布较合理。

三、数据正态性检验

正态性检验是根据检验结果中相关数据的对比分析，以及与标准值的偏差程
度，判断数据的分布频次。本书使用 SPSS 26.0 统计软件对所有变量进行 Mardia
峰度检验。结果表明，量表题项偏度统计值的绝对值介于 0.897~1.011，远小于
标准值 2，并且峰度统计值的绝对值介于 1.936~3.524，远小于标准值 7。这表
明样本数据并不存在显著的非正态性，符合结构方程模型分析要求。

第二节 信度效度检验与共同方法偏差检验

信度和效度检验是进行研究模型验证的前提。信度反映研究量表在多大程度
上避免了随机误差，主要用于检验量表的一致性和稳定性。效度反映测量过程不
受系统和随机误差影响的程度，主要用于检验量表的真实性和准确性。

一、信度检验

本研究使用 SmartPLS 3.0 对正式调查数据进行信度分析，通过 Cronbach's α
值和组合信度（CR）检验样本数据的信度。在偏最小二乘法结构方程模型
（PLS-SEM）检验中组合信度（CR）更具说服力（Henseler，2009）。组合信度

（CR）值越大，表明数据测量变量间的关联程度越大，即各个变量指标之间的同构性程度越高。若偏最小二乘法结构方程模型检验出组合信度（CR）系数在0.6~0.7，表示测量模型的各个变量信度可以接受，如果组合信度（CR）系数在0.7之上，表示测量模型各个变量信度良好。

如表7-3分析结果显示，访问便利、决策便利、交易便利、转换便利、物流配送便利、店铺认同感和顾客惠顾意向的Cronbach's α值分别为0.957、0.939、0.949、0.904、0.953、0.906和0.899，全部大于0.7，达到适宜标准。另外，所有研究变量组合信度CR值在0.930~0.964，高于0.7的标准。因此，这表明本研究具有较好的信度。

表7-3　信度检验结果

研究变量	题项编码	Cronbach's α	CR
访问便利	AB1	0.957	0.964
	AB2		
	AB3		
	AB4		
	AB5		
	AB6		
	AB7		
决策便利	BB1	0.939	0.956
	BB2		
	BB3		
	BB4		
交易便利	CB1	0.949	0.959
	CB2		
	CB3		
	CB4		
	CB5		
	CB6		
转换便利	DB1	0.904	0.933
	DB2		
	DB3		
	DB4		

续表

研究变量	题项编码	Cronbach's α	CR
物流配送便利	EB1	0.953	0.964
	EB2		
	EB3		
	EB4		
	EB5		
店铺认同感	RT1	0.906	0.941
	RT2		
	RT3		
顾客惠顾意向	GH1	0.899	0.930
	GH2		
	GH3		
	GH4		

资料来源：笔者根据 SmartPLS 3.0 输出结果整理。

二、效度检验

本研究效度分析涉及内容效度、收敛效度和区分效度分析。内容效度反映测量工具是否合适，问卷内容是否具有代表性。收敛效度表明了测量同一构念的不同测度项之间的相关程度。区分效度表明了不同构念以及测度不同构念的测量题项之间的关联程度。在 SmartPLS 中，学者们通常使用平均方差抽取量（AVE）和因子载荷系数来测量收敛效度，使用变量 AVE 的平方根、变量的相关性系数、题项交叉负荷因子、HTMT 等来衡量区分效度（Ko，2018；Leong, Jaafar and Ain-in，2018）。

1. 内容效度

本研究基于大量的现有文献、前期访谈、预调查进行问卷开发，邀请相关专家对测量题项进行审阅。此外，本研究结合全渠道零售情境对量表进行了合理修改，并且每一个变量的测量题项均在 3 个及以上。因此，问卷具有较好的内容效度。

2. 收敛效度

通过在 SmartPLS 3.0 软件中对 Algorithm 算法的运行，并结合 Bootstrapping

重复抽样方法，得到衡量效度的各指标。本研究采用因子载荷和平均方差抽取量（AVE）来衡量聚合效度。如表 7-4 所示，所有变量的因子载荷均在 0.7 以上，并在 0.001 水平上显著；所有变量的 AVE 值均在 0.5 以上（Chin，1998）。

表 7-4　收敛效度检验结果

变量	题项编码	因子载荷	平均方差抽取量（AVE）
访问便利	AB1	0.870	0.794
	AB2	0.863	
	AB3	0.902	
	AB4	0.907	
	AB5	0.888	
	AB6	0.899	
	AB7	0.909	
决策便利	BB1	0.922	0.845
	BB2	0.931	
	BB3	0.901	
	BB4	0.922	
交易便利	CB1	0.890	0.797
	CB2	0.882	
	CB3	0.918	
	CB4	0.845	
	CB5	0.919	
	CB6	0.900	
转换便利	DB1	0.897	0.776
	DB2	0.911	
	DB3	0.882	
	DB4	0.832	
物流配送便利	EB1	0.924	0.841
	EB2	0.917	
	EB3	0.914	
	EB4	0.889	
	EB5	0.943	

续表

变量	题项编码	因子载荷	平均方差抽取量（AVE）
店铺认同感	RT1	0.909	0.841
	RT2	0.915	
	RT3	0.927	
顾客惠顾意向	GH1	0.842	0.768
	GH2	0.887	
	GH3	0.877	
	GH4	0.899	

资料来源：笔者根据 SmartPLS 3.0 软件输出结果整理。

3. 区分效度

评估测量模型的收敛效度之后，本研究采用三种方法分析了区分效度。

第一，采用变量 AVE 值的平方根和相关系数进行检验，若变量 AVE 的平方根高于该变量与其他变量的相关性，则表明具有较好的区分效度。如表 7-5 所示，各变量之间的对角线数字为 AVE 值的平方根，其他数值为变量间的相关系数，可以看出，AVE 的平方根大于任何变量两两相关系数。因此，本研究测量模型区分效度满足要求。第二，采用题项交叉负荷因子进行检验，若变量对应题项的因子负荷高于在其他变量上的因子负荷，则表明具有较好的区分效度。如表 7-6 所示，所有题项在对应变量上的因子载荷均高于在其他变量上的载荷值，这表明本研究具有较好的区分效度。第三，采用异质-单质比率（HTMT 值）来衡量区分效度（Henseler，Ringle and Sarstedt，2015），若所有的 HTMT 值均低于 0.85，则表明区分效度较好。如表 7-7 所示，所有的 HTMT 值均低于 0.85，这表明本研究测量模型区分效度满足要求。

表 7-5 变量 AVE 值的平方根及相关系数

	访问便利	决策便利	交易便利	转换便利	物流配送便利	店铺认同感	顾客惠顾意向
访问便利	**0.891**	—	—	—	—	—	—
决策便利	0.600	**0.919**	—	—	—	—	—
交易便利	0.685	0.597	**0.893**	—	—	—	—

续表

	访问便利	决策便利	交易便利	转换便利	物流配送便利	店铺认同感	顾客惠顾意向
转换便利	0.618	0.474	0.544	**0.881**	—	—	—
物流配送便利	0.692	0.562	0.691	0.560	**0.917**	—	—
店铺认同感	0.461	0.297	0.322	0.390	0.333	**0.917**	—
顾客惠顾意向	0.498	0.467	0.473	0.530	0.492	0.329	**0.876**

资料来源：笔者根据 SmartPLS 3.0 软件输出结果整理。

表 7-6　交叉负荷因子

研究变量	访问便利	决策便利	交易便利	转换便利	物流配送便利	店铺认同感	顾客惠顾意向
AB1	**0.870**	0.530	0.607	0.530	0.632	0.400	0.431
AB2	**0.863**	0.530	0.572	0.530	0.572	0.389	0.444
AB3	**0.902**	0.569	0.621	0.614	0.619	0.451	0.446
AB4	**0.907**	0.507	0.623	0.553	0.625	0.430	0.454
AB5	**0.888**	0.563	0.628	0.553	0.636	0.404	0.445
AB6	**0.899**	0.493	0.614	0.519	0.623	0.407	0.439
AB7	**0.909**	0.548	0.609	0.552	0.610	0.389	0.451
BB1	0.568	**0.922**	0.554	0.434	0.526	0.295	0.432
BB2	0.526	**0.931**	0.523	0.424	0.499	0.266	0.435
BB3	0.527	**0.901**	0.533	0.423	0.510	0.260	0.399
BB4	0.580	**0.922**	0.582	0.462	0.533	0.270	0.446
CB1	0.616	0.548	**0.890**	0.466	0.594	0.326	0.416
CB2	0.577	0.549	**0.882**	0.472	0.604	0.277	0.437
CB3	0.617	0.535	**0.918**	0.485	0.598	0.300	0.413
CB4	0.618	0.494	**0.845**	0.507	0.653	0.240	0.401
CB5	0.608	0.537	**0.919**	0.495	0.611	0.295	0.425
CB6	0.636	0.531	**0.900**	0.495	0.643	0.282	0.438
DB1	0.587	0.443	0.522	**0.897**	0.565	0.354	0.427
DB2	0.554	0.402	0.512	**0.911**	0.541	0.360	0.496
DB3	0.531	0.432	0.456	**0.882**	0.438	0.369	0.509
DB4	0.507	0.394	0.428	**0.832**	0.431	0.287	0.426
EB1	0.653	0.534	0.660	0.522	**0.924**	0.300	0.451
EB2	0.624	0.525	0.616	0.516	**0.917**	0.311	0.484

研究变量	访问便利	决策便利	交易便利	转换便利	物流配送便利	店铺认同感	顾客惠顾意向
EB3	0.629	0.496	0.639	0.516	**0.914**	0.309	0.419
EB4	0.636	0.498	0.608	0.504	**0.889**	0.288	0.472
EB5	0.631	0.525	0.645	0.510	**0.943**	0.318	0.427
RT1	0.394	0.278	0.271	0.354	0.291	**0.909**	0.267
RT2	0.427	0.275	0.300	0.358	0.311	**0.915**	0.303
RT3	0.444	0.266	0.312	0.362	0.312	**0.927**	0.331
GH1	0.438	0.425	0.436	0.514	0.439	0.249	**0.842**
GH2	0.432	0.389	0.386	0.442	0.409	0.264	**0.887**
GH3	0.442	0.408	0.414	0.436	0.414	0.316	**0.877**
GH4	0.435	0.411	0.416	0.460	0.459	0.324	**0.899**

资料来源：笔者根据 SmartPLS 3.0 软件输出结果整理。

表 7-7 异质-单质比率（HTMT 值）

	访问便利	决策便利	交易便利	转换便利	物流配送便利	店铺认同感	顾客惠顾意向
访问便利							
决策便利	0.632						
交易便利	0.720	0.632					
转换便利	0.664	0.515	0.589				
物流配送便利	0.725	0.594	0.728	0.604			
店铺认同感	0.493	0.322	0.345	0.429	0.358		
顾客惠顾意向	0.537	0.506	0.510	0.583	0.530	0.363	

资料来源：笔者根据 SmartPLS 3.0 软件输出结果整理。

综上所述，本测量模型具有足够的内容效度、收敛效度和区分效度，本研究的结构是可靠和有效的。

三、共同方法偏差检验

在正式评估测量研究模型之前，为了审慎起见有必要对研究数据进行质量评估，应进行共同方法偏差检验。

1. 共同方法偏差

共同方法偏差，又称为同源误差，是指因为同样的数据来源或评分者、同样的测量环境、项目语境，以及项目本身特征所造成的自变量与因变量之间人为的共变。这种人为的共变对研究结果产生严重的混淆并对结论有潜在的误导，是一种系统误差。共同方法偏差产生原因是多方面的，它不仅影响到单个构念自身测量，也影响到同一个研究多个构念之间的关系，还能影响到同一理论构建的不同研究之间的关系。

2. 共同方法偏差检验

常用的控制共同方法偏差问题的方法有程序控制与统计控制（Min et al.，2016）。程序控制是控制潜在的误差源以减少误差，统计控制是通过统计手段减少方法变异对研究结果的影响（熊红星等，2012）。

在程序控制方面，为了减少共同方法偏差的负面影响，本研究在数据收集过程中遵循 Podsakoff 等（1986）的建议使用了程序性技术。例如，在问卷设计时，加强测量题项的易理解性设计，对问卷的语言表达反复修正以减少语句歧义，通过访谈和预测试的反馈修改问卷以降低可能带来的偏差；在问卷调查时，向受访者承诺，他们的回答和个人信息是严格保密的，调查数据仅用于研究目的。

在统计控制方面，本研究采用 Harman's 单因子检验方法对可能存在的共同方法偏差问题进行检验（Harman，1976）。该方法通过计算模型中的单一因子最大方差解释率来评估共同方法偏差的影响。在探索性因子分析时，若发现单个因子未旋转时解释力特别大，则可能存在共同方法偏差的影响。根据已有研究建议，每个因子的方差不应超过50%的阈值（Podsakoff and Organ，1986；周浩和龙立荣，2004）。运用 SPSS 26.0 实施 Harman's 单因子检验法，分析结果表明 7 个因子可以解释总方差的80.235%，且第一个因子只解释了39.678%的方差，没有单个因子解释超过50%以上的方差。这表明本研究不存在共同方法偏差问题，可以进行下一步分析。

第三节 研究假设检验

本研究关注的假设检验情况主要分为两个部分：第一，对之前要验证提出的

4 类共计 16 个研究假设，包括服务便利对店铺认同感影响关系的研究假设、服务便利对顾客惠顾意向关系的研究假设、店铺认同感对顾客惠顾意向关系的研究假设和店铺认同感中介作用的研究假设，采用结构方程模型的方法进行验证。第二，调查对象个体特征和行为特征，如性别、年龄、收入、接触时间和接触次数五个控制变量对全渠道零售商惠顾意向的控制效应。

一、结构方程模型评价

1. 多重共线性

多重共线性主要是指各变量之间可能会存在的较高相关性使得回归模型的估计缺乏一定的准确性。在评估结构方程模型之前，有必要检查结构方程模型的多重共线性。如果不同潜在变量之间存在显著水平的共线性，则路径系数可能有偏差（Hair et al.，2019）。通常应用方差膨胀因子（Variance Inflation Factor，VIF）检验变量间是否存在多重共线性问题。

本研究通过运行 SmartPLS 软件中 Algorithm 算法得到衡量共线性问题的 VIF 值。变量的 VIF 值应小于 5.0（Montgomery，1999；Hair et al.，2019）。如表 7-8 所示，本研究所有变量的方差膨胀因子（VIF）值范围从 2.013 到 4.677，都低于建议的阈值 5.0。因此，在本研究中基本不存在多重共线性问题。

表 7-8 VIF 检验结果

题项	VIF	题项	VIF	题项	VIF	题项	VIF
AB1	3.719	BB3	2.013	DB2	3.326	RT2	2.868
AB2	3.730	BB4	3.386	DB3	3.539	RT3	2.607
AB3	3.995	CB1	3.474	DB4	2.486	GH1	3.006
AB4	4.677	CB2	2.721	EB1	2.106	GH2	2.883
AB5	4.410	CB3	3.413	EB2	3.987	GH3	2.863
AB6	2.383	CB4	3.822	EB3	4.421	GH4	3.092
AB7	3.763	CB5	2.785	EB4	3.134		
BB1	4.251	CB6	2.114	EB5	2.113		
BB2	3.266	DB1	3.353	RT1	2.105		

资料来源：笔者根据 SmartPLS 3.0 软件输出结果整理。

2. 结构方程模型评价

本研究采用内生潜变量的判别系数值（R^2）、标准化均方根残差（SRMR值）、未加权最小二乘偏差（dULS）和测地误差（dG）来评价结构方程模型。R^2 这一指标说明了内生潜变量被解释的程度，其值越大表明解释能力越强。通常，R^2 值大于 0.2 被认为具有很高的预测和解释能力（Hair，2011）。SRMR 值是绝对拟合度指标，SRMR 值越低模型越合适。通常，SRMR 值为 0.08 或更低是可以接受的（Henseler et al.，2015）。dULS 值和 dG 值是模型拟合优度指标，其判断标准为低于自举分位数 HI95（Henseler et al.，2016）。

本研究基于偏最小二乘算法得到判定系数 R^2 值。本研究结构模型中研究变量——店铺认同感和顾客惠顾意向的 R^2 值分别为 0.231 和 0.374。根据研究结果，本研究模型解释了 23.1% 的店铺认同感和 37.4% 的顾客惠顾意向，表明该模型具有较好的解释能力。

本研究应用 SmartPLS 3.0 软件中的 Algorithm 算法检验 NFI 值和 SRMR 值，以验证模型拟合度。计算出的 SRMR 值为 0.034，小于 0.08 的阈值；计算出的 dULS 值和 dG 值分别为 0.639 和 0.608，低于自举分位数 HI95。这表明本研究结构方程模型的拟合度较好，能较好地拟合样本数据。

二、假设检验

本研究依据 T 值的大小判断路径系数是否显著，以此来验证结构模型中的假设。显著性 p 值是判断样本信息和总体信息差异的检验方法，统计学根据显著性检验方法所得到的 p 值，一般以 p 小于 0.05 为有统计学差异，p 小于 0.01 为有显著统计学差异，p 小于 0.001 为有极其显著的统计学差异。路径系数 β 用来衡量变量之间的关系强弱。通常，在模型路径估计中，T 值大于 1.96，显著性至少达到了 p 小于 0.05 的标准。

参考以往学者们的做法，本研究使用 SmartPLS 3.0 软件对整个研究模型进行检验。并使用 SmartPLS 3.0 软件中的 Algorithm 算法得到 R^2，运用 Bootstrapping 方法进行 5000 次重复采样，对结构模型进行路径系数检验。本研究运用 Smart-PLS 3.0 软件进行模型拟合 T 值检验，如图 7-1 和表 7-9 所示。除 H1a、H1c、H2a、H2c 外，其他路径系数都具有较高的 T 统计量，通过了显著性水平检验。

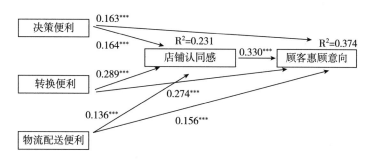

图 7-1 假设检验结果模型

资料来源：笔者根据 SmartPLS 3.0 软件输出结果绘制。

表 7-9 研究假设检验结果

假设编号	假设路径	路径系数	T 值	p 值	是否支持假设
H1a	访问便利→店铺认同感（正相关）	0.082	1.494	0.135	否
H1b	决策便利→店铺认同感（正相关）	0.164	3.243	0.001	是
H1c	交易便利→店铺认同感（正相关）	0.068	1.481	0.139	否
H1d	转换便利→店铺认同感（正相关）	0.289	4.912	0.000	是
H1e	物流配送便利→店铺认同感（正相关）	0.136	2.631	0.009	是
H2a	访问便利→顾客惠顾意向（正相关）	0.035	0.609	0.542	否
H2b	决策便利→顾客惠顾意向（正相关）	0.163	3.275	0.001	是
H2c	交易便利→顾客惠顾意向（正相关）	0.067	1.422	0.155	否
H2d	转换便利→顾客惠顾意向（正相关）	0.274	4.726	0.000	是
H2e	物流配送便利→顾客惠顾意向（正相关）	0.156	2.981	0.003	是
H3	店铺认同感→顾客惠顾意向（正相关）	0.330	7.694	0.000	是

资料来源：笔者根据 SmartPLS 3.0 软件输出结果整理。

1. 服务便利与店铺认同感关系的假设验证

通过表 7-9 和图 7-1 可知，决策便利（0.164，p＜0.01）、转换便利（0.289，p<0.001）和物流配送便利（0.136，p<0.01）对店铺认同感均有显著的正向影响，假设 H1b、H1d、H1e 得到样本支持。访问便利（0.082，p>0.05）和交易便利（0.068，p>0.05）对店铺认同感没有显著影响，假设 H1a 和 H1c 没有得到样本支持。由此可得，决策便利、转换便利和物流配送便利对全渠道零售情境中店铺认同感的构成具有正向显著影响，而访问便利和交易便利对全渠道零售情境中店铺认同感影响不显著。因此，在提升全渠道零售情境中店铺认同感的过程中，零售企业可以加大顾客对决策便利、转换便利和物流配送便利的感知。

2. 服务便利与顾客惠顾意向关系的假设验证

通过表 7-9 和图 7-1 可知，决策便利（0.163，p＜0.01）、转换便利（0.274，p＜0.001）和物流配送便利（0.156，p＜0.01）对顾客惠顾意向均有显著的正向影响，假设 H2b、H2d、H2e 得到样本支持。访问便利（0.035，p＞0.05）和交易便利（0.067，p＞0.05）对顾客惠顾意向没有显著影响，假设 H2a 和 H2c 没有得到样本支持。由此可得，决策便利、转换便利和物流配送便利对全渠道零售商顾客惠顾意向构成具有正向显著影响，而访问便利和交易便利对全渠道零售商顾客惠顾意向影响不显著。因此，在提升顾客惠顾全渠道零售商意向的过程中，可以加大顾客对决策便利、转换便利和物流配送便利的感知。

3. 店铺认同感与顾客惠顾意向关系的假设

通过表 7-9 和图 7-1 可知，店铺认同感（0.330，p＜0.001）对全渠道零售商顾客惠顾意向有显著正向影响，假设 H3 得到样本支持。因此，在提升顾客惠顾全渠道零售商意向的过程中店铺认同感起到了非常重要的作用。

三、中介效应分析

中介效应检验方法通常有以下四种：逐步检验法、系数乘积法、差异系数检验法和 Bootstrapping 法，其中逐步检验法和 Bootstrapping 法是使用较多的方法。逐步检验法的基本步骤是：第一步，评估模型未纳入中介变量时，自变量 X 对因变量 Y 的回归，检验回归系数 c 的显著性，即主效应存在是中介效应的前提；第二步，自变量 X 对中介变量 M 的回归，检验回归系数 a 的显著性，即存在自变量 X 对中介变量 M 影响；第三步，评估模型置入中介变量 M 后，自变量 X 和中介变量 M 对因变量 Y 的回归，中介变量的回归系数 b 应当显著，同时自变量回归系数 c′不显著，或者作用大小相对于 c 显著减少。同时满足上述三个条件即存在中介效应。回归系数 c′用于判断中介效应是部分中介还是完全中介。回归系数 c′不显著，就称这个中介效应是完全中介效应；如果回归系数 c′显著，但 c′＜c，就称这个中介效应是部分中介效应。值得注意的是，如果第一步中自变量 X 对因变量 Y 的影响不显著，或者在第二步中自变量 X 对中介变量 M 的影响不显著，则该中介变量 M 没有中介作用。近年来，不断有学者指出逐步检验法忽视了变量的测量误差，导致变量测量的不准确性，以及其所导致中介效应的偏差估计。鉴于此，本研究采用 Bootstrapping 法对中介效应进行检验。

SmartPLS 3.0 中 Bootstrapping 的运行结果可直接显示路径的直接效应、特定间接效应和总效应，若特定间接效应显著，则表示具有中介作用，再结合直接效应可做进一步判断，即若直接效应也显著则为部分中介，若直接效应不显著则为完全中介。直接效应和间接效应的检验结果如表 7-10 所示。

表 7-10　中介效应检验

	直接效应	直接效应 95% 置信区间	间接效应	间接效应 95% 置信区间
访问便利→顾客惠顾意向	0.035	[−0.008, 0.149]	0.033*	[0.002, 0.068]
决策便利→顾客惠顾意向	0.163**	[0.064, 0.259]	0.001	[−0.008, 0.009]
交易便利→顾客惠顾意向	0.067	[−0.026, 0.158]	−0.003	[−0.013, 0.006]
转换便利→顾客惠顾意向	0.274***	[0.159, 0.388]	0.014	[0.001, 0.034]
物流配送便利→顾客惠顾意向	0.156**	[0.157, 0.055]	−0.002	[−0.011, 0.007]

注：* 表示 $p<0.05$，** 表示 $p<0.01$，*** 表示 $p<0.001$。
资料来源：笔者根据 SmartPLS 3.0 软件输出结果整理。

综合以上数据结果可以做出下列关于店铺认同感具有中介作用的判断：店铺认同感在访问便利与顾客惠顾意向关系中起完全中介作用，假设 H4a 得到支持；而店铺认同感在决策便利（0.001, $p>0.05$）、交易便利（−0.003, $p>0.05$）、转换便利（0.014, $p>0.05$）和物流配送便利（−0.002, $p>0.05$）对顾客惠顾意向的影响中不存在中介效应，假设 H4b、H4c、H4d、H4e 没有得到支持。

四、控制变量影响分析

在前面假设验证的基础上，本研究进一步分析性别、年龄、收入、受教育水平、接触时间和接触频率对全渠道零售商顾客惠顾意向的影响。本研究采用均值方法对各潜变量进行赋值，并采用单因子方差分析（ANOVA）检验控制变量对因变量的影响。当方差齐性满足时，采用最小显著性差异法 LSD 法对均值进行两两比较讨论；当方差齐性不满足时，采用 Tamhane 法对均值进行两两比较讨论。

务便利感知、店铺认同感和顾客惠顾意向关系研究

1. 性别对全渠道零售商顾客惠顾意向的影响

在性别分组中，本研究将 587 份调查问卷按照性别的不同分为男性群体和女性群体，样本量分别为 280 份和 307 份。通过独立样本 T 检验对性别分组样本进行两两比较。如表 7-11 研究结果显示，方差方程 Levene 检验显著性为 0.321，大于 0.05，表示两个样本具有方差齐次的特点；均值的 t 检验显著性概率是 0.226，大于 0.05，未达到显著性影响水平。因此，性别对全渠道零售商顾客惠顾意向的影响不显著。

表 7-11　性别对全渠道零售商顾客惠顾意向的独立样本 T 检验结果

	性别	样本数	方差齐性检验		均值差异检验	
			Levene	Sig.	t	Sig.
全渠道零售商顾客惠顾意向	男	280	0.862	0.321	1.562	0.226
	女	307				

资料来源：笔者根据研究分析结果整理。

2. 年龄对全渠道零售商顾客惠顾意向的影响

在年龄阶段分组中，将调查对象的年龄划分为 6 个组：①20 岁及以下；②21~30 岁；③31~40 岁；④41~50 岁；⑤51~60 岁；⑥61 岁及以上。如表 7-12 的研究结果显示，年龄对全渠道零售商顾客惠顾意向的显著性概率是 0.003（小于 0.05），达到显著性影响水平。这表明不同年龄群的顾客对全渠道零售商惠顾意向有显著性差异化影响。

表 7-12　年龄对全渠道零售商顾客惠顾意向的方差分析结果

	方差齐性检验		方差分析		
	Levene	Sig.	df	F	Sig.
全渠道零售商顾客惠顾意向	1.047	0.102	5	2.072	0.003

资料来源：笔者根据研究分析结果整理。

为对不同年龄顾客差异化影响程度进行深入的两两比较，本研究使用多重分析方法进行事后检验。由于年龄对全渠道零售商顾客惠顾意向的方差齐性检验显

174 ·

著性概率为 0.102，大于 0.05，满足方差齐性，所以采用最小显著性差异 LSD 法对均值进行两两的比较检验。表 7-13 的结果显示，20 岁及以下调查对象的全渠道零售商惠顾意向低于 21~30 岁和 31~40 岁的调查对象，强于 41 岁及以上调查对象。这表明 40 岁及以下的顾客全渠道零售商惠顾意向比 41 岁及以上的顾客在统计意义上表现更强一些。

表 7-13　年龄对全渠道零售商顾客惠顾意向的多重比较检验结果

	调查对象年龄（I）	调查对象年龄（J）	均值差异	Sig.
全渠道零售商顾客惠顾意向	20 岁及以下	21~30 岁	−0.162*	0.009
		31~40 岁	−0.097*	0.008
		41~50 岁	0.328*	0.002
		51~60 岁	0.363*	0.035
		61 岁及以上	0.411*	0.039

注：* 表示 p<0.05。

资料来源：笔者根据研究分析结果整理。

3. 教育水平对全渠道零售商顾客惠顾意向的影响

在教育水平分组中，将调查对象的受教育程度划分为 5 个组：①高中及以下；②中专；③大专；④本科；⑤研究生。如表 7-14 的研究结果显示，教育水平对全渠道零售商顾客惠顾意向的显著性概率是 0.001（小于 0.05），达到显著性影响水平。这表明不同教育水平的顾客对全渠道零售商惠顾意向有显著性差异化影响。

表 7-14　教育水平对全渠道零售商顾客惠顾意向的方差分析结果

	方差齐性检验		方差分析		
	Levene	Sig.	df	F	Sig.
全渠道零售商顾客惠顾意向	0.962	0.323	4	3.901	0.001

资料来源：笔者根据研究分析结果整理。

为对不同教育水平差异化影响程度进行深入的两两比较，本研究使用多重分析方法进行事后检验。由于教育水平对全渠道零售商顾客惠顾意向的方差齐性检验显著性概率为 0.323，大于 0.05，满足方差齐性，所以研究采用最小显著性差异 LSD 法对均值进行两两的比较检验。如表 7-15 的研究结果显示，本科学历调查对象的全渠道零售商顾客惠顾意向基本与研究生学历调查对象持平，强于高中及以下、中专和大专学历调查对象。这表明本科及研究生学历的顾客全渠道零售商惠顾意向比大专及以下学历的顾客在统计意义上表现更强一些。

表 7-15　教育水平对全渠道零售商顾客惠顾意向的多重比较检验结果

	调查对象教育水平（I）	调查对象教育水平（J）	均值差异	Sig.
全渠道零售商顾客惠顾意向	本科	高中及以下	0.203*	0.032
		中专	0.505*	0.015
		大专	0.678*	0.004
		研究生	-0.037*	0.009

注：＊表示 p<0.05。
资料来源：笔者根据研究分析结果整理。

4. 职业对全渠道零售商顾客惠顾意向的影响

在职业分组中，将调查对象的职业划分为 7 个组：①学生；②政府机关及事业单位职工；③企业职员；④社会团体工作人员；⑤自由职业者；⑥个体经营人员；⑦退休人员。如表 7-16 的研究结果显示，职业对全渠道零售商顾客惠顾意向的显著性概率是 0.197，大于 0.05，未达到显著性影响水平。因此，职业对全渠道零售商顾客惠顾意向的影响不显著。

表 7-16　职业对全渠道零售商顾客惠顾意向的方差分析结果

	方差齐性检验		方差分析		
	Levene	Sig.	df	F	Sig.
全渠道零售商顾客惠顾意向	0.912	0.475	6	3.976	0.197

资料来源：笔者根据研究分析结果整理。

5. 收入对全渠道零售商顾客惠顾意向的影响

在收入分组中，将调查对象按照收入（学生即为每月可支配消费金额）划分为 5 个组：①2000 元及以下；②2001~4000 元；③4001~6000 元；④6001~8000 元；⑤8001 元及以上。如表 7-17 的研究结果显示，收入对全渠道零售商顾客惠顾意向的显著性概率是 0.013（小于 0.05），达到显著性影响水平。

表 7-17 收入对全渠道零售商顾客惠顾意向的方差分析结果

	方差齐性检验		方差分析		
	Levene	Sig.	df	F	Sig.
全渠道零售商顾客惠顾意向	0.912	0.475	4	2.034	0.013

资料来源：笔者根据研究分析结果整理。

为对不同收入水平差异化影响程度进行深入的两两比较，本研究使用多重分析方法进行事后检验。收入对全渠道零售商顾客惠顾意向的方差齐性检验显著性概率大于 0.05，满足方差齐性，所以研究采用最小显著性差异 LSD 法对均值进行两两的比较检验。如表 7-18 的研究结果显示，2001～4000 元、4001～6000 元和 6001～8000 元三组调查对象的全渠道零售商顾客惠顾意向基本持平，强于2000 元及以下和 8001 元及以上调查对象。这表明中高收入顾客全渠道零售商顾客惠顾意向比低收入和高收入顾客在统计意义上表现更强一些。

表 7-18 收入对全渠道零售商顾客惠顾意向的多重比较检验结果

	调查对象收入（I）	调查对象收入（J）	均值差异	Sig.
全渠道零售商顾客惠顾意向	2001～4000 元	2000 元及以下	0.229*	0.018
		4001～6000 元	0.016*	0.002
		6001～8000 元	-0.011*	0.003
		8001 元及以上	0.129*	0.011

注：* 表示 $p < 0.05$。
资料来源：笔者根据研究分析结果整理。

6. 接触时间对全渠道零售商顾客惠顾意向影响

在接触时间分组中，将调查对象接触全渠道零售商的时间划分为 4 个组：①1 年以内；②1～2 年；③2～3 年；④3 年及以上。如表 7-19 的研究结果显示，接触时间对全渠道零售商顾客惠顾意向的显著性概率是 0.002（小于 0.05），达到显著性影响水平。

表 7-19　接触时间对全渠道零售商顾客惠顾意向的方差分析结果

	方差齐性检验		方差分析		
	Levene	Sig.	df	F	Sig.
全渠道零售商顾客惠顾意向	0.736	0.533	3	3.582	0.002

资料来源：笔者根据研究分析结果整理。

为对不同接触时间差异化影响程度进行深入的两两比较，本研究使用多重分析方法进行事后检验。接触时间对全渠道零售商顾客惠顾意向的方差齐性检验显著性概率大于 0.05，满足方差齐性，本研究采用最小显著性差异 LSD 法对均值进行两两的比较检验。如表 7-20 所示，3 年以上样本对全渠道零售商顾客惠顾意向高于 2~3 年、1~2 年和 1 年以内样本，这表明接触时间超过 3 年的顾客群体惠顾意向比 2~3 年、1~2 年和 1 年以内的顾客在统计意义上表现更强一些。

表 7-20　接触时间对全渠道零售商顾客的多重比较检验结果

	调查对象接触时间 (I)	调查对象接触时间 (J)	均值差异	Sig.
全渠道零售商顾客惠顾意向	3 年以上	2~3 年	0.137*	0.018
		1~2 年	0.210*	0.002
		1 年以内	0.195*	0.011

注：* 表示 $p < 0.05$。
资料来源：笔者根据研究分析结果整理。

7. 接触频率对全渠道零售商顾客惠顾意向的影响

在接触频率分组中，将调查对象每月平均接触全渠道零售商次数划分为 4 个组：①2 次及以下；②3~5 次；③6~8 次；④9 次及以上。如表 7-21 的研究结果显示，接触频率对全渠道零售商顾客惠顾意向的显著性概率是 0.011（小于 0.05），达到显著性影响水平。

表 7-21　接触频率对全渠道零售商顾客惠顾意向的方差分析结果

	方差齐性检验		方差分析		
	Levene	Sig.	df	F	Sig.
全渠道零售商顾客惠顾意向	1.972	0.029	3	5.348	0.011

资料来源：笔者根据研究分析结果整理。

为对不同接触频率差异化影响程度进行深入的两两比较，本研究使用多重分析方法进行事后检验。接触频率对全渠道零售商顾客惠顾意向的方差齐性检验显著性概率小于 0.05，不满足方差齐性，所以研究采用 Tamhane 法对均值进行两两的比较检验。如表 7-22 所示，9 次及以上/月样本对全渠道零售商顾客惠顾意向高于 2 次及以下/月、3~5 次/月和 6~8 次/月的样本，这表明高接触频率顾客群体的惠顾意向比低接触频率顾客群体在统计意义上表现更强一些。

表 7-22　接触频率对全渠道零售商顾客的多重比较检验结果

	调查对象接触频率（I）	调查对象接触频率（J）	均值差异	Sig.
全渠道零售商顾客惠顾意向	9 次及以上/月	2 次及以下/月	2.603 *	0.007
		3~5 次/月	2.089 *	0.015
		6~8 次/月	1.239 *	0.003

注：＊表示 p<0.05。
资料来源：笔者根据研究分析结果整理。

五、研究结果

　　根据研究结果显示，在本研究提出的 16 个研究假设中，有 8 个得到了实证样本的支持，8 个未得到实证样本的支持。具体的假设检验结果如表 7-23 所示：

表 7-23　研究假设检验结果

假设编号	研究假设	研究结果
H1a	访问便利→店铺认同感（正相关）	不支持
H1b	决策便利→店铺认同感（正相关）	支持
H1c	交易便利→店铺认同感（正相关）	不支持
H1d	转换便利→店铺认同感（正相关）	支持
H1e	物流配送便利→店铺认同感（正相关）	支持
H2a	访问便利→顾客惠顾意向（正相关）	不支持
H2b	决策便利→顾客惠顾意向（正相关）	支持
H2c	交易便利→顾客惠顾意向（正相关）	不支持
H2d	转换便利→顾客惠顾意向（正相关）	支持

续表

假设编号	研究假设	研究结果
H2e	物流配送便利→顾客惠顾意向（正相关）	支持
H3	店铺认同感→顾客惠顾意向（正相关）	支持
H4a	店铺认同感在访问便利与顾客惠顾意向之间起中介作用	支持
H4b	店铺认同感在决策便利与顾客惠顾意向之间起中介作用	不支持
H4c	店铺认同感在交易便利与顾客惠顾意向之间起中介作用	不支持
H4d	店铺认同感在转换便利与顾客惠顾意向之间起中介作用	不支持
H4e	店铺认同感在物流配送便利与顾客惠顾意向之间起中介作用	不支持

资料来源：笔者根据研究分析结果整理。

第四节　研究结果讨论

零售业是一个与顾客高度接触的行业，顾客对零售商提出了较高的服务便利需求。全渠道零售改变了传统实体零售情境中顾客接触服务形式和惠顾行为模式，提供了更为便利的服务，满足顾客在购物各阶段能随时随地购物、娱乐和社交的综合体验需求（Rigby，2011；李飞，2014；齐永智、张梦霞，2015）。顾客在全渠道零售商购物过程中接触到的所有信息和服务都是营销刺激，会引起顾客不同的态度反应和购买行为。因此，本研究以刺激反应理论、社会认同理论和全渠道零售理论为基础，基于"刺激—机体—反应"的系统化过程，构建了全渠道零售情境下服务便利、店铺认同感和顾客惠顾意向关系的研究模型，探讨了服务便利、店铺认同感对顾客惠顾意向的影响，研究了店铺认同感在服务便利与顾客惠顾意向关系之间的中介作用，通过实证研究对研究假设进行验证。接下来，将对研究数据检验的结果进行讨论。

一、假设检验结果探讨

1. 服务便利与店铺认同感关系的研究结果探讨

本研究探讨全渠道零售情境下服务便利对店铺认同感的影响。学者们的相关研究指出,零售商提供便利性服务能较好地满足顾客需求,影响顾客价值感知（Colwell et al.,2008；Karaosmanoglu et al.,2013）,为顾客形成身份一致性认知和情感联结奠定了基础（Lam,2013；苏雪梅、杨德宏,2013；杜玉英,2019）。根据本书第四章研究,全渠道零售服务便利划分为访问便利、决策便利、交易便利、转换便利和物流配送便利五个构念维度。从实证分析结果看,决策便利、转换便利和物流配送便利对全渠道零售店铺认同感有积极影响。访问便利和交易便利对全渠道零售店铺认同感影响不显著。从路径系数来看,转换便利对店铺认同感的影响最大（0.289,p<0.001）,决策便利对店铺认同感（0.164,p<0.05）的影响其次,物流配送便利（0.136,p<0.05）对店铺认同感的影响最小。该研究结论与苏雪梅和杨德宏（2013）及 Benoit 等（2017）的研究结论既有相同之处也有区别。这表明,在全渠道零售情境下顾客感知决策便利、转换便利和物流配送便利会驱动顾客产生店铺认同感,而访问便利和交易便利难以让顾客产生店铺认同感。对此解释的可能原因是,一方面,全渠道零售提供了丰富的线上线下店铺选择机会和多样化、互动的沟通方式,顾客可以随时随地访问不同渠道商店和下单购物,顾客感知购物前访问和购物交易过程所付出的时间和努力比较小,访问便利和交易便利可能已演化为顾客感知双方关系的保健因素。而且,零售业同质化竞争比较激烈,全渠道零售商难以通过访问便利和交易便利形成顾客差异化认知。另一方面,在全渠道零售情境中顾客对线上线下商品、服务、信息等一致性服务便利体验感知、不同零售渠道间无缝衔接需求,以及物流配送服务关注度日益提升,决策便利、转换便利和物流配送便利可能已成为顾客感知双方关系的激励因素。

2. 服务便利与顾客惠顾意向关系假设验证

本研究探讨全渠道零售情境下顾客感知的访问便利、决策便利、交易便利、转换便利和物流配送便利对顾客惠顾意向的影响。已有相关研究表明,服务便利是影响零售惠顾行为的决定因素之一（Seiders et al.,2005；Collier and Sherrell,2010；崔楠、崔庆和汪涛,2013；Sabine Benit et al.,2017；吴永春,2020）。从实证分析结果看,决策便利、转换便利和物流配送便利对全渠道零售商顾客惠顾意向有积极影响,而访问便利和交易便利对全渠道零售商顾客惠顾意向没有影响。从路径系数来看,转换便利对全渠道零售商顾客惠顾意向的影响最大

（0.274，p＜0.05），其次是决策便利（0.163，p＜0.05）和物流配送便利（0.156，p＜0.05）。该研究结论与已有研究结论（Nguyen et al.，2012；Prashant Raman，2019；仇立，2019；汪振杰、蒲晓敏和李平，2019）既有相同之处也有区别。这表明，在全渠道零售情境下决策便利、转换便利和物流配送便利驱动顾客惠顾意向，而访问便利和交易便利难以让顾客产生惠顾意向。对此解释的可能原因是，全渠道零售商竞争日趋激烈，商品和服务同质化趋势日趋明显，顾客访问便利和交易便利难以形成差异化优势，其影响力下降；而且大数据智能化推荐在全渠道零售商营销推广应用，改变了顾客决策行为和交易方式，但是也引发了顾客感知的"信息茧房"效应，从而对顾客惠顾意向起了一定的反作用。

3. 店铺认同感与顾客惠顾意向关系假设验证

本研究探讨全渠道零售情境下，店铺认同感对顾客惠顾意向的影响。已有相关研究表明，在实体零售情境中顾客认同感可以有效提高顾客购买意向和惠顾意向（Netemeyer et al.，2012；贺爱忠、李希凤，2016）。从实证分析结果来看，店铺认同（0.330，p＜0.001）对全渠道零售商顾客惠顾意向有积极正向影响。该研究结论与已有研究结论基本吻合。对此解释的可能原因是，全渠道零售情境下顾客在实体商店、网上商店、移动商店和社交商店等多种零售店铺之间交叉购物，店铺认同感帮助顾客构建其与全渠道零售商稳定的关系，满足顾客自我评价需求和情感需求，从而对顾客惠顾意向产生积极影响。

二、中介效应结果探讨

本研究探讨全渠道零售情境下店铺认同感在服务便利与惠顾意向关系中的中介作用。已有研究表明，"前因变量→顾客—企业认同→结果变量"效应链在顾客关系管理和服务管理研究中的重要性（Homburg et al.，2009；康俊、江林和郭益，2014）。本研究的探索性研究发现店铺认同感在服务便利与全渠道零售商顾客行为倾向之间存在一定作用。从实证分析结果来看，店铺认同感在访问便利与全渠道零售商顾客惠顾意向关系中具有完全中介作用；店铺认同感在决策便利、交易便利、转换便利、物流配送便利与全渠道零售商顾客惠顾意向关系中不存在中介作用。这一研究结果进一步验证了店铺认同感在全渠道零售情境中访问便利与顾客惠顾意向关系中的具体中介作用，也与"前因变量→顾客—企业认同

→结果变量"效应链相关研究基本吻合。对此解释的可能原因是，一方面，在全渠道零售情境中访问便利有助于增进顾客对全渠道零售店铺的积极认知和形成良好商店形象，并通过店铺认同感影响顾客惠顾意向。另一方面，全渠道购物者对在购物中和购物后付出时间和精力等非货币成本支出更为敏感，决策便利、交易便利、转换便利和物流配送便利可能对顾客满意度影响更大。

三、控制变量影响结果探讨

本研究共涉及 7 个控制变量，分别是性别、年龄、教育水平、职业、收入、接触时间和接触频率。研究结果发现，顾客人口统计特征和行为特征对全渠道零售商顾客惠顾意向有着不同的影响。根据方差分析的结果讨论如下：

1. 性别和职业对全渠道零售商顾客惠顾意向的影响不显著

性别和职业对全渠道零售商顾客惠顾意向的影响不显著。这表明无论男顾客、女顾客还是不同职业的顾客群体在全渠道零售情境下对惠顾意向都没有明显的影响。

2. 年龄对全渠道零售商顾客惠顾意向的影响显著

20 岁以下的调查对象其全渠道零售商惠顾意向低于 21~30 岁和 31~40 岁的调查对象，强于 41 岁以上的调查对象。这表明 40 岁及以下的顾客群体样本全渠道零售商惠顾意向要高于 41 岁及以上的顾客群体样本。换言之，中青年顾客群体更愿意惠顾全渠道零售商。一个可能解释这个现象的原因在于，中青年群体是网络世界的"原住民"，熟悉网络信息技术应用，对零售服务中时间和精力等非货币成本更为敏感。中老年消费群体对全渠道零售商有一个逐渐接受过程，对在全渠道零售商购物持谨慎的态度。

3. 教育水平对全渠道零售商顾客惠顾意向的影响显著

具有本科及研究生学历的调查对象其全渠道零售商惠顾意向高于高中及以下、中专和大专学历的调查对象。这表明高学历顾客群体更愿意惠顾全渠道零售商。一个可能解释这个现象的原因在于，高学历顾客对购物中时间和精力等非货币成本支出更为敏感，对线上线下购物渠道表现出更好的认可度。

4. 收入对全渠道零售商顾客惠顾意向的影响显著

收入为 2001~4000 元、4001~6000 元和 6001~8000 元的调查对象其全渠道

零售商惠顾意向强于收入在 2000 元及以下和 8001 元及以上的调查对象。换言之，中收入顾客群体更愿意惠顾全渠道零售商。一个可能解释这个现象的原因在于，全渠道零售商主要销售商品品类为中低价位日用商品和选购品，其主要顾客群体是中低收入群体，而高收入群体购物更为关注零售商购物现场的体验感。

5. 接触时间对全渠道零售商顾客惠顾意向影响显著

接触全渠道零售商时间在 3 年以上的调查对象其惠顾意向要高于接触时间少于 3 年的调查对象。换言之，顾客接触全渠道零售商的时间越长，就越倾向光顾全渠道零售商。一个可能解释这个现象的原因在于，顾客对全渠道零售商接受需要一个熟悉和习惯的过程，一旦顾客形成惠顾全渠道零售商习惯后，往往会首选在此购物。

6. 接触频率对全渠道零售商顾客惠顾意向影响显著

每月接触全渠道零售商 9 次及以上的调查样本对全渠道零售商惠顾意向要高于 2 次及以下/月、3~5 次/月和 6~8 次/月的调查样本。换言之，高接触频率顾客群体惠顾意向要强于低接触频率顾客群体。一个可能解释这个现象的原因在于，顾客空闲时间日益碎片化，对全渠道零售商接触频率越高越容易形成习惯性购物决策。

第五节　本章小结

本章主要对本书的研究数据进行了分析，通过统计分析和假设检验得出了实证分析结果。首先，详细阐述了有效样本的基本特征和对研究变量进行描述性统计分析，对问卷质量进行共同方法偏差检验。其次，进行了信度检验、内容效度检验、收敛效度检验和区分效度检验。再次，通过结构方程模型验证研究假设和中介效应分析，并进行了控制变量检验。最后，对研究结果展开了详细的讨论。本章所呈现的数据结果，一方面，能够为上一章提出的研究假设提供较为有力的支持；另一方面，能够为下一章研究总结和营销管理建议提供合理的依据。

本章通过实证分析探究全渠道零售情境中服务便利（S）、店铺认同感（O）

与顾客惠顾意向（R）之间的关系。本章研究发现：决策便利、转换便利和物流配送便利对全渠道零售店铺认同感有积极正向影响，而访问便利和交易便利对全渠道零售店铺认同感没有显著影响；决策便利、转换便利和物流配送便利对全渠道零售商顾客惠顾意向有积极正向影响，而访问便利和交易便利对全渠道零售商顾客惠顾意向没有影响；店铺认同对全渠道零售商顾客惠顾意向有积极正向影响。在进行中介效应检验后发现，店铺认同感在访问便利与全渠道零售商顾客惠顾意向关系中具有完全中介作用；店铺认同感在决策便利、交易便利、转换便利、物流配送便利与全渠道零售商顾客惠顾意向关系中不存在中介作用。在进行控制变量检验后发现，性别和职业对全渠道零售商顾客惠顾意向的影响不显著，年龄、教育水平、收入、接触时间及频率对全渠道零售商顾客惠顾意向的影响显著。

第八章 研究结论与研究展望

在前面章节的理论分析与实证研究的基础上，首先，本章总结了本书的研究结论；其次，指出本书的理论贡献和实践启示；最后，提出本书研究的局限性，并对未来的研究进行了展望。

第一节 研究结论

本书通过系统分析、整理国内外相关研究文献和探索性研究结果，深入剖析全渠道零售情境下服务便利、店铺认同感与顾客惠顾意向关系，基于刺激反应理论、社会认同理论和全渠道零售理论经过逻辑推导，共提出 4 类共计 16 个研究假设。本书以有过全渠道零售商惠顾经历的顾客群作为研究对象，共收集到 587 份有效问卷，通过软件 SPSS 26.0 和软件 SmartPLS 3.0 对收集的数据进行统计分析，数据分析结果表明 8 个研究假设通过检验。具体研究结论如下：

1. 全渠道零售服务便利包括访问便利、决策便利、交易便利、转换便利和物流配送便利

通过借鉴服务便利国内外的研究文献，界定了全渠道零售服务便利的内涵并构建了其维度模型，指出全渠道零售服务便利涉及访问便利、决策便利、交易便利、转换便利和物流配送便利五个构念维度。其中，访问便利是顾客在购物前访问（浏览）全渠道零售商以了解其提供的商品和服务时所感知到的时间和努力

付出。决策便利是顾客在购物时对全渠道零售商商品做出购买决定所感知到的时间和努力付出。交易便利是顾客在全渠道零售商店完成购物过程中所感知到的时间和努力付出。转换便利是顾客在全渠道零售商店购物过程中转换不同渠道商店所感知到的时间和努力付出。物流配送便利是顾客在全渠道零售商店购物后取得商品所感知的时间和努力付出。本书以此五个构念维度为基础，开发并检验了全渠道零售服务的测量量表。

2. 决策便利、转换便利和物流配送便利是全渠道零售店铺认同感的直接影响因素

实证研究回答了在全渠道零售情境下店铺认同感的直接影响因素是决策便利、转换便利和物流配送便利，即决策便利、转换便利和物流配送便利是全渠道零售店铺认同感形成的直接原因；访问便利和交易便利对全渠道零售店铺认同感没有直接影响。决策便利、转换便利和物流配送便利对全渠道零售店铺认同感均有显著正向影响。这表明决策便利、转换便利和物流配送便利对提高全渠道零售店铺认同感来说是非常重要的。具体而言，在全渠道零售情境下，顾客感知的决策便利、转换便利和物流配送便利，有助于形成零售店铺与顾客的同一性认知，增强彼此稳定的联结关系。访问便利和交易便利对全渠道零售店铺认同感影响不显著，即顾客在全渠道零售下难以基于访问便利和交易便利形成对零售店铺的同一性感知并产生信赖，而是需要重点关注购物决策中和购物后顾客感知的服务便利。由此可推断，从顾客感知的服务便利角度出发，全渠道零售店铺认同感主要影响因素是决策便利、转换便利和物流配送便利，而不是访问便利和交易便利。在全渠道零售情境下，零售商提升顾客感知决策便利、转换便利和物流配送便利对发展持续性顾客关系更有意义，而提升顾客感知访问便利和交易便利并不能直接影响店铺认同感。

3. 决策便利、转换便利和物流配送便利是全渠道零售商顾客惠顾意向的直接影响因素

实证研究回答了在全渠道零售情境下顾客惠顾意向的直接影响因素是决策便利、转换便利和物流配送便利，即决策便利、转换便利和物流配送便利是全渠道零售商顾客惠顾意向形成的直接原因；访问便利和交易便利对全渠道零售商顾客惠顾意向没有直接影响。决策便利、转换便利和物流配送便利对全渠道零售商顾

客惠顾意向均有显著正向影响，这表明以上三种类型的服务便利对增强全渠道零售商顾客惠顾意向是非常重要的。具体而言，决策便利涉及顾客对全渠道零售商线上线下渠道在商品、信息、质量等方面的一致性便利体验；转换便利涉及顾客无障碍转换线上线下零售渠道时带来的便利体验；物流配送便利涉及顾客在获取商品过程中对物流配送便利体验。这三种类型的服务便利有利于全渠道零售商顾客惠顾意向形成。访问便利涉及顾客浏览（访问）全渠道零售商店网站和实体服务网点所获取商品信息时的便利体验；交易便利涉及顾客在查找商品、下单、支付、退换货等方面的便利体验。这两种类型的服务便利对全渠道零售商顾客惠顾意向影响不显著。由此可推断，在全渠道零售情境下零售商增强顾客感知决策便利、转换便利和物流配送便利对提高零售惠顾意向更有意义，而提升顾客感知访问便利和交易便利并不能直接影响零售惠顾意向。

4. 全渠道零售店铺认同感是全渠道零售商顾客惠顾意向的直接影响因素

实证研究回答了在全渠道零售情境下顾客惠顾意向的直接影响因素是店铺认同感，即店铺认同感是全渠道零售商顾客惠顾意向形成的直接原因。顾客与全渠道零售店铺建立持续稳定的联结关系，形成强有力的心理联系纽带，会减少顾客对全渠道零售商的不确定性认知和购物风险感知。由此可推断，在全渠道零售情境下，零售商增强顾客对零售店铺的认同感，有助于增强顾客与零售店铺的黏性，提高零售商顾客惠顾意向。全渠道零售店铺认同感越强，顾客对该全渠道零售商惠顾意向越强，对其他同类全渠道零售商关注度和识别度就会越低。

5. 全渠道零售店铺认同感在访问便利与全渠道零售商顾客惠顾意向之间有完全中介作用

实证研究回答了全渠道零售店铺认同感在访问便利与全渠道零售商顾客惠顾意向之间具有部分中介作用，而在决策便利、交易便利、转换便利和物流配送便利之间则没有显著的中介作用，这一研究结果进一步验证了店铺认同感在服务便利与全渠道零售商顾客惠顾意向关系中的具体中介作用。换言之，在全渠道零售情境下，顾客感知访问便利可以通过零售店铺认同感来间接影响全渠道零售商顾客惠顾意向。由此可推断，当顾客在访问全渠道零售商过程中感受到获取商品信息的便利体验时，能够激发顾客形成对零售店铺的积极评价和同一性认知并产生认同感，进而进一步引发全渠道零售商顾客惠顾意向的产生。

6. 顾客人口统计特征和行为特征对全渠道零售商顾客惠顾意向产生差异化影响

实证研究结果发现年龄、教育水平、收入、接触时间和接触频率的不同能够对持续使用意向产生差异化影响，而性别和职业对全渠道零售商惠顾意向的影响不显著。相比中老年顾客群体，中青年顾客群体更愿意惠顾全渠道零售商。一个可能解释这个现象的原因在于，中青年群体是网络世界的"原住民"，熟悉网络信息技术应用，对零售服务中时间和精力等非货币成本更为敏感。相比低学历顾客群体，高学历顾客群体更愿意惠顾全渠道零售商。一个可能解释这个现象的原因在于，高学历顾客对购物中时间和精力等非货币成本支出更为敏感，对线上线下购物渠道表现出更好的认可度。相比低收入和高收入顾客群体，中等收入顾客群体更愿意惠顾全渠道零售商。一个可能解释这个现象的原因在于，全渠道零售商主要销售商品品类为中低价位日用商品和选购品，其主要顾客群体是中低收入群体，而高收入群体购物更为关注零售商现场体验感。高接触时间和高频率顾客群体惠顾意向要强于低接触时间和低频率顾客群体。一个可能解释这个现象的原因在于，顾客对全渠道零售商接受需要一个熟悉和习惯的过程，一旦顾客形成惠顾全渠道零售商的习惯后，往往会首选在此购物。接触全渠道零售商时间越长，接触全渠道零售商频率越高，就越倾向于选择惠顾全渠道零售商。由此可推断，全渠道零售商对新接触全渠道购物的顾客应尽可能地激励他们持续选择光顾、浏览的意向，以形成顾客"黏性"。

第二节　理论贡献与实践启示

本书从顾客感知角度出发结合刺激反应理论、社会认同理论和全渠道零售理论的观点，揭示服务便利对全渠道零售商惠顾意向的作用机理，以及店铺认同感在服务便利和顾客惠顾意向关系中的中介作用。纵观整个研究过程和回顾研究结论，本书为探索全渠道零售服务便利构念维度，以及全渠道零售商顾客惠顾意向影响机理做出了一定的理论贡献。同时，也为全渠道零售商服务管理实践提供了一些建议。

一、理论贡献

本书主要对全渠道零售情境下服务便利、店铺认同感与顾客惠顾意向关系问题进行探究，通过探索性研究以顾客感知为视角提出"服务便利——店铺认同感——顾客惠顾意向"的理论框架；并通过实证分析对这一理论框架进行验证，同时做出进一步研究。本研究的开展具有以下方面的理论贡献：

1. 深入研究了全渠道零售服务便利及其构念维度

根据全渠道零售发展特点，传统实体零售情境下的服务便利理论已经不能完全适用。根据现有服务便利研究文献分析发现，大多数关于服务便利维度的文献是以 Berry（2002）服务便利五维模型理论为基础，将服务便利分成决策便利、渠道便利、交易便利、利益便利和售后便利开展研究。然而，对于全渠道零售商顾客来说，仅从这五个维度角度进行服务便利研究是不够的。在全渠道零售情境下，零售服务便利需要配置多种类型的零售渠道来实现。全渠道购物者更强调获得线上线下渠道无缝衔接的便利体验、一致性购物体验，以及获得商品物流配送便利体验。因此，本书在对现有服务便利文献详细梳理和通过关键事件法进行探索性研究的基础上，识别并定义了全渠道零售服务便利，提出了全渠道零售服务便利五个构念维度（访问便利、决策便利、交易便利、转换便利和物流配送便利），开发和检验了全渠道零售服务便利测量量表，丰富了原有服务便利理论的研究成果。

2. 深入探究了全渠道零售情境下服务便利对顾客惠顾意向作用机理

与传统实体零售和网络零售相比，全渠道零售商顾客能以更为便利的方式选择惠顾特定商店，能感受到使用线上线下渠道购物带来时间和精力的节省，因此全渠道零售商广受青睐。全渠道零售商通过服务便利作用的发挥可以增强顾客惠顾意向。以往全渠道零售顾客行为研究多集中于顾客需要与动机、顾客满意、顾客体验等视角，较少有学者从顾客感知的服务便利角度出发对全渠道零售商惠顾意向进行探讨。本书结合全渠道零售特点，在刺激反应理论、社会认同理论和全渠道零售理论的基础上，建立并验证了服务便利对顾客惠顾意向的作用机理，探讨了全渠道零售中访问便利、决策便利、交易便利、转换便利和物流配送便利对顾客惠顾意向的具体影响方式。本书研究结论在一定程度上揭示了全渠道零售商顾客惠顾意向的形成机理，从而加强了对全渠道零售顾客行为意向及选择意向认识，对于丰富全渠道零售相关理论研究具有一定贡献。

3. 将顾客认同理论扩展到全渠道零售情境中，探究了店铺认同感中介效应

根据以往相关文献分析发现，顾客认同理论多用于服务业或传统实体零售情境中，学术界少有研究能系统地探讨零售企业认同感问题。本书在全渠道零售情境下将店铺认同感引入，构建了一个服务便利、店铺认同感和全渠道零售顾客惠顾意向的理论模型，从而拓宽了顾客认同理论的使用情境。本书将店铺认同感对全渠道零售商顾客惠顾意向的影响，以及店铺认同感在服务便利和全渠道零售商顾客惠顾意向间的中介效应进行了具体论证，揭示了服务便利与店铺认同感、店铺认同感与顾客惠顾意向之间的内在关系，丰富了顾客认同理论在全渠道零售顾客行为中的理论解释，为顾客认同理论的延伸做出了一定贡献。

二、实践启示

全渠道零售商既面临着如何能向顾客提供无缝衔接便利服务和一致性品牌体验的服务管理问题，又面临着如何让顾客对零售店铺产生认同感进而提升惠顾意向以应对日趋激烈市场竞争的现实管理问题。结合以上研究结果分析和讨论，本书针对企业界比较关心的全渠道零售服务管理问题，实证研究了服务便利、店铺认同感和顾客惠顾意向关系问题，得出以下主要管理实践启示：

1. 识别和做好全渠道零售服务便利分类管理

本书对顾客感知全渠道服务便利概念化及其测量量表的开发检验，能够帮助全渠道零售商采取有效的服务便利管理策略以提高自身的服务便利管理能力。一方面，全渠道零售商可以参考顾客感知服务便利的多维度结构，从访问便利、决策便利、交易便利、转换便利和物流配送便利这些方面去提升全渠道零售服务管理能力，从而增强顾客惠顾意向。例如，全渠道零售商利用该服务便利量表开展调查分析，明晰顾客对具体服务便利维度评价满意度的高低，从而更有针对性地开展各种服务便利管理活动，提供更加便利和灵活的服务。另一方面，全渠道零售商应注意识别访问便利、决策便利、交易便利、转换便利和物流配送便利在服务管理效果上的作用差异，做好全渠道服务便利分类管理。本书证实了访问便利和交易便利对全渠道零售商顾客惠顾意向没有显著性影响，而决策便利、转换便

利和物流配送便利对全渠道零售商顾客惠顾意向有显著性正向影响。换而言之，访问便利和交易便利在全渠道零售商顾客服务绩效方面起到保健作用，而决策便利、转换便利和物流配送便利起到激励作用。虽然访问便利不能直接影响顾客惠顾意向，但是它会通过店铺认同感间接影响顾客惠顾意向。因此，全渠道零售商仍然需要重视顾客在购物前浏览、访问、搜索等方面的服务便利体验。

2. 注重决策、渠道转换和物流配送方面的便利管理

本书证实了在全渠道零售情境中，顾客感知的决策便利、转换便利和物流配送便利既对顾客惠顾意向存在积极的作用，又能够促进顾客产生零售店铺认同感。顾客之所以愿意惠顾选择并推荐特定全渠道零售商关键因素在于，他们能否从该零售商获得线上线下渠道整合一致性决策便利、渠道转换便利和物流配送便利。在全渠道零售情境中，一方面，顾客热衷于在各种类型线上线下零售渠道中进行无缝隙穿梭，并对全渠道零售商所提供的线上线下商品、服务、信息等一致性和物流配送便利提出更高要求；另一方面，顾客希望自己在各种类型线上线下零售渠道穿梭过程中所产生的服务问题能得到及时处理和反馈，以减少其非货币成本支出。因此，对于全渠道零售商来说，尤其需要重视顾客感知的决策、渠道转换和物流配送这三方面的便利管理。首先，全渠道零售商应提高线上线下渠道整合质量，重视发展线上线下零售渠道一体化服务平台，实现线上线下零售系统一致、服务一致和商品质量一致，让顾客不管是先接触实体零售服务网点、社交媒体商店还是网络零售商店都能感受到一致性的便利服务体验以提高决策便利感知。其次，全渠道零售商应适当关注顾客惠顾不同零售渠道的功能互补化感知，构建无缝连接的线上线下零售渠道沟通系统，增强快速响应顾客的服务能力，差别化满足在不同线上线下商店之间的自由切换和选择所需个性化的服务需求。最后，全渠道零售商应重视物流配送便利管理，一方面，关注物流到货时间、物流配送服务质量和配送方式的优化，利用大数据系统整合仓储、配送与客户需求数据动态规划最优的配送路径，升级智能化物流配送设施，做好物流配送服务标准化管理，提高物流配送服务效能；另一方面，提供个性化的物流配送服务，完善物流售后服务系统，实现线上与线下零售商店销售和物流数据共享。例如，收到线上购买的商品后发现有问题，可以从实体服务网点退换货，提升顾客物流配送服务快捷化便利化感知。

3. 重视提升顾客对全渠道零售店铺的认同感

本书证实了在全渠道零售情境中，店铺认同感既对顾客惠顾意向存在积极直接作用，又能够在访问便利和顾客惠顾意向之间起到完全中介作用。因此，全渠道零售商应积极提升顾客对零售店铺的认同感，可以跟踪测量顾客对线上线下零售店铺的认知认同和情感认同水平，全面了解消费者对全渠道零售店铺的认同状态以便有针对性地开展营销管理活动。例如，全渠道零售店铺可以通过提升零售店铺形象与目标顾客身份偏好的一致性水平，积极参与社区公益活动，增强顾客黏性以培养店铺认同感；可以通过引导顾客参与会员活动，感受丰富化服务体验，强化顾客对自己与企业身份相似性的认知，增强顾客对店铺的自豪感；可以通过提升零售店铺营业人员、客户服务人员等一线服务人员与顾客交流互动的水平，赢得顾客信任和情感认同；可以通过提升线上零售店铺真实场景展示水平和商品丰富化，获得顾客沉浸感、临场感和融入感，培养顾客在线零售店铺认同感；也可以通过店铺虚拟社群建设营造支持性氛围，鼓励顾客分享对品牌、产品、店铺的看法，鼓励顾客主动提供有效信息，引导顾客之间、顾客与店员之间主动互帮互助和资源分享，从而获得顾客归属感和认同感。

4. 差异化采取针对不同类型顾客群体的营销策略

本书证实了在全渠道零售情境中，不同顾客人口统计特征和行为特征会差异化影响惠顾意向。首先，顾客年龄、教育水平和收入的不同将影响全渠道零售商顾客惠顾意向。全渠道零售商应考虑顾客年龄、教育水平和收入的不同，制定针对性营销策略。例如，相比年轻顾客群体，中老年顾客群体对商品的价格更敏感，对网络购物操作的熟悉程度不够，全渠道零售商可以通过高水平运营管理、个性化精准推荐和网络界面操作简洁化，降低线上渠道商店商品价格和非货币成本感知，提升顾客对线上商店感知价值和信任程度，降低购物风险感知，满足中老年顾客的购物需求。相比高学历顾客群体，低学历顾客群体更在意商品价格，全渠道零售商可以有针对性地开展促销活动，满足这一顾客群体的求廉动机。相比中收入顾客群体，低收入和高收入顾客群体惠顾全渠道零售商的意向偏低，全渠道零售商可以针对高收入顾客群体做好顾客体验管理，丰富其对线上线下渠道商店服务的体验；针对低收入顾客群体做好促销管理以强化其对商品性价比感知；针对中收入顾客群体做好服务细节管理和互动管理以增强其对零售商品牌信任感。其次，接触全渠道零售商时间久的顾客惠顾意向要强于接触时间短的顾客。全渠道零售商要重视因接触时间不同而造成的顾客惠顾意向差别，针对接触时间长的顾客要丰富顾客忠诚奖励计划内容及形式，从而致力于培养忠诚顾客，做好顾客关系管理；针对接触时间短的顾客要采取促销激励和游戏化营销，从而增加顾客接触全渠道零售商的时间。最后，接触全渠道零售商频率高的顾客惠顾意向要强于低接触频率的顾客。全渠道零售商对新接触全渠道购物顾客可以通过增强对零售商品牌熟悉度、偏好和购物经验，培养搜索、浏览（访问）、选择等方面惠顾行为惯性，应尽可能地采用多种方式激励顾客增加接触频率。例如，全渠道零售商通过定期更新商品、组织会员日活动、专享礼包、发放电子优惠券、赠送免费样品，以及游戏化奖励等营销措施激发顾客自发提高接触频率，增加顾客对零售商品牌的依恋。

第三节　研究局限与展望

本书从文献整理分析、探索性研究访谈、测量量表开发、问卷设计、研究数据收集到实证分析，再到最后得出研究结论，历经很长时间。尽管在整个研究过程中力求遵循科学严谨的研究方法以确保研究的规范性和科学性，但是由于受个人研究水平、能力及相关客观因素的限制，使本研究仍存在一定的局限性和不足之处。未来可就这些研究不足之处进行进一步的探讨。

一、研究局限

1. 研究方法局限

从研究方法来看，本研究的局限性在于主要使用问卷调查法对研究数据进行收集，在填写问卷时，顾客凭借自己的全渠道零售商惠顾经历回答相关的问题。全渠道零售服务便利、店铺认同感和顾客惠顾意向均属于顾客心理层面的感知，设计具有现场感心理试验可能更会调动起顾客的真实感知，对研究结论也就会产生更有力的支撑。未来的研究可以考虑使用扎根理论和实验研究法相结合的混合研究以获得更加准确的研究数据，进一步探究全渠道零售商顾客惠顾意向、店铺认同感和服务便利体验之间的关系。

2. 研究样本选择局限

从研究样本选择来看，本研究局限性主要体现在两个方面：一是在全渠道服务便利量表开发检验阶段和大规模问卷发放阶段，调研的样本对象以高校的学生为主（分别占 48.51% 和 41.40%），样本的选择有一定的局限性；在大规模问卷发放阶段，收集到的数据多以中青年顾客群体为主（占 71.04%），尽管在全渠道购物者中占比较大，具有代表性，但仍存在一定片面性。未来的研究可以考虑选取更多其他年龄阶段的顾客进行调研，以进一步检验和完善本书的研究结论。二是本研究主要使用横断面的调查样本数据对研究模型进行验证。顾客感知服务便利和顾客惠顾意向比较偏向于消费心理学层面的研究，采用纵向数据或操纵中介变量的方法进行研究模型验证是值得关注的方向。未来的研究可以考虑通过使用纵向数据或操纵中介变量的方式对研究模型进行检验。

3. 研究内容局限

从研究内容来看，本研究局限性主要体现在三个方面：一是全渠道零售情境中，服务便利构念维度是通过分析相关研究文献和探索性研究结果所提出的，可能存在遗漏，未来研究可以进行进一步的补充与完善。二是从顾客感知的研究视角出发，以刺激反应理论、社会认同理论和全渠道零售理论为基础，将服务便利和店铺认同感作为影响全渠道零售商顾客惠顾意向的直接前因变量，而没有考虑全渠道整合服务质量、顾客体验和顾客价值等涉及顾客感知的其他前因变量影响，也没有考虑其他变量的调节作用，未来研究可以通过增加这些变量来开展相关研究以使研究模型和结论更加全面。三是主要探究全渠道零售情境中顾客惠顾意向，而没有研究顾客惠顾行为。虽然已有很多研究表明顾客惠顾意向在很大程度上会导致顾客惠顾行为的产生，但是顾客惠顾意向并不完全等同于顾客惠顾行为，用顾客实际购买数据和传播行为数据对顾客惠顾行为进行探究非常必要。未来研究可以考虑结合顾客全渠道零售顾客实际购买数据和传播行为数据进行进一步分析。

二、研究展望

全渠道零售情境中顾客惠顾意向受到诸多因素影响。本书借助了刺激反应理论、社会认同理论和全渠道零售理论，构建了全渠道零售情境中服务便利、店铺认同感和顾客惠顾意向关系研究模型，探讨了访问便利、决策便利、交易便利、转换便利、物流配送便利、店铺认同感等研究变量对全渠道零售商顾客惠顾意向的影响机理，但是对相关研究所涉及的顾客情感、顾客满意、经营业态、技术服务特征等其他因素对全渠道零售商顾客惠顾意向的影响考虑不足，很难较为全面地考虑到影响全渠道零售情境中顾客惠顾意向的所有因素。这为今后的研究提供了较多的可能和空间。在今后的研究中，需要更加关注如下几个方面的研究：

第一，综合考虑全渠道整合服务质量、全渠道顾客体验、顾客满意、顾客感知价值、顾客感知转换成本等其他顾客感知因素影响机理，探讨诸如顾客契合、互动体验等调节变量的具体影响效果，以及其他控制变量的影响，使研究模型和研究结论更加丰富。

第二，考虑全渠道零售经营业态、零售服务差异化特征、无接触零售技术特征、商业集聚、购物导向和地域化情境等这些方面的特殊性对全渠道零售商顾客惠顾意向的影响，使研究结论能够更具有普遍推广的价值。

第三，考虑对顾客群体人口统计特征进行精准定位，尽可能地分层抽样调研具有不同人口统计特征的顾客群体，扩大被试的调查范围，以使调研结果更加全面，实证分析更具统计学的实际意义。

第四，利用实验研究方法、扎根理论和网络文本分析方法，对全渠道零售情境中服务便利、顾客惠顾意向及行为等进行混合研究，使研究更为规范和科学。

第四节　本章小结

本章是本书的结束章。基于前面章节的文献研究、探索性研究、理论分析与实证研究，本章归纳总结得到了研究的主要结论；分析并指出理论贡献和实践启示；最后，提出了本书存在研究方法、研究样本选择和研究内容三方面的局限，并基于研究不足提出对未来研究的展望。

参考文献

［1］AHEARNE M, BHATTACHARYA C B, GRUEN T. Antecedents and Consequences of Customer-company Identification: Expanding the Role of Relationship Marketing ［J］. Journal of Applied Psychology, 2005, 90（3）: 574-585.

［2］AILAWADI K L, FARRIS P W. Managing Multi-and Omni-channel Distribution: Metrics and Research Directions ［J］. Journal of Retailing, 2017, 93（1）: 120-135.

［3］ALBERT S, ASHFORTH B, DUTTON E J. Organizational Identity and Identification: Charting New Waters and Building New Bridges ［J］. Academy of Management Review, 2000, 25（1）: 13-17.

［4］ALEXANDRA AGUIRRE-RODRIGUEZ, MICHAEL BOSNJAK, M JOSEPH SIRGY. Moderators of the Self-congruity Effect on Consumer Decision-making: A Meta-analysis ［J］. Journal of Business Research, 2012, 65（11）: 1179-1188.

［5］ALI RAZA, AMER SAEED, et al. Linking Corporate Social Responsibility to Customer Loyalty Through Co-Creation and Customer Company Identification: Exploring Sequential Mediation Mechanism ［J］. Sustainability, 2020（12）: 2525.

［6］ANDERSON J C, GERBING D W. Structural Equation Modeling in Practice: A Review and Recommended Two-step approach ［J］. Psychological Bulletin, 1988, 103（3）: 411-423.

［7］ANDERSON W, THOMAS J R. Convenience Orientation and Consumption Behavior ［J］. Journal of Retailing, 1972, 48（3）: 49-71.

［8］ANDERSON W, THOMAS J R. Identifying the Convenience Oriented Consumer ［J］. Journal of Marketing Research, 1971 (8): 179-183.

［9］ANDREW G, PARSON S. Non-functional Motives For Online Shoppers: Why We Click ［J］. Joumal of Consumer Marketing, 2002, 19 (5): 380-392.

［10］ANSARI A, et al. Customer Channel Migration ［J］. Journal of Marketing Research, 2008, 45 (1): 60-76.

［11］ANTON C, CAMARENO C, CARRERO M. The Mediating Effect of Satisfaction on Consumers' Switching Intention ［J］. Psychology & Marketing, 2007, 24 (6): 511-538.

［12］APA, NCME, AERA. Standards For Educational and Psychological Testing ［M］. Washington, DC: American Educational Research Association, 1999.

［13］ASHFORTH B E, HARRISON S H, CORLEY K G. Identification in Organizations: An Examination of Four Fundamental Questions ［J］. Journal of Management, 2008, 34 (3): 325-374.

［14］ASHFORTH B E, MAEL F. Social Identity and the Organization ［J］. Academy of Management Review, 1989, 14 (1): 20-39.

［15］BAGOZZI R P, BERGAMI M, MARZOCCHI G L, MORANDIN G. Customer-Organization Relationships: Development and Test of a Theory of Extended Identities ［J］. Journal of Applied Psychology, 2012, 97 (1): 63.

［16］BAGOZZI R P, DHOLAKIA U M. Antecedents and Purchase Consequences of Customer Participation in Small Group Brand Communities ［J］. International Journal of Research in Marketing, 2006, 23 (1): 45-61.

［17］BAGOZZI R P, WONG N, ABE S, BERGAMI M. Cultural and Situational Contingencies and the Theory of Reasoned Action: Application to Face Food Restaurant Consumption ［J］. Journal of Consumer Psychology, 2000, 9 (1): 97-106.

［18］BAGOZZI R P. Attitude Formation Under the Theory of Reasoned Action and a Purposeful Behaviour Reformulation ［J］. British Journal of Social Psychology, 1986, 25 (2): 95-107.

［19］BAKER J, PARASURAMAN A, GREWAL D, VOSS G B. The Influence of Multiple Store Environment Cues on Perceived Merchandise Value and Patronage Intentions [J]. Journal of Marketing, 2002, 66 (2): 120-141.

[20] BAMBER E M, IYER V M. Big 5 Auditors Professional and Organizational Identification: Consistency or Conflict? [J]. Auditing a Journal of Practice & Theory, 2002, 21 (2): 21-38.

[21] BANERJEE M. Misalignment and Its Influence on Integration Quality in Multichannel Services [J]. Journal of Service Research, 2014, 17 (4): 460-474.

[22] BATRA R, SINHAB I. Consumer-Level Factors Moderating the Success of Private Label Brands [J]. Journal of Retailing, 2000, 76 (2): 175-176.

[23] BECK M, CRIE D. I Virtually try it... I Want it ! Virtual Fitting Room: A Tool to Increase On-line and Off-line Exploratory Behavior, Patronage and Purchase Intentions [J]. Journal of Retailing & Consumer Services, 2018 (40): 279-286.

[24] BELEN DEL RIO A, et al. The Effects of Brand Associations on Consumer Response [J]. Journal of Consumer Marketing, 2001, 18 (5): 410-425.

[25] BELK R W. Possessions and Self [M]. New York: John Wiley & Sons, Ltd, 1975.

[26] BELK R W. Prossessions and the Extended Self [J]. Journal of Consumer Research, 1988 (15): 139-145.

[27] BERGAMI M, BAGOZZI R P. Self-categorization, Affective Commitment and Group Self-esteem as Distinct Aspects of Social Identity in the Organization [J]. British Journal of Social Psychology, 2000, 39 (4): 555-577.

[28] BERGKVIST L, BECH-LARSEN T. Two Studies of Consequences and Actionable Antecedents of Brand Love [J]. Journal of Brand Management, 2010, 17 (7): 504-518.

[29] BERRY L L, SEIDERS K, GREWAL D. Understanding Service Convenience [J]. Journal of Marketing, 2002, 66 (3): 1-17.

[30] BHATTACHARYA C B, SEN S. Consumer-Company Identification: A Framework for Understanding Consumers' Relationships With Companies [J]. Journal of Marketing, 2003, 67 (2): 76-88.

［31］BODHANI A. Shops Offer the E-tail Experience ［J］. Engineering & Technology, 2012, 7 (5): 46-49.

［32］BOLLEN K A. A New Incremental Fit Index For General Structural Equation Models ［J］. Sociological Methods and Research, 1989 (17): 303-316.

［33］BOOMSMA A, HOOGLAND J. The Robustness of LISREL Modeling Revisited ［J］. Structural Equation Modeling Present and Future, 2001 (1): 1-25.

［34］BOYD B K, FULK J. Executive Scanning and Perceived Uncertainty: A Multidimensional Model ［J］. Journal of Management, 1996, 22 (1): 1-12.

［35］BREWER M B. The Social Self: On Being the Same and Different at the Same Time ［J］. Personality and Social Psychology Bulletin, 1991, 17 (5): 475-482.

［36］BROWN L G, MCENALLY M R. Convenience: Definition, Structure and Application ［J］. Journal of Marketing Management, 1993, 2 (2): 40-45.

［37］BROWN L G. Convenience in Services Marketing ［J］. Journal of Services Marketing, 1990, 4 (1): 53-59.

［38］BROWN R. Social Identity Theory Past Achievments, Current Problems and Future Challenges ［J］. Eurppean Journal of Social Psychology, 2000, 30: 745-778.

［39］BURKE R R. Technology and the Customer Interface: What Consumers Want in the Physical and Virtual Store ［J］. Journal of the Academy of Marketing Science, 2002, 30 (4): 411-423.

［40］CAMILLERI S J, CORTIS J, FENECH M D. Service Quality and Internet Banking: Perceptions of Maltese Retail Bank Customers ［J］. Bank of Valletta Review, 2013 (48): 1-27.

［41］CAO L L, LILI. The Impact of Cross-channel Integration on Retailers' sales Growth ［J］. Journal of Retailing, 2015, 91 (2): 198-216.

［42］CHANG M Y, CHEN K C, PANG C, CHEN C M, YEN D C. A Study on the Effects of Service Convenience and Service Quality on Maintenance Revisit Intentions ［J］. Computer Standards & Interfaces, 2013, 35 (2): 187-194.

［43］ CHAUDHURI A, LIGAS M. Consqueences of Value in Retail Market ［J］. Journal of Retailings, 2009, 85 (3): 406-419.

［44］ CHELL E, PITTAWAY L. A Study of Entrepreneurship in the Restaurant and Cafe Industry: Exploratory Work Using the Critical Incident Technique as a Methodology ［J］. International Journal of Hospitality Management, 1998, 17 (1): 23-32.

［45］ CHEN M C, CHANG K C, HSU C L, YANG I C. Understanding the Relationship Between Service Convenience and Customer Satisfaction in Home Delivery by Kano Model ［J］. Asia Pacific Journal of Marketing and Logistics, 2011, 23 (3): 386-410.

［46］ CHILDERS T L, CARR C L, PECK J, CARSON S. Hedonic and Utilitarian Motivations for Online Retail Shopping Behavior ［J］. Journal of Retailing, 2001, 77: 511-535.

［47］ CHIN W W. Commentary: Issues and Opinion on Structural Equation Modeling ［J］. Management Information Systems Quarterly, 1998, 22 (1): 7-16.

［48］ CHURCHILL G A. A Paradigm for Developing Better Measures of Marketing Constructs ［J］. Journal of Marketing Research, 1979, 16 (1): 64-73.

［49］ COLLIER J E, SHERRELL D L, BABAKUS E, Horky A B. Understanding the Differences of Public and Private Self-service Technology ［J］. Journal of Services Marketing, 2014, 28 (1): 60-70.

［50］ COLLIER J E, SHERRELL D L. Examining the Influence of Control and Convenience in a Self-Service Setting ［J］. Journal of the Academy of Marketing Science, 2010, 38 (4): 490-509.

［51］ COLWELL S R, AUNG M, KANETKAR V, HOLDEN A L. Toward a Measure of Service Convenience: Multiple-Item Scale Development and Empirical Test ［J］. Journal of Services Marketing, 2008, 22 (2): 160-169.

［52］ COPELAND M T. The Relation of Consumers' Buying Habits to Marketing Methods ［J］. Harvard Business Review, 1923, 1 (3): 35-40.

［53］ CRASK M, F REYNOLDS. An Indepth Profile of the Department Store

Shopper [J]. Journal of Retailing, 1978, 54 (2): 23-32.

[54] CRONIN J J, BRADY M K, HULT G. Assessing the Effects of Quality, Value and Customer Satisfaction on Consumer Behavioral Intentions in Service Environments [J]. Journal of Retailing, 2000, 76 (2): 193-218.

[55] DAI H, SALAM A F. Does Service Convenience Matter? An Empirical Assessment of Service Quality, Service Convenience and Exchange Relationship in Electronic Mediated Environment [J]. Electronic Markets, 2014, 24 (4): 269-284.

[56] DARLEY W K, LIM J S. Store Choice Behavior For Pre-owned Merchandise [J]. Journal of Business Research, 1993, 27 (1): 17-31.

[57] DARRYL ROMANOW, ARUN RAI, Mark Keil. CPOE-Enabled Coordination: Appropriation for Deep Structure Use and Impacts on Patient Outcomes [J]. MIS Quarterly, 2018, 42 (1): 189-212.

[58] DAVARI A, IYER P, ROKONUZZAMAN M. Identifying the Determinants of Online Retail Patronage: A Perceived-risk Perspective [J]. Journal of Retailing & Consumer Services, 2016 (33): 186-193.

[59] DEWITT T, NGUYEN D T, MARSHALL R. Exploring Customer Loyalty Following Service Recovery the Mediating Effects of Trust and Emotions [J]. Journal of Service Research, 2008, 10 (3): 269-281.

[60] DICK R V, GROJEAN M W, CHRIST O, WIESEKE J. Identity and the Extra Mile: Relationships Between Organizational Identification and Organizational Citizenship Behaviour [J]. British Journal of Management, 2006, 17 (4): 283-301.

[61] DODDS W, MONROE K, GREWAL D. The Effects of Price, Brand, and Store Information on Buyers' Product Evaluations [J]. Journal of Marketing Research, 1991, 28 (3): 307-319.

[62] DONAVAN D T, et al. Environmental Influences in Corporate Brand Identification and Outcomes [J]. Journal of Brand Management, 2006 (14): 125-136.

[63] DONOVAN R J, ROSSITER J R. Store Atmosphere: An Environmental Psychology Approach [J]. Journal of Retailing, 1982, 58 (1): 34-57.

[64] DUTTON J E, DUKERICH J M, HARQUAIL C V. Organizational Images

and Member Identification [J]. Administrative Science Quarterly, 1994, 39 (2): 239-267.

[65] DUTTON J, DUKCRICH J. Keeping an Eye on the Mirror: Image and Identity in Organizational Adaptation [J]. Acadcmy of Management Journal, 1991, 34 (3): 517-554.

[66] EAGLY R, CHAIKEN. Consumer-level Factors Moderating the Success of Private Label Brands [J]. Journal of Retailing, 1993 (76): 175-176.

[67] EASTLICK M A, LIU M. The Influence of Store Attitudes and Other non Store Shopping Patterns on Patronage of Television Shopping Programs [J]. Journal of Direct Marketing, 1997, 11 (3): 14-24.

[68] EINHORN H J, HOGARTH R M. Behavioral Decision Theory: Processes of Judgement and Choice [J]. Annual Review of Psychology, 1981 (32): 53-88.

[69] ELLEMERS N, KORTEKAAS P, OUWERKERK J W. Self-categorisation, Commitment to the Group and Group Self-esteem as Related But Distinct Aspects of Social Identity [J]. European Journal of Social Psychology, 1999 (29): 371-389.

[70] ENGEL J F, BLACKWELL R D, MINIARD P W. Consumer Behavior [M]. New York: The Dryden, 1995.

[71] EROGLU S A, MACHLEIT K A, DAVIS L M. Atmospheric Qualities of Online Retailing a Conceptual Model and Implications [J]. Journal of Business Research, 2001, 54 (2): 177-184.

[72] FARQUHAR J D, ROWLEY J. Convenience: A Service Perspective [J]. Marketing Theory, 2009, 9 (4): 425-438.

[73] FATMA M, KHAN I, RAHMAN Z. CSR and Consumer Behavioral Responses: The Role of Customer-company Identification [J]. Asia Pacific Journal of Marketing and Logistics, 2018, 30 (2): 460-477.

[74] FISHBEIN M, AJZEN I. Belief, Attitude, Intention, and Behavior: An Introduction to Theory and Research [J]. Contemporary Sociology, 1977, 6 (2): 244-245.

[75] FLANAGAN J C. The Critical Incident Technique [J]. Psychological Bul-

letin, 1954, 51 (4): 327-358.

[76] FORNELL C, JOHNSON M D, ANDERSON E W, CHA J, BRYANT B E. The American Customer Satisfaction Index: Nature, Purpose, and Findings [J]. Journal of Marketing, 1996, 60 (4): 7-18.

[77] FOURNIER S. Consumers and Their Brands: Developing Relationship Theory in Consumer Research [J]. Journal of Consumer Research, 1998, 24 (3): 343-372.

[78] FOWLER JR F J. Survey Research Methods (5th. ed.) [M]. CA: Sage Publications, 2013.

[79] FREEDMAN L S, SCHATZKIN A. Sample Size of Studying Intermediate Endpoints Within Intervention Traits or Observational Studies [J]. American Journal of Epidemiology, 1992, 136 (11): 1148-1159.

[80] GALLINO S, MORENO A. Integration of Online and Offline Channels in Retail: The Impact of Sharing Reliable Inventory Availability Information [J]. Management Science, 2014, 60 (6): 1434-1451.

[81] GAWOR T, HOBERG K. Customers' Valuation of Time and Convenience in E-fulfillment [J]. International Journal of Physical Distribution & Logistics Management, 2018, 49 (1): 75-98.

[82] GEHRT K C, YAN R. Situational, Consumer, and Retailer Factors Affecting Internet, Catalog, and Store Shopping [J]. International Journal of Retail & Distribution Management, 2003, 32 (1): 5-18.

[83] GIOIA D A, SCHULTZ M, CORLEY K G. Organizational Identity: Image and Adaptive Instability [J]. Academy of Management Review, 2000, 25 (1): 63-81.

[84] GOLDEN-BIDDLE K, RAO H. Breaches in the Boardroom: Organizational Identity and Conflicts of Commitment in a Nonprofit Organization [J]. Organization Science, 1997, 8 (6): 593-609.

[85] GOPINATH M, NYER R U. The Role of Emotions in Marketing Aeademy of Marketing Science [J]. Journal of the Academy of Marketing Science, 1999, 27 (2):

184-206.

[86] GORSUCH R L. Factor Analysis [M] . Hillsdale, NJ: Erlbaum Associates, 1983.

[87] GREMLER D D. The Critical Incident Technigue in Service Research [J] . Journal of Service Research, 2004, 7 (1): 65-89.

[88] GREWAL D, BAKER J, LEVY M, VOSS G B. The Effects of Wait Expectations and Store Atmosphere Evaluations on Patronage Intentions in Service-intensive Retail Stores [J] . Journal of Retailing, 2003, 79 (4): 259-268.

[89] GUPTA S, PIRSCH J. The Company-cause-customer Fit Decision in Cause-related Marketing [J] . Journal of Consumer Marketing, 2006, 23 (6): 314-326.

[90] HAIR J F, HULT G T M, RINGLE C M, SARSTEDT M. A Primer on Partial Least Squares Structural Equation Modeling (PLS-SEM) (2nd. ed.) [M] . Sage: Thousand Oaks, 2016.

[91] HAIR J F, RINGLE C M, SARSTEDT M. PLS-SEM: Indeed a Silver Bullet [J] . Journal of Marketing Theory and Practice, 2011, 19 (2): 139-152.

[92] HAIR J F, RISHER J J, SARSTEDT M, RINGLE C M. When to Use and How to Report the Results of PLS-SEM [J] . European Business Review, 2019, 31 (1): 2-24.

[93] HAJ-SALEM N, CHEBAT J C, MICHON R, OLIVEIRA S. Why Male and Female Shoppers do Not See Mall Loyalty Through the Same Lens? The Mediating Role of Self-congruity [J] . Journal of Business Research, 2015, 9 (11): 1-9.

[94] HAN W, ADA S, SHARMAN R, RAO H R. Campus Emergency Notification Systems: An Examination of Factors Affecting Compliance With Alerts [J] . MIS Quarterly, 2015, 39 (4): 909-930.

[95] HARMAN H H. Modern Factor Analysis [M] . Chicago: University of Chicago Press, 1976.

[96] HENSELER J, HUBONA G, RAY P A. Using PLS Path Modeling in New Technology Research: Updated Guidelines [J] . Industrial Management & Data Systems, 2016, 116 (1): 2-20.

[97] HENSELER J, RINGLE C M, SARSTEDT M. A New Criterion for Assessing Discriminant Validity in Variance-based Structural Equation Modeling [J]. Journal of the Academy of Marketing Science, 2015, 43 (1): 115-135.

[98] HENSELER J, CHIN W W. A Comparison of Approaches For the Analysis of Interaction Effects Between Latent Variables Using Partial Least Squares Path Modeling [J]. Structural Equation Modeling: A Multidisciplinary Journal, 2010, 17 (1): 82-109.

[99] HENSELER J, RINGLE C M, SINKOVICS R R. The Use of Partial Least Squares Path Modeling in International Marketing [J]. Advances in International Marketing, 2009 (20): 277-320.

[100] HERHAUSEN D, BINDER J, SCHOEGEL M. Integrating Bricks With Clicks: Retailer-level and Channel-level Outcomes of Online-offline Channel Integration [J]. Journal of Retailing, 2015, 91 (2): 309-325.

[101] HILDEBRAND D, FERNANDES D, VELOSO A R, et al. Consumer-company Identification: Development and Validation of a Scale [J]. BRA-Brazilian Administration Review, 2010, 7 (3): 276-293.

[102] HOGG M A, ABRAMS D. Group Motivation: Social Psychological Perspectives [M]. New York: Harvester Wheatsheaf, 1993.

[103] HOGG M A, TERRY D J, WHITE K M. A Tale of Two Theories: A Critical Comparison of Identity Theory With Social Identity Theory [J]. Social Psychological Quarterly, 1995, 58 (4): 255-269.

[104] HOGG M A, TERRY D J. Social Identity and Self-categorization Processes in Organizational Contexts [J]. Academy of Management Review, 2000, 25 (1): 121-140.

[105] HOGG M A. Subjective Uncertainty Reduction Through Self-categorization: A Motivationational Theory of Social Identity Processes [J]. European Review of Social Psychology, 2000, 11 (1): 223-255.

[106] HOLBROOK M B, HIRSCHMAN E C. The Experiential a Spects of Consumpiton: Consumer Fantasies Feelings, and Fun [J]. Journal of Consumer Re-

search, 1982 (9): 132-140.

[107] HOLLEBEEK L D, CHEN T. Exploring Positively-versus Negatively-valenced Brand Engagement: A Conceptual Model [J] . Journal of Product & Brand Management, 2014, 23 (1): 62-74.

[108] HOMBURG C, STEINER V Y, TOTZEK D. Managing Dynamics in a Customer Portfolio [J] . Joumal of Marketing, 2009, 73 (5): 70-89.

[109] HOMBURG C, WIESEKE J, HOYER W D. Social Identity and the Service Profit Chain [J] . Journal of Marketing, 2009, 7 (2): 38-54.

[110] HOUSTON B, BETTENCOURT L, WENGER S. The Relationship Between Waiting in a Service Queue and Evaluations of Service Quality: A Field Theory Perspective [J] . Psychology & Marketing, 1998, 15 (8): 735-753.

[111] HSU C L, CHEN M C, CHANG K C, CHAO C M. Applying Loss Aversion to Investigate Service Quality in Logistics: A Moderating Effect of Service Convenience [J] . International Journal of Operations & Production Management, 2010, 30 (5): 508-525.

[112] HSU C L, Chen R C, Chang R C, et al. Applying Loss Aversion to Investigate Service Quality in Logistics: A Moderating Effect of Service Convenience [J] . International Journal of Operations & Production Management, 2010, 30 (5-6): 508-525.

[113] HULLAND J. Use of Partial Least Squares (PLS) in Strategic Management Research: A Review of Four Recent Studies [J] . Strategic Management Journal, 1999, 20 (2): 195-204.

[114] ISLAM J U, RAHMAN Z, HOLLEBEEK L D. Consumer Engagement in Online Communities: A Solicitation of Congruity Theory [J] . Internet Research, 2018, 28 (1): 23-45.

[115] JARADAT G M, ALMARASHDEH I, ALSMADI M, et al. Search Convenience and Access Convenience: The Difference Between Website Shopping and Mobile Shopping [C] // International Conference on Soft Computing and Pattern Recognition, 2018.

[116] JARVIS C B, MACKENZIE S B, PODSAKOFF P M, MICK D G, BEARDEN W O. A Critical Review of Construct Indicators and Measurement Model Misspecification in Marketing and Consumer Research [J]. Journal of Consumer Research, 2003, 30 (2): 199-218.

[117] JIANG L, JIANG N, LIU S X. Consumer Perceptions of E-Service Convenience: An Exploratory Study [J]. Procedia Environmental Sciences, 2011, 11 (1): 406-410.

[118] JIN H, WANG S, YANG F, et al. Service Convenience and Customer Loyalty: Findings from Convenience Stores in Guangzhou [C]. 5th International Conference on Social Science and Higher Education, 2019, 336: 935-938.

[119] JOHNSTONE M L, CONROY D M. Place Attachment: The Social Dimensions of the Retail Environment and the Need for Further Exploration [J]. Advances in Consumer Research, 2008, 35: 381-386.

[120] JONES M A, MOTHERSBAUGH D L, BEATTY S E. The Effects of Location Convenience on Customer Repurchase Intentions Across Service Types [J]. Journal of Services Marketing, 2003, 17 (6): 701-712.

[121] JRESKOG K G, WOLD H. The ML and PLS Techniques for Modeling With Latent Variables: Historical and Comparative Aspects [M]. Amsterdam: Systems under Indirect Observation, 1982.

[122] KAISET H F. An Index of Factorial Simplicity [J]. Psychometrika, 1974, 39: 31-36.

[123] KARAOSMANOGLU E, et al. The Role of Other Customer Effect in Corporate Marketing: Its Impact on Corporate Image and Consumer-company Identification [J]. European Journal of Marketing, 2013, 45 (10): 1416-1445.

[124] KASSARJIAN H H. Content Analysis in Consumer Research [J]. Journal of Consumer Research, 1977, 4 (1): 8.

[125] KELLEY E J. The Importance of Convenience in Consumer Purchasing [J]. Journal of Marketing, 1958, 23 (1): 55-65.

[126] KIM J W, CHOI J, QUALLS W, HAN K. It Takes a Marketplace Com-

munity to Raise Brand Commitment: The Role of Online Communities [J]. Journal of Marketing Management, 2008, 24 (3-4): 409-431.

[127] KING R C, SCHILHAVY R A, CHOWA C, et al. Do Customers Identify With Our Website? The Effects of Website Identification on Repeat Purchase Intention [J]. International Journal of Electronic Commerce, 2016, 20 (3): 319-354.

[128] KLINE R B. Principles and Practice of Structural Equation Modeling [M]. New York: Guilford Press, 1998: 188-189.

[129] KO H C. Social Desire or Commercial Desire? The Factors Driving Social Sharing and Shopping Intentions on Social Commerce Platforms [J]. Electronic Commerce Research and Applications, 2018, 28: 1-15.

[130] KUO-CHIEN CHANG, MU-CHEN CHEN, CHIA-LIN HSU, NIEN-TE KUO. The Effect of Service Convenience on Post-purchasing Behaviors [J]. Industrial Management & Data Systems, 2010, 110 (9): 1420-1443.

[131] KWON H, HA S, IM H. The Impact of Perceived Similarity to Other Customers on Shopping Mall Satisfaction [J]. Journal of Retailing and Consumer Services, 2015, 1 (4): 1-6.

[132] LAI J Y, ULHAS K R, LIN J D. Assessing and Managing E-Commerce Service Convenience [J]. Information Systems Frontiers, 2012, 2 (23): 273-289.

[133] LAM S K, AHEAME M, HU Y, et al. Resistance to Brand Switching When a Radically New Brand is Introduced: A Social Identity Theory Perspective [J]. Journal of Marketing, 2010, 74 (6): 128-146.

[134] LAM S K, AHEATNE M, Hu Y, et al. Resistance to Brand Switching When a Radically New Brand is Introduced: A Social Identity Theory Perspective [J]. Social Science Electronic Publishing, 2013, 74 (6): 128-146.

[135] LANE R E. Political Ideology, Why the American Common Man Believes What He Does [M]. New York: Free Press, 1962: 381-399.

[136] LARKE R, KILGOUR M, O'CONNOR H. Build Touch Point Sand They Will Come: Transitioning to Omni-channel Retailing [J]. International Journal of Physical Distribution & Logistics Management, 2018 (4): 465-483.

［137］LASTOVICA, GARDNER. Components of Involvement ［J］. Attitude Research Plays for High Stakes, 1979 (1): 53-73.

［138］LEONG L Y, JAAFAR N I, AININ S. The Effects of Facebook Browsing and Usage Intensity on Impulse Purchase in F-commerce ［J］. Computers in Human Behavior, 2018, 78: 160-173.

［139］LIANG T P, HO Y T, LI Y W, TURBAN E. What Drives Social Commerce: The Role of Social Support and Relationship Quality ［J］. International Journal of Electronic Commerce, 2014, 16 (2): 69-90.

［140］LICHTENSTEIN D R, NETEMEYER R G, MAXHAM J G. The Relationships Among Manager Employee and Customer-company Identification: Implications For Retail Store Financial Performance ［J］. Journal of Retailing, 2010, 86 (1): 85-93.

［141］LIU H, CHU H, HUANG Q, CHEN X. Enhancing the Flow Experience of Consumers in China Through Interpersonal Interaction in Social Commerce ［J］. Computers in Human Behavior, 2016, 58: 306-314.

［142］LIU X, MIN Q, WU D, LIU Z. How Does Social Network Diversity Affect Users' Lurking Intention toWard Social Network Services? A Role Perspective ［J］. Information & Management, 2020, 57 (7): 1-16.

［143］LLOY A E, YIP L S C, LUK S T K. An Examination of the Differences in Retail Service Evaluation Between Domestic and Tourist Shoppers in HongKong ［J］. Tourism Management, 2011, 32 (3): 520-533.

［144］LOWRY P B, GASKIN J. Partial Least Squares (PLS) Structural Equation Modeling (SEM) For Buiding and Testing Behavioral Causal Theory: When to Choose it and How to Use it ［J］. IEEE Transaction on Professional Communication, 2014, 57 (2): 123-146.

［145］LUCERI B, LATUSI S. The Importance of Consumer Characteristics and Market Structure Variables in Driving Multiple Store Patronage ［J］. Journal of Retailing and Consumer Services, 2012, 19 (5): 519-525.

［146］LUO N, ZHANG M, HU M, et al. How Community Interactions Contribute to Harmonious Community Relationships and Customers Identification in Online Brand

Community [J] . International Joumal of Information Management, 2016, 36 (5): 673-685.

[147] MACQUARIE R. Productivity and Functional Shifting in Spatial Retailing: Private and Social Perspectives [J] . Journal of Retailing and Consumer Services, 1998 (34): 15-17.

[148] MAEL F, ASHFORTH B E. Alumni and Their Almamater: A Partial Test of the Reformulated Model of OrganiZational Identification [J] . Journal of Organizational Behavior, 1992, 13 (2): 103-123.

[149] MALHOTRA N K. Self Concept and Product Choice: An Integrated Perspective [J] . Journal of Economic Psychology, 1988, 9 (1): 1-28.

[150] MARIN L, SALVADOR R M. The Role of Affiliation, Attractiveness and Personal Connection in Consumer-Company Identification [J] . European Journal of Marketing, 2013, 47 (3/4): 655-673.

[151] MARPLE G A, WISSMANN H B. Who Buys Convenience Foods? [M] . New York: Frederick A Praeger, 1968: 364-382.

[152] MARTINESU P. The Personality of Retail Store [J] . Harvad Business Review, 1958, 36 (1): 47-55.

[153] MCKNIGHT D H, CHOUDHURY V, KACMAR C. The Impact of Initial Consumer Trust on Intentions to Transact With a Website: A Mist Building Model [J] . Journal of Strategic Information Systems, 2002 (11) : 297-323.

[154] MEHRABIAN A, RUSSEL J A. An Approach to Environmental Psychology [M] . Cambridge: The MIT Press : 1974.

[155] MIN H, PARK J, KIM H J. Common Method Bias in Hospitality Research: A Critical Review of Literature and an Empirical Study [J] . International Journal of Hospitality Management, 2016, 56: 126-135.

[156] MITTAL, VIKAS, KAMAKURA, et al. Satisfaction, Repurchase Intent, and Repurchase Behavior: Investigating the Moderating Effect of Customer Characteristics [J] . Journal of Marketing Research, 2001 (2): 132-142.

[157] MOGILNER C, RUDNICK T, IYENGAR S S. The Mere Categorization

Effect: How the Presence of Categories Increases Choosers' Perceptions of Assortment Variety and Outcome Satisfaction [J] . Journal of Consumer Research, 2008, 35 (2): 202-215.

[158] MONROE K B, GUILTINAN J P. A Path-analytic Exploration of Retail Patronage Influences [J] . Journal of Consumer Research, 1975, 2 (6): 19-27.

[159] MONTGOMERY D C, RUNGER G C, HUBELE N F. Engineering statistics [J] . Technical Reports, 1999, 46 (2): 347-348.

[160] MORGAN D L, SPANISH M T. Focus Groups: A New Tool For Qualitative Research [J] . Qualitative Sociology, 1984, 7 (3): 253-270.

[161] MORGAN J M, REYNOLDS C M, NELSON T J, et al. Tales From the Fields: Sources of Employee Identification in Agribusiness [J] . Management Communication Quarterly, 2004 (17) : 360-395.

[162] MORGANOSKY M. Cost-Versus Convenience-Oriented Consumers: Demographic, Lifestyle, and Value Perspectives [J] . Psychology and Marketing, 1986 (1): 40-45.

[163] MURPHY P E, ENIS B M. Classifying Products Strategically [J] . Journal of Marketing, 1986 (50): 24-42.

[164] NASR L, BURTON J, GRUBER T. When Good News is Bad News: The Negative Impact of Positive Customer Feedback on Front-line Employee Well-being [J] . Journal of Services Marketing, 2015, 29 (6/7): 599-612.

[165] NETEMEYER R G, HEILMAN C M, MAXHAM J G. Identification With the Retail Organization and Customer Perceived Employee Similarity: Effects on Customer Spending [J] . Journal of Applied Psychology, 2012, 97 (5): 1049-1058.

[166] NGUYEN D T, DEWITT T, RUSSELL-BENNETT R. Service Convenience and Social Servicescape: Retail vs Hedonic Setting [J] . Journal of Services Marketing, 2012, 26 (4): 265-277.

[167] NUNNALLY J C. Psychometric Theory [M] . New York: McGrawHill, 1978.

[168] O' REILLY C A, CHATMAN J. Organizational Commitment and Psycho-

logical Attachment: The Effects of Compliance, Identification, and Internalization on Prosocial Behavior [J] . Journal of Applied Psychology, 1986, 71 (3): 492-499.

[169] PAN Y, ZINKHAN G. Determinants of Retail Patronage: A Meta-analytical Perspectives [J] . Journal of Retailing, 2006, 82 (3): 229-243.

[170] PANTANO E, VIASSONE M. Engaging Consumers on New Integrated Multichannel Retail Settings: Challenges for Retailers [J] . Journal of Retailing and Consumer Services, 2015, 25: 106-114.

[171] PODSAKOFF P M, ORGAN D W. Self-reports in Organizational Research: Problems and Prospects [J] . Journal of Management, 1986, 12 (4): 531-544.

[172] POLZER J T. How Subgroup in Terests and Reputations Moderate the Effect of Organizational Identification on Cooperation [J] . Journal of Management, 2004 (30): 71-96.

[173] PRASHANT RAMAN. Understanding Female Consumers' Intention to Shop Online: The Role of Trust, Convenience and Customer Service [J] . Asia Pacific Journal of Marketing and Logistics, 2019, 23 (3): 14-21.

[174] RAHMAN O, WONG K K, YU H. The Effects of Mall Personality and Fashion Orientation on Shopping Value and Mall Patronage Intension [J] . Journal of Retailing and Consumer Services, 2016, 28: 155-164.

[175] RICHARD HOLTON. The Distinction Between Convenience, Shopping, and Specialty Goods [J] . Journal of Marketing, 1958, 23: 40-45.

[176] RIGBY. The Future of Shopping [J] . Harvard Business Review, 2011, 89 (12): 64-75.

[177] RIKETTA M. Organizational Identification: A Meta-analysis [J] . Journal of Vocational Behavior, 2005, 66: 358-384.

[178] RINGLE C M, SARSTEDT M, STRAUB D W. Editor's Comments: A Critical Look at the use of PLS-SEM in "MIS Quarterly" [J] . MIS Quarterly, 2012, 36 (1): 3-14.

[179] RIO B A, VAZQUEZ R, IGLESIAS V. The Effects of Brand Associations

on Consumer Response [J]. Journal of Consumer Marketing, 2001, 18 (5): 410-425.

[180] ROBERT F DEVELLIS. Scale Development: Theory and Applications [M]. Los Angeles: Sage Publications, 2017.

[181] ROHM A J, SWAMINATHA V. A Typology of Online Shoppers Based on Shopping, Motivations [J]. Journal of Business Research, 2004, 57 (7): 748-757.

[182] ROSSITER J R. The C-OAR-SE Procedure For Scale Development in Marketing [J]. International Journal of Research in Marketing, 2002, 19 (4): 305-335.

[183] ROY A. Correlates of Mall Visit Frequency [J]. Journal of Retailing, 1994, 70 (2): 139-141.

[184] SABINE BENOIT, SONJA KLOSE, ANDREAS ETTINGER. Linking Service Convenience to Satisfaction: Dimensions and Key Moderators [J]. Journal of Services Marketing, 2017, 31 (6): 527-538.

[185] SAGHIRI S, WILDING R, MENA C, BOURLAKIS M. Toward a Three-dimensional Framework For Omni-channel [J]. Journal of Business Research, 2017, 77 (8): 53-67.

[186] SALEH F, RYAN C. Analysing Service Quality in the Hospitality Industry Using the SERVUAL Model [J]. The Service Industries Journal, 1991, 11 (3): 324-343.

[187] SALEH S, PINTO D C, Mattila A S. Benefits of Authenticity: Post-failure Loyalty in the Sharing Economy [J]. Annals of Tourism Research, 2019, 78 (6): 1-15.

[188] SCHAFFER E. A Better Way For Web Design [J]. Information Week, 2000 (5): 194.

[189] SCOTT B M, PODSAKOFF P M, AHEARNE M. Some Possible Antecedents and Consequence of In-role and Exra-role Saleperson Performance [J]. Journal of Marketing, 1998, 62 (3): 87-90.

［190］SCOTT B M, PODSAKOFF P M, et al. Construct Measurement and Validation Procedures in MIS and Behavioral Research: Integrating New and Existing Techniques ［J］. MIS Quarterly, 2011, 35 (2): 293-334.

［191］SCOTT S G, LANE V R. A Stakeholder Approach to Organizational Identity ［J］. Academy of Management Review, 2000, 25 (1): 43-62.

［192］SEIDERS K, BERRY L L, GRESHAM L G. Attention, Retailers! How Convenient Is Your Convenience Strategy? ［J］. Sloan Management Review, 2000, 41 (3): 79-90.

［193］SEIDERS K, VOSS G B, GODFREY A L, GREWAL D. Do Satisfied Customers Really Buy More? Examining Moderating Influences in a Retailing Context ［J］. Journal of Marketing, 2005, 69 (4): 26-43.

［194］SEIDERS K, VOSS G B, GODFREY A L, GREWAL D. SERVCON: Developing and Validation of a Multidimensional Service Convenience Scale ［J］. Journal of the Academy of Marketing Science, 2007, 35 (1): 144-156.

［195］SHERMAN E, MATHUR A, SMITH R B. Store Environment and Consumer Purchase Behavior: Mediating Role of Consumer Emotions ［J］. Psychology and Marketing, 1997, 14 (4): 361-378.

［196］SHETH JAGDISH N. An Integrative Theory of Patronage Preference and Behavior, in W. R. Darden and R. F. Lusch, eds. , Patronage Behavior and Retail Management ［M］. New York : Elsevier Science Publishing Co. Inc. , 1983: 9-28.

［197］SIRGY M J. Self-concept in Consumer Behavior: A Critical Review ［J］. Journal of Consumer Research, 1982, 9 (3): 287-300.

［198］SMINYARD, R WILLIAM. Effects of Mood, Involvement, and Quality of Store Experience on Shopping Intentions ［J］. Journal of Consumer Research, 1993, 20 (2): 271-280.

［199］SVEN, et al. The Chain of Effects from Reputation and Brand Personality Congruence to Brand Loyalty: The Role of Brand Identification ［J］. Journal of Targeting, Measurement and Analysis for Marketing, 2010, 18 (3/4): 167-176.

［200］TAJFEL H, TURNER J C. An Integrative Theory of Intergroup Conflict ［J］.

Worchel the Social Psychology of Intergroup Relations, 1979: 33 (47): 94-109.

[201] TAJFEL H. The Social Identity Theory of Intergroup Behavior [J] . Psychology of Intergroup Relations, 1986, 13 (3): 7-24.

[202] TAJFEL H. Experiments in Inter Group Discrimination [J] . Scientific American, 1970, 223 (5): 24-35.

[203] TAJFEL H. Social Psychology of Intergroup Relations [J] . Annual Review of Psychology, 1982, 33 (1): 1-39.

[204] TAUBER E M. Why Do People Shop [J] . Journal of Marketing, 1972, 36 (4) : 46-49.

[205] TELLER C, REUTTERER T. The Evolving Concept of Retail Attractiveness: What Makes Retail Agglomerations Attractive When Customers Shop at Them? [J] . Journal of Retailing and Consumer Services, 2008, 15 (3): 127-143.

[206] TURNER J C, HOGG M A, OAKES P J, REICHER S D, WETHERELL M S. Rediscovering the Social Group: A Self-Categorization Theory [M] . Oxford: Basil Blackwell, 1987.

[207] TURNER J C. Social Categorization and the Self-concept: A Social Cognitive Theory of Group Behavior [J] . Advances in Group Processes, 1985, 2 (1): 77-122.

[208] ULLSLAM J, RAHMAN Z. The Impact of Online Brand Community Characteristics on Customer Engagement: An Application of Stimulus-Organism-Response Paradigm [J] . Telematics and Informatics, 2017, 34 (4): 96-109.

[209] UNDERWOOD R, BOND E, BAER R. Building Service Brands Via Social Identity: Lessons From the Sports Marketplace [J] . Journal of Marketing Theory and Practice, 2001, 9 (1): 1-11.

[210] VARGO S L, LUSCH R F. Evolving to a New Dominant Logic For Marketing [J] . Journal of Marketing, 2004, 68 (1): 1-17.

[211] VERHOEF P C, KANNAN P K, INMAN J J. From Multi-Channel Retailing to Omni-Channel Retailing: Introduction to the Special Issue on Multi-Channel Retailing [J] . Journal of Retailing, 2015, 91 (2): 174-181.

［212］ VINITA KAURA, CH S DURGA PRASAD, SOURABH SHAR-MA. Service Quality, Service Convenience, Price and Fairness, Customer Loyalty, and the Mediating Role of Customer Satisfaction ［J］. International Journal of Bank Marketing, 2015, 33 (4): 1-27.

［213］ VOLI, PATRICIA K. The Convenience Orientation of Services Consumers: An Empirical Examination Doctoral Dissertation ［D］. Norfolk: Old Dominion University, 1998.

［214］ WAITERS R, RINNE H. An Empirical Investigation Into the Impact of Price Promotions on Retail Store Performance ［J］. Journal of Retailing, 1986, 62 (3): 237-266.

［215］ WAKEFIELD, BAKER. Excitement at the Mall: Determinants and Effects on Shopping Response ［J］. Journal of Retailing, 1998, 74 (4): 515-539.

［216］ WANG X, YUEN K F, WONG Y D, TEO C C. An Innovation Diffusion Perspective of Econsumers' Initial Adoption of Self-collection Service Via Automated Parcel Station ［J］. The International Journal of Logistics Management, 2018, 29 (1): 237-260.

［217］ WESTBROOK R A. Product/consumption-based Affective Responses and Post-purchase Processes ［J］. Journal of Marketing Research, 1987, 24 (3): 258-270.

［218］ WOLTER J S, Cronin J J. Re-conceptualizing Cognitive and Affective Customer-company Identification: The Role of Self-motives and Different Customer-based Outcomes ［J］. Journal of the Academy of Marketing Science, 2016, 44 (3): 397-413.

［219］ WONG K K. Partial Least Squares Structural Equation Modeling (PLS-SEM) Techniques Using SmartPLS ［J］. Marketing Bulletin, 2013, 24 (1): 1-32.

［220］ YALE L, VENKATESH A. Toward the Construct of Convenience in Consumer Research ［J］. Advances in Consumer Research, 1986, 13 (1): 403-408.

［221］ YANG A J-F, CHEN Y J, HUANG Y-C. Enhancing Customer Loyalty in Tourism Services: The Role of Customer-company Identification and Customer Participation［J］. Asia Pacific Journal of Tourism Research, 2017, 22（7）: 735-746.

［222］ZEITHAML V A. Consumer Perceptions of Price, Quality and Value: A Meansend Model and Synthesis of Evidence［J］. Journal of Marketing, 1988, 52（3）: 2-22.

［223］ZOLFAGHARIAN M A, PASWAN A. Perceived Service Innovativeness, Consumer Trait Innovativeness and Patronage Intention［J］. Journal of Retailing and Consumer Services, 2009, 16（2）: 155-162.

［224］宝贡敏, 徐碧祥. 组织认同理论研究述评［J］. 外国经济与管理, 2006, 28（1）: 39-45.

［225］曹园园, 李君君. 电商整体用户体验与顾客惠顾意向关系研究［J］. 杭州电子科技大学学报（社会科学版）, 2017, 13（3）: 22-27.

［226］陈明, 张伊雯, 王金平. 在线品牌社区氛围对消费者品牌认同的影响［J］. 华南理工大学学报（社会科学版）, 2021, 23（4）: 29-40.

［227］程志辉, 费显政. 同属顾客的企业认同对其公民行为的影响研究——在其他顾客的不当行为情境下［J］. 华东经济管理, 2015, 29（11）: 145-151.

［228］崔慧超, 刘爱军. 全渠道环境下消费者渠道迁徙行为研究——以消费者购买苹果为例［J］. 商业经济研究, 2018（17）: 32-35.

［229］崔楠, 崔庆安, 汪涛. 零售店铺环境对消费者惠顾行为的作用机理研究［J］. 管理科学学报, 2013, 16（1）: 42-58.

［230］崔占峰, 陈义涛. 线下体验特性对消费者感知价值与再惠顾意愿的实证考察［J］. 企业经济, 2020（2）: 84-91.

［231］戴旭俊, 刘爱利. 地方认同的内涵维度及影响因素研究进展［J］. 地理科学进展, 2019, 38（5）: 662-674.

［232］邓诗鉴. 基于Berry模型的商业银行服务便利应用研究［J］. 管理观察, 2014（31）: 70-75.

［233］董京京, 许正良, 方琦, 张安然. 消费者与商家在线体验式互动对其购买意愿影响的模型构建［J］. 管理学报, 2018, 15（11）: 1722-1730.

［234］杜睿云, 蒋侃. 新零售: 内涵、发展动因与关键问题［J］. 价格理论与实践, 2017（2）: 139-141.

［235］杜玉英．互联网时代的企业认同、战略选择与价值创造——以北京燕莎友谊商城为例［J］．商业经济研究，2019（19）：119-122.

［236］范苗苗，魏胜，吴小丁．购物氛围对新老顾客惠顾意向的影响——一个带中介的调节效应［J］．商业研究，2020（8）：1-8.

［237］冯娇，姚忠．基于强弱关系理论的社会化商务购买意愿影响因素研究［J］．管理评论，2015，27（12）：99-109.

［238］高会．基于面子意识的顾客认同对自有品牌购买意愿的影响研究［D/OL］．湖南：湖南大学，2016．［2017-03-15］．https：//kns. cnki. net/kcms/detail/detail. aspx？dbcode＝CMFD&dbname＝CMFD201701&filename＝1016251866. nh&uniplatform＝NZKPT&v＝j3mIdvvJ4gMqdTPts7sO_dWOFENQyPUdYDNMum1ca GuRLoH-QX6I55niR63AAlx6.

［239］郭国庆，杨明海．营销科学的新问题：便利理论的研究评述及启示［J］．经济与管理评论，2012，28（4）：38-44.

［240］郭国庆，杨学成，何秀超．服务便利理论在零售企业的应用——消费者购物过程中的便利需求分析［J］．南开管理评论，2006，9（2）：52-57.

［241］郭国庆，杨学成．消费者对服务便利的感知：以超市购物为背景的实证研究［J］．管理评论，2006，18（8）：21-27+63.

［242］郭燕，吴价宝，王崇，卢珂．多渠道零售环境下消费者渠道选择意愿形成机理研究——产品类别特征的调节作用［J］．中国管理科学，2018，26（9）：158-169.

［243］贺爱忠，龚婉琛．网络购物体验对顾客行为倾向的作用机理与模型初探［J］．华东经济管理，2010，24（3）：112-116.

［244］贺爱忠，李希凤．零售商店绿色产品类别对消费者惠顾意愿的影响研究［J］．商业经济与管理，2016（2）：5-17.

［245］胡明征．服务便利对消费者感知服务质量、顾客满意度的影响研究［D］．济南：山东大学，2015．［2016-02-15］．https：//kns. cnki. net/kcms/detail/detail. aspx？dbcode＝CMFD&dbname＝CMFD201601&filename＝1015368561. nh&uniplatform＝NZKPT&v＝JV1eTF0CRYTu2tu_o2KiYQ3IE5fSr6hmqwy7awroec GawjVTL_wMNKBTGnl3MNBG.

［246］黄劲松，赵平，王高，陆奇斌．中国顾客重复购买意向的多水平研究［J］．管理科学学报，2004，7（6）：79-86.

［247］黄京华，金悦，张晶．企业微博如何提升消费者忠诚度——基于社会认同理论的实证研究［J］．南开管理评论，2016，19（4）：159-168.

［248］黄漫宇，李圆颖．零售企业全渠道发展水平对经营效率的影响路径及效应研究［J］．北京工商大学学报（社会科学版），2017，32（6）：35-44.

［249］黄敏学，潘海利，廖俊云．社会化媒体时代的品牌沟通——品牌社区认同研究综述［J］．经济管理，2017，39（2）：195-208.

［250］计国君，余木红，Kim Hua Tan．大数据驱动下的全渠道供应链服务创新决策框架［J］．商业研究，2016（8）：152-162.

［251］姜参，赵宏霞．B2C网络商店形象、消费者感知与购买行为［J］．财经问题研究，2013（10）：116-122.

［252］金立印．基于品牌个性及品牌认同的品牌资产驱动模型研究［J］．北京工商大学学报（社会科学版），2006（1）：38-43.

［253］康俊，江林，郭益．顾客—企业认同研究现状与展望［J］．外国经济与管理，2014，36（2）：24-34.

［254］李纯青，潘玉梅，王肖利．消费者—企业认同的概念、量表开发及检验研究［J］．预测，2020（5）：82-89.

［255］李东进，杨凯，周荣海．消费者重复购买意向及其影响因素的实证研究［J］．管理学报，2007（5）：654-659.

［256］李飞，李达军，孙亚程．全渠道零售理论研究的发展进程［J］．北京工商大学学报（社会科学版），2018，33（5）：33-40.

［257］李飞．全渠道零售的含义、成因及对策——再论迎接中国多渠道零售革命风暴［J］．北京工商大学学报（社会科学版），2013，28（2）：1-11.

［258］李飞．全渠道营销理论——三论迎接中国多渠道零售革命风暴［J］．北京工商大学学报（社会科学版），2014，29（3）：1-12.

［259］李惠璠，李鹏，张金成．顾客—企业认同的驱动因素研究［J］．科学学与科学技术管理，2009，30（12）：169-177.

［260］李敬强，刘凤军．企业社会责任特征与消费者响应研究——兼论消费

者—企业认同的中介调节效应 [J]. 财经论丛, 2017 (1): 85-94.

[261] 李先国, 陈宁颉, 张新圣. 虚拟品牌社区感知价值对新产品购买意愿的影响机制——基于群体认同和品牌认同的双中介视角 [J]. 中国流通经济, 2017, 31 (2): 93-100.

[262] 李颖灏, 朱立. 社会认同对消费行为影响研究的述评 [J]. 经济问题探索, 2013 (2): 165-170.

[263] 梁健爱. 网络零售商惠顾意愿影响因素及作用机理 [J]. 企业经济, 2014 (3): 142-148.

[264] 廖颖川, 吕庆华. 消费者全渠道零售选择行为研究综述与展望 [J]. 中国流通经济, 2019, 33 (8): 118-128.

[265] 林炳坤, 吕庆华, 杨敏. 多渠道零售商线上线下协同营销研究综述与展望 [J]. 重庆邮电大学学报 (社会科学版), 2017, 29 (4): 94, 103.

[266] 林家宝, 胡倩, 鲁耀斌. 社会化商务特性对消费者决策行为的影响研究——基于关系管理的视角 [J]. 商业经济与管理, 2017, 303 (1): 52-63.

[267] 刘向东, 何明钦, 米壮. 全渠道零售系统: 基于中国的实践 [J]. 北京工商大学学报 (社会科学版), 2021, 36 (3): 1-13.

[268] 刘向东, 汤培青. 实体零售商数字化转型过程的实践与经验——基于天虹股份的案例分析 [J]. 北京工商大学学报 (社会科学版), 2018, 33 (4): 12-21.

[269] 刘向东. 移动零售下的全渠道商业模式选择 [J]. 北京工商大学学报 (社会科学版), 2014, 29 (3): 13-17.

[270] 刘新, 杨伟文. 虚拟品牌社群认同对品牌忠诚的影响 [J]. 管理评论, 2012, 24 (8): 96-106.

[271] 吕朋悦, 赵红, 王宗水, 刘苇. 分享经济消费模式偏好对商业分享系统社区认同及顾客忠诚影响研究 [J]. 管理评论, 2019, 31 (8): 132-145.

[272] 马慧敏. 移动互联时代我国零售企业全渠道模式的应用 [J]. 中国流通经济, 2017, 31 (4): 10-16.

[273] 潘海利, 黄敏学. 用户三元情感关系的形成与差异化影响: 满意、依恋、认同对用户行为的交互补充作用 [J]. 南开管理评论, 2017, 20 (4): 16-

26+72.

[274] 仇立. 互联网顾客忠诚形成机理研究——基于便利营销理念 [J]. 技术经济与管理研究, 2017 (3): 48-52.

[275] 仇立. 虚拟消费情境下 EB 平台服务便利体系构建及实施策略研究 [J]. 经济研究导刊, 2019 (8): 156-158.

[276] 齐丹. 社区商业服务便利对老年消费者满意度影响研究 [D/OL]. 北京: 首都经济贸易大学, 2019. [2020-07-15]. https://kns.cnki.net/kcms/detail/detail.aspx? dbcode = CMFD&dbname = CMFD202002&filename = 1019264838. nh&uniplatform = NZKPT&v = iyGjJOtMGppKvBBJTGt1NJ7EoUH4TY1SYsbQ0 CyesJU-GAg_ XEpD6ffHdPwofwFik.

[277] 齐永智, 张梦霞. SOLOMO 消费驱动下零售企业渠道演化选择: 全渠道零售 [J]. 经济与管理研究, 2015 (7): 137-144.

[278] 齐永智, 张梦霞. 零售企业多渠道整合服务质量能提高顾客忠诚吗? [J]. 经济问题, 2015 (4): 71-77.

[279] 齐永智, 张梦霞. 全渠道零售: 演化、过程与实施 [J]. 中国流通经济, 2014, 28 (12): 115-121.

[280] 乔均, 彭秋收. 基于 CRF 的商业银行服务便利感知实证研究 [J]. 南京社会科学, 2009 (5): 52-58.

[281] 邱皓政. 量化研究与统计分析: SPSS (PASW) 数据分析范例解析 [M]. 重庆: 重庆大学出版社, 2017.

[282] 任俊玲, 杜惠英, 王兴芬. 面向网络零售的感知风险与购买意愿相关性 [J]. 中国流通经济, 2019, 33 (7): 63-72.

[283] 沙振权, 蒋雨薇, 温飞. 虚拟品牌社区体验对社区成员品牌认同影响的实证研究 [J]. 管理评论, 2010, 22 (12): 79-88.

[284] 沙振权, 周飞, 叶展慧. 商业集聚印象与顾客公民行为的关系研究: 基于调节定向的视角 [J]. 北京工商大学学报 (社会科学版), 2013, 28 (1): 48-54+63.

[285] 沈鹏熠, 范秀成. 在线零售商营销道德、购物体验与顾客行为倾向研究 [J]. 大连理工大学学报 (社会科学版), 2016, 37 (3): 70-76.

［286］沈鹏熠，赵文军．多渠道零售服务质量对在线顾客忠诚意向的影响机制研究——基于中国零售情境的实证分析［J］．中央财经大学学报，2020（8）：86-99.

［287］施蕾．全渠道时代顾客购物渠道选择行为研究［J］．当代财经，2014（2）：69-78.

［288］史有春，刘春林．顾客重复购买行为的实证研究［J］．南开管理评论，2005（1）：35-41.

［289］宋思根．零售形象、业态惠顾意向与消费者决策型态关系的实证研究［J］．经济科学，2006（4）：114-124.

［290］苏雪梅，杨德宏．零售企业顾客认同模型的构建［J］．广东商学院学报，2013，28（3）：52-60.

［291］孙绪芹．零售企业社会责任、企业声誉与消费者企业认同相关性分析［J］．商业经济研究，2021（5）：108-111.

［292］谭鑫．网购服务补救质量对顾客二次满意的影响研究——基于顾客认同的中介作用［J］．江汉大学学报（社会科学版），2017，34（10）：75-81.

［293］汤丹丹，温忠麟．共同方法偏差检验：问题与建议［J］．心理科学，2020，43（1）：215-223.

［294］唐含宇，郭溪月，贾淼磊．服务便利理论的研究进展及其科学意义［J］．当代经济管理，2013，35（9）：22-28.

［295］汪旭晖，张其林．感知服务质量对多渠道零售商品牌权益的影响［J］．财经问题研究，2015（4）：97-105.

［296］汪旭晖，赵博，刘志．从多渠道到全渠道：互联网背景下传统零售企业转型升级路径——基于银泰百货和永辉超市的双案例研究［J］．北京工商大学学报（社会科学版），2018，33（4）：22-32.

［297］汪旭晖．零售店铺环境对消费者惠顾行为的作用机理研究［J］．北京工商大学学报（社会科学版），2008（1）：56-63.

［298］汪振杰，蒲晓敏，李平．网络零售商非价格因素差异化特质对消费者惠顾意向的影响［J］．消费经济，2019，35（2）：80-88.

［299］王军，江若尘．品牌社群认同对品牌忠诚的影响研究［J］．南京财

经大学学报，2010（2）：72-80.

　　［300］王宁.消费与认同——对消费社会学的一个分析框架的探索［J］.社会学研究，2001（1）：4-14.

　　［301］王晓彦，胡德宝.店铺自我认同与店铺印象一致性的实证研究［J］.开发研究，2016（5）：132-137.

　　［302］王晓彦.店铺认同与店铺印象的一致性研究［D/OL］.吉林：吉林大学，2011.［2011-08-15］.https：//kns.cnki.net/kcms/detail/detail.aspx？db-code=CDFD&dbname=CDFD0911&filename=1011095009.nh&uniplatform=NZKPT&v=bjolmn6RQ4nP2aV0uX56riav2C8cFRmpYRSE52_80LZ_kmh5yzFD5LI2uW6sGhUm.

　　［303］王勇，李文静.全渠道营销中消费者线下购买对线上购买的影响——基于消费者购行为过程的实证研究［J］.商业研究，2016，64（4）：118-124.

　　［304］王重鸣.心理学研究方法［M］.北京：人民教育出版社，1998：145-146.

　　［305］魏胜，侯旻.需求外部性视角下零售惠顾研究的理论困境［J］.商业经济研究，2016（11）：5-8.

　　［306］魏胜.购物中心顾客波及惠顾研究——基于自我印象一致性理论的解释［D/OL］.吉林大学.2013［2013-08-15］https：//kns.cnki.net/kcms2/arti-cle/abstract？v=Sea5Lprb1OpVkaLgFlGhPVO9LLOU0LIbO97YhiqTm4PQn1OkJwMCnZsozAyWuQZrzYBq9PgfpfLwAqeBrubDuEYDgC7v63cNwzA9fJfidXv2apVWeg5rpxkLCFYDWM3V2RLs0dnx3VIChT63Ntgpnw==&uniplatform=NZKPT&language=CHS.

　　［307］温碧燕，汪纯孝.服务公平性、顾客服务评估和行为意向的关系研究［J］.中山大学学报（社会科学版），2002，42（2）：109-116.

　　［308］吴锦峰，常亚平，侯德林.多渠道整合对零售商权益的影响：基于线上与线下的视角［J］.南开管理评论，2016，19（2）：170-181.

　　［309］吴锦峰，侯德林，张译井.多渠道零售系统顾客采纳意愿的影响因素研究——基于网购经验的调节作用［J］.北京工商大学学报（社会科学版），2016，31（4）：51-59.

　　［310］吴锦峰，田志龙.营销刺激感知对零售商权益影响的实证研究［J］.商业经济与管理，2009，207（1）：91-96.

［311］吴明隆. 结构方程模型——AMOS 的操作与应用（第 2 版）［M］.重庆：重庆大学出版社，2017.

［312］吴明隆. 问卷统计分析实务——SPSS 操作与应用［M］. 重庆：重庆大学出版社，2018.

［313］吴佩勋，郑宗仁. 中国消费者申办信用卡意愿关键因素的实证研究——以深圳地区为例［C/OL］. 中国市场学会 2006 年年会暨第四次全国会员代表大会论文集. https：//kns. cnki. net/kcms/detail/detail. aspx? dbcode = CPFD&dbname = CPFD9908&filename = SHIC200604001271&uniplatform = NZKPT&v = ZmPx3H - M0DsO54sf6UNAILKrSB3IHAPtFgrh5z3XlyMJGogdWIHHroLqch - ZvkiwUO4lmuFJq8 w%3d，2006.

［314］吴洒宗，揭超，熊国钱. 感知差异化对零售店顾客惠顾与支付意愿影响机理研究［J］. 经济管理研究，2011（4）：86-95.

［315］吴小丁，苏立勋，魏胜. 基于情绪信任的店铺环境线索与再惠顾行为关系研究［J］. 经济管理，2016，38（8）：98-108.

［316］吴永春. 在线零售环境下感知控制和服务便利性对快速关系建立的影响［J］. 商业经济研究，2020（10）：74-77.

［317］吴忠，唐敏. 全渠道视角下消费者渠道利用行为研究［J］. 商业研究，2015，57（2）：152-160.

［318］武瑞娟，王承璐. 网店专业性对消费者情感和行为的影响效应研究——一项基于大学群体的实证研究［J］. 南开管理评论，2014，26（1）：109-119.

［319］肖海林，李书品. 企业社会责任感知与消费者归因对服务性企业服务补救满意度的影响——基于顾客认同的中介作用［J］. 南开管理评论，2017，20（3）：124-134.

［320］肖萌，马钦海. 价值共创中顾客创造角色认同对顾客价值的影响——共创程度的中介作用和支配度的调节作用［J］. 技术经济，2018，37（9）：36-45.

［321］谢凤华. 服务补救情境下顾客认同的影响因素和影响机理研究［J］.科研管理，2015，36（11）：117-123.

[322] 辛璐琦，王兴元．旅游目的地品牌形象识别要素对游客行为意愿的影响机制研究——以品牌认同为中介 [J]．商业经济与管理，2016，300（10）：88-97.

[323] 熊红星，张璟，叶宝娟，等．共同方法变异的影响及其统计控制途径的模型分析 [J]．心理科学进展，2012，20（5）：757-769.

[324] 薛哲，宁昌会．分享经济消费模式偏好对商业分享系统社区认同及顾客忠诚影响研究 [J]．管理评论，2019，31（8）：132-145.

[325] 薛哲，宁昌会．品牌共创对品牌认同的影响：非参与顾客视角 [J]．华东经济管理，2017，31（9）：152-160.

[326] 闫丁．社会认同理论及研究现状 [J]．心理技术与应用，2016，4（9）：549-560.

[327] 杨崇美，酒店顾客安全感知价值对其再惠顾意愿的影响研究 [D/OL]．福建：华侨大学，2016．[2017-02-15]．https：//kns.cnki.net/kcms/detail/detail.aspx？dbcode = CMFD&dbname = CMFD201701&filename = 1016918531.nh&uniplatform = NZKPT&v = dGfCfXnuGoMwIV3mgrKOfKMrj9KOZIRhfVDumn3emG7mhu38Fa-dxN8y45aMNRXv.

[328] 杨德宏，苏雪梅．顾客认同理论研究述评及综合研究框架构建 [J]．中国流通经济，2011，25（3）：95-99.

[329] 杨强，庄屹．服务便利对消费者重购意愿的影响研究——以消费者情绪为中介变量 [J]．大连理工大学学报（社会科学版），2014，35（4）：39-43.

[330] 杨学成．国外营销学界关于便利问题的研究及启示 [J]．当代经济管理，2005，27（4）：9-13+26.

[331] 杨宜苗．交叉购买的内涵、影响因素及作用结果：一个文献综述 [J]．北京工商大学学报（社会科学版），2015，30（6）：114-122.

[332] 杨宜苗．零售店铺形象的量表设计——从百货商店、超级市场和购物中心的角度 [J]．北京工商大学学报（社会科学版），2010，25（1）：22-26.

[333] 杨宜苗．依恋理论视角下消费者交叉购买的形成机制研究 [M]．北京：中国社会科学出版社，2015.

[334] 杨勇，马钦海，谭国威，杨春江．情绪劳动策略与顾客忠诚：顾客认

同和情绪价值的多重中介作用［J］．管理评论，2015，27（4）：144-155.

［335］杨宇帆，欧书田．商业集聚印象对消费者惠顾意向的影响研究［J］．管理评论，2009，21（5）：42-51.

［336］姚曦，张梅贞．电商直播服务场景社会线索与消费者场景依恋研究——认同感和商业友谊的中介作用［J］．湖北大学学报（哲学社会科学版），2021，48（2）：154-163.

［337］叶巍岭．休闲惠顾动机解析——量表的编制及百货店惠顾行为实证研究［J］．经济管理，2008（8）：80-85.

［338］曾智．网上店铺印象与消费者惠顾意向的关系研究［J］．江苏商论，2016（2）：21-24.

［339］张磊，陈红华．全渠道零售商营销协同对消费者购买意愿的影响——基于多群组结构方程模型分析［J］．中国流通经济，2019，33（8）：108-117.

［340］张小英．新"零售之轮"视角下新零售特征及发展路径［J］．商业经济研究，2021（5）：20-25.

［341］张莹端，佐斌．社会认同理论及其发展［J］．心理科学进展，2006（3）：475-480.

［342］郑启迪．在线店铺互动性对消费者交叉购买意愿的影响研究［D/OL］．沈阳：东北财经大学，2017．［2018-07-15］．https：//kns. cnki. net/kc-ms/detail. detail. aspx？dbcode = CMFD&dbname = CMFD201802&filename = 1018076 462. nh&uniplatform = NZKPT&v = NGWtiuoHeh87904CIYBM6iBaIYCivifY9oGHJeruce G465-ST63vepIzAYt154go.

［343］中国互联网络信息中心．第 48 次中国互联网络发展状况统计报告［R/OL］．（2021-06-30）［2021-09-15］．http：//www. cnnic. net. cn/n4/2022/0401/c88-1132. html.

［344］周飞，冉茂刚，沙振权．多渠道整合对跨渠道顾客保留行为的影响机制研究［J］．管理评论，2017，29（3）：176-185.

［345］周浩，龙立荣．共同方法偏差的统计检验与控制方法［J］．心理科学进展，2004，12（6）：942-950.

［346］周晓虹．认同理论：社会学与心理学的分析路径［J］．社会科学，

2008（4）：46-53+187.

　　[347] 周雪. 基于 ELM 模型的在线评论信息对服务类团购决策的影响——渠道便利的调节作用 [D]. 成都：西南交通大学，2018. [2018-10-15]. https：//kns. cnki. net/kcms/detail/detail. aspx？dbcode＝CMFD&dbname＝CMFD 2018 02&filename＝1018709961. nh&uniplatform＝NZKPT&v＝2adyFp0uQlvtQQzsg5vJtc PHDRNNeItnnRFYwtQMwnUlySJgcoMm1Ft7KNvor14R.

　　[348] 朱华伟，涂荣庭. 商业领域顾客满意及未来行为意向的影响因素研究 [J]. 中国工业经济，2008（4）：80-85.

　　[349] 庄贵军，邓琪，卢亭宇. 跨渠道整合的研究述评：内涵，维度与理论框架 [J]. 商业经济与管理，2019，39（12）：30-41.

　　[350] 邹晓玫. 网络社会认同之建构——兼论网络服务提供商的角色定位 [J]. 理论月刊，2016，8：157-162.

附　录

附录 1　焦点小组访谈提纲

大家好！首先非常感谢大家愿意抽出宝贵的时间参加这次分享交流会。接下来的时间里，我想了解一下大家近两年来关于在全渠道零售商购物的经历。请大家先回忆这些经历，与我分享一下当时的真实感受。本研究所指全渠道零售商是指企业采取适当多的线下零售渠道（如实体门店、服务网点）和线上渠道（如网店、移动 App 商店、微信小程序商店等）整合方式来销售商品的零售商。

本次分享交流会所收集到的信息都是以匿名的方式记录，仅供研究使用。在接下来的交流中，大家只需将自己最真实的经历、感受与看法告诉我。希望大家在描述全渠道零售商购物经历时能举例说明，大家详细地描述将会对本研究提供非常有用的帮助。

非常感谢大家的支持与帮助！

1. 请问您是否曾经既在某家零售商线上店铺，又在其线下实体店铺有过购物的经历？这家商店的名称是什么？您对这家商店的感受怎么样？

2. 您对这家全渠道零售商店的商品有何评价？对这家全渠道零售商店的服务有何评价？最近一个月，您光顾这家全渠道零售商店的次数是多少？

3. 请问您知道还有哪些商店是全渠道零售商店？您是从哪些途径获得有关这类全渠道零售商店的信息？

4. 您为什么选择浏览（或光顾）这类全渠道零售商店？

5. 您是否愿意向亲朋好友推荐这类全渠道零售商店？您是否愿意向亲朋好友分享在这类全渠道零售商店的购物感受？为什么？

6. 您觉得这类全渠道零售商店提供的哪些服务比较方便？哪些服务不够方便？最好能举一些具体事例（如经过如何、如何处理、服务结果如何等）。

7. 您觉得在购物过程中，这类全渠道零售商店线上线下渠道提供的服务是否一致？线上线下渠道购物转换是否方便？

8. 您是否会对这类全渠道零售商店产生偏爱？是否认可这类全渠道零售商店的服务表现？为什么？

9. 您是否会觉得这类全渠道零售商店提供的商品和服务与您的生活方式一致？为什么？

10. 服务方便性是否是您对这类全渠道零售商店产生好感的原因？您觉得有哪些因素会影响您对这类全渠道零售商店产生好感？

11. 基于以往购物经历，您对增强全渠道零售商店购物吸引力有何建议？

附录 2　深度访谈提纲

您好！首先非常感谢您愿意抽出宝贵的时间参加这次访谈。接下来的时间里，我想请您先回忆光顾（或浏览）全渠道零售商店的经历，然后与我分享一下当时的真实感受。本研究所指全渠道零售商是指企业采取适当多的线下零售渠道（如实体门店、服务网点）和线上渠道（如网店、App 商店、微信小程序商店等）整合方式来销售商品的零售商。

您所提供的信息将不对外公开，只供学术研究分析使用。请放心地告诉我您在这些全渠道零售商店真实的经历、感受与看法。您在描述全渠道零售商购物经历时能举例说明，将会对本研究提供非常有用的帮助。

非常感谢您的支持与帮助！

1. 您是否曾经既在某家零售商线上店铺，又在其线下实体店铺有过购物经历？这家零售商的名称是什么？您对在这家零售商的购物经历有何感受？

2. 在想要购物时，您是愿意浏览特定线上零售店铺，还是光顾特定实体零售店铺，还是选择光顾全渠道零售商店？为什么？

3. 是什么原因让您选择浏览（或光顾）这类全渠道零售商店？您能描述一些比较满意的特定全渠道零售商店的情况吗？

4. 在想要购物时，您愿意首先选择哪类全渠道零售商店？为什么？

5. 您是否愿意向周围的人推荐您经常浏览（或光顾）的特定全渠道零售商店？为什么？

6. 您认为哪些因素会影响浏览（或光顾）的特定全渠道零售商店？

7. 您会从哪些方面评价全渠道零售商店提供的服务？最好能举一些具体事例。

8. 您认为全渠道零售商店最令人满意的服务项目是什么？为什么？

9. 在购物之前，您会从哪些方面评价所选择的全渠道零售商店的服务方便性？最好能举一些具体事例。

10. 在购物时，您会从哪些方面评价所选择的全渠道零售商店的服务方便性？最好能举一些具体事例。

11. 在购物后，您会从哪些方面评价所选择的全渠道零售商店的服务方便性？最好能举一些具体事例。

12. 请谈谈您在全渠道零售商店购物所感到最方便的一项服务和最不方便的一项服务。

13. 您是否会对特定全渠道零售商店产生偏爱？您是否会对特定全渠道零售商店产生归属感？您是否会对特定全渠道零售商店产生自豪感？为什么？

14. 您认为哪些全渠道零售商店能代表您的生活方式？最好能举一些具体事例。

15. 您认为哪些全渠道零售商店能代表您的身份？最好能举一些具体事例。

16. 请问哪些因素会影响您对这类全渠道商店产生好感？服务方便性是您对

这类全渠道零售商店产生好感的原因之一吗？

17. 商店认同度是您选择到这类全渠道零售商店购物的原因之一吗？服务方便性是您选择到这类全渠道零售商店购物的原因之一吗？为什么？

18. 基于以往购物经历，您对增强全渠道零售商店的购物吸引力有何建议？

附录3　全渠道零售服务便利预调查问卷

尊敬的朋友：

您好！我们正在做一项关于全渠道零售商服务便利的学术调查研究。首先非常感谢您愿意抽出宝贵时间来参加这次学术问卷调查。请您根据自己光顾（或浏览）全渠道零售商店的经历填答问卷。您所提供的信息将不对外公开，只供学术研究分析使用，请放心填答。

非常感谢您的支持与帮助！请您在最符合自己情况的选项上画"√"。

填写说明：关键性概念（请您务必阅读）。

全渠道零售商是指采取适当的线下零售渠道（如实体门店、服务网点）和线上零售渠道（如网店、App商店、微信小程序商店等）整合方式销售商品的零售商。

一、过滤性问题

1. 请问您是否光顾（或者浏览）过全渠道零售商店？

A. 是（选择是，则继续作答）　　B. 否（选择否，则中止作答）

2. 请问您是否曾经选择过两种以上渠道在特定全渠道零售商店购买过商品？

A. 是（选择是，则继续作答）　　B. 否（选择否，则中止作答）

二、全渠道零售服务便利感知

请您回忆在特定全渠道零售商店的购物经历。根据您的真实感受，在相应选项上画"√"。

序号	题项	完全不同意	有点不同意	不确定	有点同意	完全同意
3	该全渠道零售商服务网点方便到达					
4	该全渠道零售商线上线下商店方便访问					
5	该全渠道零售商线上线下商店商品分类直观，方便浏览					
6	该全渠道零售商线上线下商店购物指示清晰，方便选择					
7	该全渠道零售商线上线下商店方便找到所需商品					
8	该全渠道零售商顾客评论方便获取					
9	该全渠道零售商商品信息方便搜索					
10	该全渠道零售商线上线下商店商品种类一致，方便购买					
11	该全渠道零售商线上线下商店商品质量一致，方便购买					
12	该全渠道零售商线上线下商店促销信息一致，方便购买					
13	该全渠道零售商线上线下商店个性化推荐商品，方便购买					
14	该全渠道零售商线上线下商店销售服务快捷，方便购买					
15	该全渠道零售商线上线下商店购物过程简单方便					
16	该全渠道零售商线上线下商店购物互动交流方便					
17	该全渠道零售商线上线下商店购物下单方便					
18	该全渠道零售商线上线下商店购物支付方便					
19	该全渠道零售商线上线下商店取消订单方便					
20	该全渠道零售商线上线下商店退换货方便					
21	该全渠道零售商线上线下商店购物转换方便					
22	该全渠道零售商线上线下商店购物转换快捷					
23	该全渠道零售商线上线下商店购物转换简单					
24	该全渠道零售商线上线下商店购物转换轻松					
25	该全渠道零售商提供线下店配送到家服务，购物方便					

续表

序号	题项	完全不同意	有点不同意	不确定	有点同意	完全同意
26	该全渠道零售商提供网上下单、送货上门服务，购物方便					
27	该全渠道零售商提供网上下单、提货网点自提服务，购物方便					
28	该全渠道零售商及时响应订单、快速发货，购物方便					
29	该全渠道零售商在承诺的时间送达商品，购物方便					

三、背景问题（请在括号中填上相应的选项）

30. 您的性别（　　）

A. 男　B. 女

31. 您的年龄（　　）

A. 20 岁及以下　B. 21～30 岁　C. 31～40 岁　D. 41～50 岁　E. 51～60 岁

F. 60 岁以上

32. 您的受教育程度（　　）

A. 高中及以下　B. 中专　C. 大专　D. 本科　E. 研究生

本问卷到此结束，谢谢您的支持！

附录 4　全渠道零售服务便利正式调查问卷

尊敬的朋友：

您好！我们正在做一项关于全渠道零售商服务便利的学术调查研究。非常感谢您愿意抽出宝贵时间来参加这次学术问卷调查，请您根据自己光顾（或浏览）

全渠道零售商店的经历填答问卷。您所提供的信息将不对外公开，只供学术研究分析使用，请放心填答。

非常感谢您的支持与帮助！请您在最符合自己情况的选项上画"√"。

填写说明：关键性概念（请您务必阅读）。

全渠道零售商是指采取适当的线下零售渠道（如实体门店、服务网点）和线上零售渠道（如网店、App 商店、微信小程序商店等）整合方式来销售商品的零售商。

一、过滤性问题

1. 请问您是否光顾（或者浏览）过全渠道零售商店？

A. 是（选择是，则继续作答）　　B. 否（选择否，则中止作答）

2. 请问您是否曾经选择过两种以上渠道在特定全渠道零售商店购买过商品？

A. 是（选择是，则继续作答）　　B. 否（选择否，则中止作答）

二、全渠道零售服务便利感知

请您回忆在特定全渠道零售商店的购物经历。根据您的真实感受，在相应选项上画"√"。

序号	题项	完全不同意	有点不同意	不确定	有点同意	完全同意
3	该全渠道零售商服务网点方便到达					
4	该全渠道零售商线上线下商店方便访问					
5	该全渠道零售商线上线下商店商品分类直观，方便浏览					
6	该全渠道零售商线上线下商店购物指示清晰，方便选择					
7	该全渠道零售商线上线下商店方便找到所需商品					
8	该全渠道零售商顾客评论方便获取					
9	该全渠道零售商商品信息方便搜索					
10	该全渠道零售商线上线下商店商品种类一致，方便购买					

续表

序号	题项	完全不同意	有点不同意	不确定	有点同意	完全同意
11	该全渠道零售商线上线下商店商品质量一致，方便购买					
12	该全渠道零售商线上线下商店促销信息一致，方便购买					
13	该全渠道零售商线上线下商店销售服务快捷，方便购买					
14	该全渠道零售商线上线下商店购物过程简单方便					
15	该全渠道零售商线上线下商店购物互动交流方便					
16	该全渠道零售商线上线下商店购物下单方便					
17	该全渠道零售商线上线下商店购物支付方便					
18	该全渠道零售商线上线下商店取消订单方便					
19	该全渠道零售商线上线下商店退换货方便					
20	该全渠道零售商线上线下商店购物转换方便					
21	该全渠道零售商线上线下商店购物转换快捷					
22	该全渠道零售商线上线下商店购物转换简单					
23	该全渠道零售商线上线下商店购物转换轻松					
24	该全渠道零售商提供线下店配送到家服务，购物方便					
25	该全渠道零售商提供网上下单、送货上门服务，购物方便					
26	该全渠道零售商提供网上下单、提货网点自提服务，购物方便					
27	该全渠道零售商及时响应订单、快速发货，购物方便					
28	该全渠道零售商在承诺的时间送达商品，购物方便					

三、背景问题（请在括号中填上相应的选项）

29. 您的性别（　　）

A. 男　B. 女

30. 您的年龄（　）

A. 20 岁及以下　B. 21 ~ 30 岁　C. 31 ~ 40 岁　D. 41 ~ 50 岁　E. 51 ~ 60 岁
F. 60 岁以上

31. 您的受教育程度（　）

A. 高中及以下　B. 中专　C. 大专　D. 本科　E. 研究生

32. 您的职业（　）

A. 学生　B. 政府机关及事业单位职工　C. 企业职员　D. 个体经营者　E. 自
由职业者　F. 农民　G. 退休人员

33. 您的月平均收入（学生即为每月可支配消费金额）（　）

A. 2000 元及以下　B. 2001 ~ 4000 元　C. 4001 ~ 6000 元　D. 6001 ~ 8000 元
E. 8001 元及以上

本问卷到此结束，谢谢您的支持！

附录5　全渠道零售服务便利、店铺认同感和顾客惠顾意向关系正式调查问卷

尊敬的朋友：

您好！我们正在做一项关于全渠道零售商顾客惠顾意向的学术调查研究。非常感谢您愿意抽出宝贵时间参加这次学术问卷调查，请您根据自己光顾（或浏览）全渠道零售商店的经历填答问卷。您所提供的信息将不对外公开，只供学术研究分析使用，请放心填答。

非常感谢您的支持与帮助！请您在最符合自己情况的选项上画"√"。

填写说明：关键性概念（请您务必阅读）。

全渠道零售商是指采取适当的线下零售渠道（如实体门店、服务网点）和线上零售渠道（如网店、App 商店、微信小程序商店等）整合方式来销售商品的零售商。

一、过滤性问题

1. 请问您是否光顾（或者浏览）过全渠道零售商店？

A. 是（选择是，则继续作答）　　B. 否（选择否，则中止作答）

2. 请问您是否曾经选择过两种以上渠道在特定全渠道零售商店购买过商品？

A. 是（选择是，则继续作答）　　B. 否（选择否，则中止作答）

二、全渠道零售服务便利感知

请您回忆在特定全渠道零售商店的购物经历。根据您的真实感受，在相应选项上画"√"。

序号	题项	完全不同意	有点不同意	不确定	有点同意	完全同意
3	该全渠道零售商服务网点方便到达					
4	该全渠道零售商线上线下商店方便访问					
5	该全渠道零售商线上线下商店商品分类直观，方便浏览					
6	该全渠道零售商线上线下商店购物指示清晰，方便选择					
7	该全渠道零售商线上线下商店方便找到所需商品					
8	该全渠道零售商顾客评论方便获取					
9	该全渠道零售商商品信息方便搜索					
10	该全渠道零售商线上线下商店商品种类一致，方便购买					
11	该全渠道零售商线上线下商店商品质量一致，方便购买					
12	该全渠道零售商线上线下商店促销信息一致，方便购买					
13	该全渠道零售商线上线下商店销售服务快捷，方便购买					
14	该全渠道零售商线上线下商店购物过程简单方便					

序号	题项	完全不同意	有点不同意	不确定	有点同意	完全同意
15	该全渠道零售商线上线下商店购物互动交流方便					
16	该全渠道零售商线上线下商店购物下单方便					
17	该全渠道零售商线上线下商店购物支付方便					
18	该全渠道零售商线上线下商店取消订单方便					
19	该全渠道零售商线上线下商店退换货方便					
20	该全渠道零售商线上线下商店购物转换方便					
21	该全渠道零售商线上线下商店购物转换快捷					
22	该全渠道零售商线上线下商店购物转换简单					
23	该全渠道零售商线上线下商店购物转换轻松					
24	该全渠道零售商提供线下店配送到家服务，购物方便					
25	该全渠道零售商提供网上下单、送货上门服务，购物方便					
26	该全渠道零售商提供网上下单、提货网点自提服务，购物方便					
27	该全渠道零售商及时响应订单、快速发货，购物方便					
28	该全渠道零售商在承诺的时间送达商品，购物方便					

三、全渠道零售店铺认同感

根据您的真实感受，在相应选项上画"√"。

序号	题项	完全不同意	有点不同意	不确定	有点同意	完全同意
29	我认为该全渠道零售商店符合自己的个性					
30	我认为该全渠道零售商店能代表自己的生活方式					
31	我很自豪成为该全渠道零售商店的顾客					

四、全渠道零售店铺顾客惠顾意向

根据您的真实感受，在相应选项上画"√"。

序号	题项	完全 不同意	有点 不同意	不一定	有点同意	完全同意
32	我愿意选择光顾（浏览）该全渠道零售商					
33	我愿意到该全渠道零售商购买所需商品					
34	我愿意向他人推荐该全渠道零售商					
35	我愿意向他人推荐该全渠道零售商商品					

五、背景问题（请在括号中填上相应的选项）

36. 您的性别（　　）

A. 男　B. 女

37. 您的年龄（　　）

A. 20 岁及以下　B. 21～30 岁　C. 31～40 岁　D. 41～50 岁　E. 51～60 岁
F. 60 岁以上

38. 您的受教育程度（　　）

A. 高中及以下　B. 中专　C. 大专　D. 本科　E. 研究生

39. 您的职业（　　）

A. 学生　B. 政府机关及事业单位职工　C. 企业职员　D. 个体经营者　E. 自由职业者　F. 农民　G. 退休人员

40. 您的月平均收入（学生即为每月可支配消费金额）（　　）

A. 2000 元及以下　B. 2001～4000 元　C. 4001～6000 元　D. 6001～8000 元
E. 8001 元及以上

41. 您接触全渠道零售商的时间有多久（　　）

A. 1 年以下　B. 1～2 年　C. 2～3 年　D. 3 年以上

42. 您每月平均接触全渠道零售商次数（　　）

A. 2 次及以下　B. 3～5 次　C. 6～8 次　D. 9 次及以上

本问卷到此结束，谢谢您的支持！